Démocratisation au Cameroun

Scènes, arènes, règles et acteurs

Sociétés Africaines et Diaspora
Collection dirigée par Babacar SALL

Sociétés Africaines et Diaspora est une collection universitaire à vocation pluridisciplinaire orientée principalement sur l'Afrique et sa diaspora. Elle accueille également des essais et témoignages pouvant servir de matière à la recherche. Elle complète la revue du même nom et cherche à contribuer à une meilleure connaissance des réalités historiques et actuelles du continent. Elle entend également œuvrer pour une bonne visibilité de la recherche africaine tout en restant ouverte et s'appuie, de ce fait, sur des travaux individuels ou collectifs, des actes de colloque ou des thèmes qu'elle initie.

Déjà parus

Claude SUMATA (dir.), *Les migrants et l'investissement en Afrique,* 2014.
Ibrahima Abou SALL, *Les relations entre le Fuuta Tooro et l'émirat de Brakna, Un terreau d'expression machiavélique du colonialisme français (1850-1903)*, 2013.
Jean-Marcellin MANGA, *Jeunesse africaine et dynamique des modèles de la réussite sociale*, 2012.
Ibrahima SIGNATE, *L'Afrique condamnée à l'espoir*, 2012.
Mody NIANG, *Le clan des Wade. Accaparement, mépris et vanité*, 2011.
Mandiaye GAYE, *La problématique de la citoyenneté au Sénégal,* 2011.
Amadou-Mahtar M'Bow, *Aux sources du futur*, 2011.
Amadou-Mahtar M'Bow, *Le monde en devenir*, 2011.
Fadel DIA, *Wade-Mecum ou le wadisme en 15 mots-clés*, 2010.
Mamadi CAMARA, *Où va la Guinée? Mémorandum à un ami pour sauver notre pays*, 2010.
Aldo AJELLO, *Brasiers d'Afrique. Mémoires d'un émissaire pour la paix*, 2010,
Thierno DIOP, *Léopold Sédar Senghor, Majhemout Diop et le marxisme*, 2010.
Sidiki KABA, *La Justice universelle en question. Justice de blancs contre les autres*, 2010.
Seidik ABBA, *Rébellion touarègue au Niger. Qui a tué le rebelle Mano Dayak ?*, 2010.

Sous la direction
de Alawadi Zelao

Démocratisation au Cameroun

Scènes, arènes, règles et acteurs

© L'HARMATTAN, 2016
5-7, rue de l'École-Polytechnique, 75005 Paris

http://www.harmattan.fr
diffusion.harmattan@wanadoo.fr
harmattan1@wanadoo.fr

ISBN : 978-2-343-08659-0
EAN : 9782343086590

Ont contribué à cet ouvrage

ALAWADI Zelao, Université de Dschang.

ASSANA, Université de Ngaoundéré.

BOYOMO ASSALA Laurent-Charles, Université de Yaoundé II-Soa.

IBRAHIMOU Hamidou, Centre National d'Éducation, Ministère de la recherche Scientifique, Université de Dschang.

KAMGA Hilaire, Expert des questions électorales, Secrétaire Permanent de la Plateforme de la Société Civile pour la démocratie.

NOUAZI KEMKENG Carole Valérie, Centre National d'Éducation, Ministère de la recherche Scientifique, Université de Yaoundé II.

SOBZE Serge François, Université de Douala.

SOURNA Loumtouang Erick, Centre National d'Éducation, Ministère de la recherche Scientifique, Université de Ngaoundéré.

Préface

Les années 2000 marquent un tournant dans la vie des États africains avec la consolidation des institutions issues des transitions et le renforcement pour un grand nombre d'entre eux des régimes autour de la figure présidentielle. Si l'on remarque une diminution substantielle des prises de pouvoir par la force des armes, on peut toutefois difficilement entonner l'hymne de la démocratie dans un grand nombre de régimes politiques subsahariens, d'autant que l'émergence du terrorisme tend à renforcer et à durcir des systèmes politiques autour des programmes sécuritaires. De manière générale, le bilan de deux décennies de transition démocratique est décevant. En choisissant de réunir une réflexion intellectuelle transdisciplinaire autour des mutations sociopolitiques au Cameroun, Alawadi Zelao se proposait de réaliser une exploration des expressions démocratiques telles qu'elles peuvent s'inscrire dans un territoire certes limité- le Cameroun- mais dont on peut penser qu'il en fait le symbole de mutations qui s'opèrent encore sur tout le continent.

Sans prétendre à l'exhaustivité, quelques focales peuvent être faites sur cette somme qu'il intitule « *Démocratisation au Cameroun. Scènes, arènes, règles et acteurs* ». Cet ouvrage est organisé en deux parties distinctes autour de la construction du jeu politique pluraliste (Partie 1) et du cadrage normatif et configurationnel (Partie 2). La liberté éditoriale qu'autorisent les développements préfaciers nous porte à reconfigurer ces contributions autour de trois axes complémentaires ci-après lesquels ne suivent pas le plan de parcours de lecture de l'ouvrage :

1-   L'ouvrage appelle à une réflexion normative sur la légitimité d'une démocratisation au Cameroun, comme hypothèse principale des mutations sociopolitiques du pays. Une sorte de préjugé nomologique caractéristique d'un grand nombre de théories transitologiques ayant engendré des lois de la démocratisation notamment sur l'alternance au pouvoir à l'issue d'élections pluralistes s'est effondrée sous la poussée d'un électoralisme rusé. Si des organes électoraux ont été mis en place, ici et là, l'émergence de nouveaux foyers de pouvoirs rivalisant avec l'ordre étatique, et notamment le développement de ce qu'on a nommé société civile, comme la montée en puissance des modes internationaux de certifications électorales, a mis en crise le principe même de la légitimité étatique, sans pour autant engendrer une alternance politique durable. Nouvel acteur majeur des processus électoraux, la société civile comme lieu d'élaboration des normes juridiques et notamment en matières électorales, provoquant en même temps l'accroissement des vulnérabilités politiques de l'État et créant ainsi les conditions de son durcissement. En échos au développement du multipartisme ces dernières années, les courants de pensée post-consolidologiques qui marquent le retour du peuple dans la scène politique comme symbole de la repolitisation d'un État africain dont on avait rendu la fonction politique responsable de sa faillite, peinent à rendre compte de la dynamique d'asymétrie qui caractérise le champ politique. des formations politiques aux positions et ressources différentielles poussent à distinguer dans une configuration originale, entre des partis en vue, tirant profit de leur position opposée au pouvoir, et au-delà même du charisme de leurs chefs, d'une part, et les petits partis, poreux à la « dynamique d'encapsulation », révélatrice des capacités d'endiguement, d'obstruction et de noyade développés par les partis qui disposent des ressources d'organisation et de structuration plus importantes que d'autres (Alawadi Zelao), d'autre part. La revitalisation du constitutionnalisme en Afrique et au Cameroun en particulier n'a pas été un simple effet de mimétisme, un courant passager attisé par un vent soufflant de l'Est européen mais le résultat d'une aspiration au changement que dans chaque pays les forces vives de la société civile exprimèrent à leur manière.

Aussi la réception camerounaise des normes internationales, telle que l'apprécie positivement le texte de Carole Valérie Nouazi Kemkeng, peut-elle s'envisager à la fois comme continue, permanente et étalée dans le temps, ou comme les symboles d'un formalisme juridique qui peut difficilement rendre compte des avancées démocratiques du pays. En particulier, le modèle organisationnel des élections construit autour de l'impératif de transparence et de neutralité, tel que l'analyse Sobze, et même sur la sincérité électorale, portent douloureusement les stigmates de l'insuffisance physique et de l'asthénie intellectuelle. La première s'analyse en termes d'instabilité, et la seconde s'appréhende comme une incapacité à se détacher des fourches « caudales » (sic) (caudines, dirions-nous) de l'État. Or si, comme l'affirme Quantin, ce qui caractérise l'acte électoral c'est la participation à une délibération collective qui peut tourner à la confrontation. Que les électeurs entrent dans ce jeu avec un sens aigu des règles de la bienséance politique, qu'ils mettent en œuvre un contrôle de soi, qu'ils s'abstiennent de gestes et de paroles déplacés, toutes considérations renvoyant aux normes et aux valeurs en vigueur, la responsabilité morale de l'électeur, en concurrence du système électoral lui-même, devient l'axe central de l'examen de la qualité de l'élection et la condition principale de la réussite de celle-ci ;

2- Du point de vue de la philosophie sociale critique, les textes précédents interrogent deux ordres de conséquence du pluralisme politique : d'abord comme base de questionnement d'un rayonnement possible sur l'environnement camerounais, des pratiques partisanes, ensuite en tant que condition de possibilité d'une sorte de démocratie africano-camerounaise ou d'une démocratie à la camerounaise articulée autour du binôme majorité/opposition. Au-delà de l'événement électoral, l'empreinte partisane d'un environnement social particulièrement marqué par la pauvreté peut se saisir à travers une diversité de marqueurs dont l'impact de l'environnement sur la création des partis politiques (Erick Sourna Loumtouang), les stratégies de liaison entre ceux-ci et ceux-là, la construction de l'hégémonie du RDPC, ou l'hypothèse d'un changement social en l'absence des partis politiques et en tout cas grâce à l'action de la société civile (Hilaire Kamga) constituent les formes épures. Ainsi la formalisation dichotomique du jeu de pouvoir entre majorité et opposition s'inscrivant dans des figures symboliques inédites (ennemi/adversaire ; puis majorité/opposition et enfin civilité démocratique), peut-elle nourrir une analyse en termes de modification de l'environnement social (ou si l'on veut comment le multipartisme camerounais a-t-il contribué à modifier l'environnement social du pays) comme elle aide à penser dans une perspective de circulation politique, une production politique inédite chez Assana, et dont on peut toutefois quereller les fondements paradigmatiques. Comme ce dernier le montre, le jeu politique d'antan s'est articulé autour de l'affrontement entre ennemis d'abord, adversaire ensuite, avant de se muer en confrontation entre majorité et opposition à la faveur des élections, soit. Mais que cela apparaisse comme les marques d'une réinvention locale de la démocratie libérale est une hypothèse qui demanderait un inventaire plus historiquement fondé. Si la pertinence des réflexes autoritaires n'est pas seulement la preuve que la démocratie n'a pas monopolisé le jeu politique camerounais comme il l'affirme lui-même, de quelle novation démocratique ou innovation sociale cette démocratie à la camerounaise peut-elle se revendiquer ? Vingt-cinq ans après les secousses démocratiques à l'occidentale, les raisons de l'exceptionnelle prospérité du modèle restent encore entières à l'aune de la philosophie critique. On pourrait évoquer pour l'illustrer les observations faites il y a quelques années déjà par Patrick Quantin à l'issue d'une longue analyse des élections africaines à savoir : (a) s'agissant du multipartisme, que celui-ci n'est pas la cause de l'instabilité politique ni ne crée de nouveaux clivages dans les sociétés segmentaires, mais il renomme les identifications anciennes ; (b) les mouvements identitaires, ethniques, religieux et régionaux ne pas des obstacles au multipartisme, ils peuvent préfigurer la cristallisation des processus d'identification partisane ; (c) enfin c'est l'existence d'organisations partisanes durables, et de préférence institutionnalisées, capables de définir par elles-mêmes leurs marques d'identification, qui stabilise la démocratie électorale. Peut-être est-ce le modèle qu'il faut aujourd'hui quereller que la durée des pratiques démocratiques africaines qui sont la cause des « insuffisances » relevées par les auteurs du présent ouvrage ; rappelons que cent ans furent nécessaires à l'institutionnalisation de la discipline électorale en France.

3- Dans une perspective plus anthropologique, les textes s'intéressent à la démocratisation camerounaise du point de vue de sa redevabilité théorique et sociale. Dans leur quête des facteurs déterminants la démocratisation du système politique camerounais, les auteurs s'attachent à en rechercher les ancrages, les fondations, disons l'ordre doctrinal voire scholastique, d'une part. Mais ils s'illustrent également par un impératif de déconstruction et une forme de scepticisme voire même de romantisme, d'autre part. Y a-t-il un ordre démocratique dont le système camerounais devrait payer le tribut ? Certes, l'accueil fait à la démocratie va de pair avec l'apparition d'un capitalisme impitoyable construit autour de l'individualisme (au sens moral et sociologique) érigé en modèle indépassable, et qui fait penser à Durkheim quant à la contraction en un seul individu à se replier sur sa sphère privée comme le remarquait Tocqueville, l'explication sociologique de la démocratie telle que revisitée dans ces textes réhabilite non pas le choix politique rationnel de l'électeur en remettant en cause la possibilité même d'un *self-poltical made choice*, sujet politique autonome qui ne tirerait les lois de son action politique que de lui-même selon le principe électoral, un homme une voix, mais une sorte de *social election system* dans lequel la politique électorale tout entière paierait une sorte de dette à la société à rebours des systèmes universalistes, en s'attachant à rémunérer l'électeur à travers un dispositif d'évaluation non pas des promesses électorales mais de véritables engagements électoraux, gages majeurs de la sincérité de l'élection. La politique camerounaise et notamment la pratique de la transhumance politique (Alawadi Zelao) apparaitrait alors comme une des expressions nécessairement imprévisibles et non maîtrisables de la modernité démocratique, indissociable d'une logique rentière de type matérielle ou symbolique, et non une expérience empirique soumise à l'examen d'une démocratie érigée en modèle. Ce renversement de perspective peut-être peu approfondi dans cet ouvrage, me semble être la seule issue intellectuelle du débat autour de la démocratisation en Afrique. Il permet en tout cas de quereller la typologie empreinte de fatalité établie par Bratton et Van de Walle (1994) à la suite des transitions démocratiques africaines des années 1990 et en s'appuyant sur l'alternance au sommet à partir d'élections pluralistes, entre les expériences démocratiques qui avaient « abouti » et celles qui étaient « inachevées ». Comme le remarque Patrick Quantin, l'institutionnalisation incertaine de la démocratie électorale en Afrique doit être lue à la lumière des ratés et des hésitations des expériences confirmées dans les sociétés porteuses du modèle afin de relativiser les diagnostics. Et dans ce sens la communauté internationale portée par le paradigme procédural de l'observation électorale ne peut en aucun cas être un gage d'un référentiel démocratique crédible (Ibrahimou Hamidou). Comme le conseillait déjà CONAC en 2010, pour apprécier la participation de l'Afrique à la troisième vague de démocratisation il ne faut pas prendre en compte seulement le grand nombre d'États qui y ont été impliqués mais aussi l'originalité de certaines expériences qui ont été tentées.

Le principal enseignement à tirer de ces contributions est que la compréhension de l'expérience politique camerounaise passe par une double rupture : d'abord avec les concepts et les représentations qui informent la vision de la démocratie en Occident et notamment sa propension à faire du vote la procédure démocratique par excellence ; ensuite avec l'argument d'une perte de sens démocratique par l'indigénisation de l'énonciation politique à travers les mouvements associatifs et religieux, les productions artistiques et médiatiques et le rôle de la diaspora. Loin de constituer des phénomènes de paralysie démocratique, ils participent au contraire à la mise en forme des conflits et des divisions sociales qui conduisent à une sorte de reclassement du modèle autour de sa redevabilité sociale.

Professeur Laurent-Charles BOYOMO ASSALA
Université de Yaoundé II-Soa

Introduction générale

Démocratisation au pas de caméléon en Afrique subsaharienne[1]

Alawadi Zelao

Deux décennies après la crise des régimes monolithiques et l'entame des essais démocratiques dans beaucoup des pays africains au Sud du Sahara, la scène politique continentale présente une figure-sature marquée par des configurations aussi plurielles que constellées[2]. Ici et là, la dynamique de libéralisation politique est loin d'avoir provoqué des mouvements et des évolutions tendanciellement identiques. La réalité politique à cette aune reste pour le moins bigarrée et fugace, et commande de nourrir de « l'intérêt pour une approche « pauvre » ou « désenchantée » de la transition démocratique définissant celle-ci comme un moment et un processus qui se déroulent entre deux situations stables d'un régime politique » avec une possibilité de changement de pratiques et des normes dans le sens de la démocratisation[3]. Au demeurant, sans prétention à l'exhaustivité des expressions de démocratisation en Afrique subsaharienne, un tableau en cinq points peut être brossé, qui traduit en effet les variables d'une libéralisation sociopolitique inachevée, avortée ou encore en cours d'effectuation, mais toujours renseignée par des angles d'incertitudes[4] :

---

[1] Ce titre s'inspire de l'ouvrage instructif de Richard Banégas, *Démocratie à pas de caméléon. Transition et imaginaires politiques au Bénin*, Paris, Karthala, 2003. Une telle saillie analytique est suggestive de ce que les mouvements démocratiques amorcés au début de la décennie 1990, au croisement de plusieurs facteurs et temporalités, suivent une trajectoire qui leur est propre, sans être toutefois uniques en leur genre. Loin d'être une opération de procédures et d'institutions, la démocratisation se saisit également de son environnement social qui va par la suite influer son cours de dévoilement, d'incubation ou de maturation. La diversité des fortunes dans le processus d'ouverture démocratique révèle à la fois le poids des acquis de gouvernance politique en contexte de monolithisme et l'influence des facteurs sociologiques à l'intérieur de chaque pays. Cf. Mamadou Gazibo, « En Afrique », Antonin Cohen, Bernard Lacroix et Philippe Riutort (dir), *Nouveau manuel de science politique*, Paris, La Découverte, 2009, pp. 218-225 ; Eshetu Chole et Jibrin Ibrahil (dir), *Processus de démocratisation en Afrique. Problèmes et perspectives*, Dakar, CODESRIA, 1995.

[2] Lire Mamoudou Gazibo et Céline Thiriot (dir), *Le politique en Afrique. Etats des débats et pistes de recherche*, Paris, Karthala, 2009 ; Momar-Coumba Diop et Mamadou Diouf (dir), *Les figures du politiques en Afrique. Des pouvoirs hérités aux pouvoirs élus* ; Paris, Karthala, 1999 ; Patrick Chabal et Jean-Pascal Daloz, *L'Afrique est partie ! Du désordre comme instrument politique*, Paris, Economica, 1999 ; Luc Sindjoun (dir), *Démocratisation passive au Cameroun. Etat, société et changement*, Dakar, CODESRIA, 1999.

[3] Luc Sindjoun, *Science politique réflexive et savoirs sur les pratiques politiques en Afrique noire*, Dakar, CODESRIA, 1999, p. 5.

[4] Voir Mamoudou Gazibo, *Les paradoxes de démocratisation*, Laval, PUL, 1999.

1) ***Le retour au monopole partisan de l'espace politique*** : il s'entend comme le marqueur d'un retour à la concentration et à la centralisation de la scène politique par des partis au pouvoir ou proches de pouvoir portés soit par des anciennes équipes gouvernantes soit par des équipes qui ont surgi à la faveur de démocratisation, et qui s'agrippent au pouvoir par moult stratagèmes et sinuosités pragmatiques, idéologiques et organiques[5]. Le monopole partisan prend en effet le contrepied d'une démocratisation destinée à installer dans les mœurs et les pratiques politiques la rationalité pluraliste, la diversité idéologique et la différenciation dans les lignes d'interaction partisane, entre les formations politiques qui assaillent l'espace politique comme indicateurs et révélateurs de la démocratie libérale. Il est de ce fait expressif d'un mouvement démocratique coincé entre les rets d'un passé politique qui pèse lourd sur les évolutions actuelles et le présent politique qui peine désormais à s'étoffer selon ses principes et ses normes de régulation, d'organisation et de structuration dans un temps de conjoncture critique[6]. Au Tchad (MPS) comme au Cameroun (RDPC), au Togo (RPT) comme au Gabon (PDG), au Congo (Brazzaville) (PCT) comme en Guinée Équatoriale (PDGE), ce sont des anciens partis uniques qui ceinturent l'espace de concurrence politique dans une perspective monopolistique et dirigiste. L'issue des élections organisées montre de façon régulière et routinière leur suprématie tant dans le champ politique local que national. Habitués dans le contexte du monolithique à l'accaparement de la société politique et à l'incrustation hégémonique dans le corps social, les partis dominants de ces pays sus-indiqués- et bien d'autres encore- ont plutôt opéré des mutations conservatrices et rechignent à ouvrir les vannes à une démocratisation structurelle. Ils auront dès lors encouragé un régime du multipartisme de facture administrative et rentière, autour des acteurs ou de groupes d'acteurs essentiellement portés à faire acte de « manducation politique » qu'à élaborer des projets de société alternatifs. Au Sud du Sahara, le multipartisme, dans sa configuration scissipare et tentaculaire, apparaît comme un des ratés d'une démocratisation passive engluée très tôt dans les méandres d'une récupération régressive et révulsive des normes et valeurs démocratiques. Le multipartisme, advenu dans un contexte de légalisme permissif après l'époque de rétention autoritaire et monopoliste, aura vu le jour pour mieux sinon congédier, du moins anesthésier la venue d'une démocratie libérale dont les partis constituent pourtant les piliers essentiels. Dans le sillage des interactions partisanes, ce qui prime c'est le commerce d'inspiration opportuniste et d'orientation clientéliste. Et les partis au

---

[5] On peut évacuer de ces cas de figures des pays qui ont subi des crises sociopolitiques comme la Côte d'Ivoire, le Niger, le Mali, la Guinée Conakry…..ou ceux qui ont connu des scènes d'alternance politique comme au Sénégal, au Ghana, au Bénin, à l'Ile Maurice….
[6] Michel Dobry, *Sociologie des crises politiques. La dynamique des mobilisations multisectorielles*, Paris, PFNSP, 1992. Lire notamment le chapitre IV (Les conjonctures fluides).

pouvoir ou proches de pouvoir jouent la clé de voûte dans la construction et la déconstruction des alliances ou des coalitions qui ne reposent pas sur des lignes idéologiques ni sur des grilles stratégiques convergentes. Au cœur des interactions partisanes à l'épreuve de la démocratisation en cours se subsume au propre comme au figuré la tentation de la politique du ventre[7].

2) *Les organes électoraux de moins en moins indépendants et crédibles*.
Face à la contestation récurrente des élections organisées à l'ère pluraliste et concurrentielle, les pays africains ont mis en place, et ce parfois, sous la recommandation de la communauté internationale, des structures et des organes chargés d'organiser, de surveiller et de coordonner les élections. Ainsi aujourd'hui la plupart des pays africains disposent de ces organes dont la mission vise en effet à créditer les élections d'une dose de transparence, de sincérité et de probité. Selon Thiriot, les « commissions électorales nationales peuvent représenter un nouveau mode d'institutionnalisation du pouvoir étatique original contribuant au processus en cours de consolidation des régimes post-transition »[8]. Seulement très vite la mise en œuvre de ces organes a buté à des contradictions diverses qui ont révélé l'hostilité des uns à la venue d'un tel dispositif et l'enchantement des autres à voir plutôt instaurer un tel organe. Entre partis au pouvoir et partis de l'opposition une réelle confrontation s'est installée et qui indiquait l'enjeu que représentait la présence d'un organe dit indépendant ou autonome, chargé des élections. En effet au début de l'ouverture démocratique, les premières élections ont été organisées sous la tutelle des ministères de l'Intérieur ou en charge de l'administration dont l'accointance avec les régimes en place était de mise. Ces ministères auront alors fait preuve d'une certaine indulgence quant au contrôle systématique de la régularité et de la transparence des élections alors organisées. Les partis de l'opposition ainsi qu'une fraction de la société civile auront vu et constaté la collusion affinitaire entre autorités administratives et parti politique au pouvoir. Cela a incité les partis de l'opposition représentés au parlement à faire des propositions de lois portant sur la mise en œuvre d'un organe électoral indépendant ou autonome. Au sein de différentes parlements africains, les débats furent plus souvent polarisés et mirent en exergue les positions presque tranchées de différents camps[9]. Aujourd'hui, bien que dans beaucoup des pays les organes en charge

---

[7] Pour une perspective d'analyse renouvelée lire Daniel Bach et Mamoudou Gazibo (dir), *L'Etat patrimonial. Genèses et trajectoires contemporaines*, Ottawa, PUO, 2011.
[8] Céline Thiriot, « La consolidation des régimes post-transition en Afrique. Le rôle des commissions électorales nationales », Patrick Quantin (dir), *Voter en Afrique. Comparaisons et différenciations*, Paris, L'Harmattan, 2004, pp. 129-147.
[9] Au Cameroun c'est depuis 1997 que les partis politiques représentés au parlement formulent des propositions de lois pour la mise en œuvre d'un organe indépendant. En 2000, il a été institué l'Observatoire national des Elections (ONEL) et en 2006 Elections Cameroon (ELECAM). Cependant malgré la mise ne place de ces structures, les partis de l'opposition

des élections se soient mis en œuvre, il est toujours patent d'observer que les élections, en dépit de leur caractère pluraliste et compétitif, sont loin d'être transparentes, libres et crédibles, qui autorisent un certain crédit et nourrissent un consensus chez les différents protagonistes de la concurrence politique. Bien au contraire, comme à l'accoutumée, chaque rendez-vous électoral est le lieu et l'occasion d'une litanie de griefs, de diatribes et de critiques acerbes à l'endroit des régimes politiques à l'œuvre qui répugnent à voir des élections s'organiser selon les règles de l'art démocratique : transparence, liberté et sincérité. En règle générale les organes en charge des élections sont à la solde des régimes politiques en place et servent de caution à des partis au pouvoir[10]. Leur fonctionnement et leur organisation indiquent davantage leur inféodation aux équipes gouvernantes. Dans beaucoup des pays africains les responsables des structures chargées des élections sont désignées par le chef de l'exécutif et leur financement dépend entièrement de l'État ; ce qui met en difficulté toute possibilité d'autonomie ou d'indépendance, vis-à-vis notamment des forces politiques au pouvoir.

3) *Modification opportuniste des Constitutions*. C'est un des paradigmes forts qui dévoilent un système de gouvernance politique rémanent dans les États d'Afrique subsaharienne, qui fait désormais de la Constitution un instrument de conservation et de confiscation de pouvoir[11]. Les modifications constitutionnelles procèdent d'un calcul et d'une rationalité qui informent sur la volonté tenace du chef de l'exécutif à jouir indéfiniment des positions de la magistrature suprême. En effet dans beaucoup des pays africains, la disposition constitutionnelle admettant la limitation des mandats présidentiels fut l'un des héritages du processus démocratique[12]. Prenant acte

---

manifestent toujours des réserves quant à leur crédibilité dans l'organisation des élections libres et transparentes.

[10] A propos justement Alain Didier Olinga écrit : « *…l'élaboration de la norme devant régir l'élection n'est pas encore un domaine de déploiement de la démocratie apaisée, de la démocratie de rassemblement, de la démocratie de consensus. La conséquence en est que la législation électorale est essentiellement opportuniste, ne procédant pas d'une vision globale neutre : il en résulte que cette législation est assez souvent incohérente, car elle trahit la difficulté de parvenir à une véritable transparence du système électoral, transparence dont on dit vouloir sans cesse mais dont toutes les démarches juridiques trahissent les hésitations politiques à s'engager dans cette voie* », Alain Didier Olinga, *Le nouvel environnement juridique et institutionnel. Des élections au Cameroun*, Yaoundé, Presses universitaires d'Afrique, 2007, pp. 10-11.

[11] Yves André Fauré, «Les constitutions et l'exercice du pouvoir en Afrique noire » *Politique africaine*, n°1, 1981, pp. 34-52. Sur l'instrumentalisation réaliste de la constitution en contexte démocratique lire Luc Sindjoun et Mathias Eric Owona Nguini, « Politisation du droit et juridicisation de la politique au Cameroun », *La création du droit en Afrique*, Paris, Karthala, 1997, pp. 217-245.

[12] Lire à ce sujet, Dominique Darbon et Jean du Bois de Gaudusson (dir), *La création du droit en Afrique* op. cit. Et, dans cet ouvrage, plus spécifiquement la réflexion de Maurice Kamto, « Les conférences nationales africaines ou la création révolutionnaire des constitutions », op. cit., pp. 177-195.

de la gestion perpétuelle du pouvoir sous les régimes monolithiques par les mêmes équipes gouvernantes, la clause de limitation de pouvoir des chefs d'États fut introduite sous l'instigation des forces politiques progressistes (partis de l'opposition) et sociales (organisations de la société civile) pour donner l'opportunité à toute perspective d'alternance et par conséquent de renouvellement de l'élite. Les réformes institutionnelles advenues dans la mouvance de démocratisation ont accordé une attention assidue à cette disposition qui devrait éviter la confiscation de pouvoir par quelques individus ou par un groupe. Cependant, chemin faisant, renouant avec les habitudes bien installées dans l'humus de la gouvernance africaine, la clause de limitation des mandats des chefs d'États a reçu des interprétations différentielles, toujours marquées du sceau de relents de conservation de pouvoir chez les uns et, à l'opposé, par le désir de renouvellement de l'élite chez les autres. Chez les uns, la clause de limitation des mandats présidentielles constitue une entorse à la volonté du peuple, qui seul est souverain à choisir librement ses dirigeants ; pendant que chez d'autres elle est plutôt appréhendée comme fenêtre d'opportunité à l'alternance et au renouvellement de l'élite. A l'évidence, les modifications constitutionnelles constituent un des enjeux majeurs de la marche africaine vers plus de démocratie et de civilisation des mœurs politiques. S'il peut être plausible d'attester du caractère dynamique des constitutions, quels que soient le pays ou le régime politique[13], leur modification ou leur ajustement (conjoncturel ou structurel) devrait reposer sur des critères et des raisons qui emportent l'adhésion contractuelle et la convergence consensuelle des opinions des acteurs de la société politique, afin d'éviter des zones de crispation ou de crise institutionnelle. La modification constitutionnelle mérite désormais une mise en débat et délibération tant au sein des institutions compétentes qu'entre les protagonistes de la scène publique. Parce qu'elle condense la volonté générale d'une communauté nationale, la Constitution doit être le reflet des sensibilités, des opinions et des options (idéologiques,

---

[13] A propos justement, Jürgen Habermas écrivait : « *…toute Constitution est un projet qui n'acquiert de persistance que sur le mode d'une interprétation permanente de la Constitution, continuellement menée à tous les niveaux de l'instauration du droit* », Jürgen Habermas, *Droit et démocratie. Entre faits et normes*, Paris, Gallimard, 1992, p. 147. Pour autant, cela ne devrait valider le penchant à une manipulation quasi cavalière des dispositions constitutionnelles, qui sont des références à un régime d'élaboration d'un « système de droit » propre à chaque société politique. Habermas, lui-même, a plutôt une approche délibérative de la confection, de la rédaction et de la ré-écriture de la Constitution. Ce qui rompt, tendancieusement alors, avec les habitudes des tenants de pouvoir enclins ou tentés par le désir de modifier opportunément ou hégémoniquement la Constitution notamment dans les pays africains. Carl Schmitt avertit : « *Il était nécessaire d'établir une règle permanente, intangible, face aux fluctuations des décisions des majorités parlementaires ; dans tout gouvernement il était nécessaire qu'il y ait un élément fondamental- comme grande charte- qui soit durable et immuable* », Carl Schmitt, *Théorie de la constitution*, Paris, Puf, 2013 (2ème édiction Quadrige) p. 171.

philosophiques, confessionnelles, sociologiques, politiques…) qui irriguent la société et qui doivent gagner en légitimité en raison de la fonction de coalescence et de mise en communauté des citoyens. La Constitution est à considérer comme patrimoine collectif à partager, à transmettre aux générations actuelles, parce que héritée des générations d'hier. La vie sociale, politique et économique se reflète dans la Constitution qui n'est propriété ni d'un groupe (fut-il gouvernant) ni d'un régime politique (même en situation autoritaire) mais chose publique comme matérialité morale de la République (*res public*) qui lui sert de cadre et de lieu de dévoilement[14].

4) *Dévolution monarchique du pouvoir*. La tentation est désormais grande au sein des gouvernants africains à s'accoutumer à la dévolution monarchique de pouvoir. Depuis le début des années 2000 l'Afrique subsaharienne semble avoir renoué avec une telle pratique qui saborde en effet les acquis d'une démocratisation en chantier. Ainsi en 2001, après l'assassinat de Laurent Désiré Kabila, président de la République démocratique du Congo, c'est son fils Joseph Kabila qui le remplace à la tête de l'État. Le scénario est repris en 2005 au Togo lorsque le président Gnassingbé Eyadama décède et que son fils, Faure Gnassingbé, alors ministre de la défense lui succède. Au Gabon, à la mort du président Omar Bongo en 2009, à l'issue d'une élection fortement contestée et controversée, c'est Ali Bongo Odimba qui prend les rênes de pouvoir suprême après 42 ans de règne sans partage par son géniteur[15]. Pour s'inscrire dans une perspective de gestion néo-patrimoniale de pouvoir, bien des chefs d'États procèdent à la nomination de leurs progénitures ou des membres de leurs familles à des postes stratégiques. Cela a été vécu au Sénégal sous la présidence d'Abadoulaye Wade, en République centrafricaine avec François Bozize, au Burkina Faso sous Blaise Compaoré et aujourd'hui en Guinée Équatoriale avec le président Obiang Guema et au Congo (Brazzaville) sous Denis Sassou Ngesso. Désormais, les Républiques africaines se modèlent sur les normes des régimes monarchiques et vicient toute perspective d'alternance selon les règles démocratiques. Une telle dynamique de gouvernance politique met en péril l'opportunité d'incubation démocratique dans toute société politique parce qu'elle repose essentiellement sur une gestion patrimoniale, familiale et sultanique de la chose publique. Les systèmes politiques africains se parent désormais des attributs propres au régime démocratique dans une visée d'occultation de la réalité politique qui fait office d'une pratique monarchique. La dévolution monarchique est l'un des avatars d'une démocratisation passive et régressive, étreinte par des

---

[14] Son institution ou sa révision met en jeu des intérêts et des logiques propres aux groupes sociopolitiques en tension ou en coopération dans le champ politique. Voir Fabien Eboussi Boulaga, *Lignes de résistance*, Yaoundé, CLE, 1999, notamment le chapitre 6 « La Constitution et …après ? », pp. 85-101.
[15] Lire *Politique africaine*, n°115, 2009.

contrariétés diverses, qui bute à la rémanence d'une culture politique passéiste largement accoudée à la gouvernance pérenne qui tend à se reproduire dans un contexte de mutation sans perdre vraiment de son os et de son ethos. Il y a ici une élection affinitaire entre modification opportuniste des constitutions et principe de dévolution monarchique de pouvoir suprême. Au cœur de ces processus loge une quête d'un régime de pouvoir politique qui refuse l'usure et se conçoit dès lors comme réalité a-temporelle[16]. Comme du temps des monismes partisans, la dévolution reconduit une gouvernance politique qui est contraire à la démocratie libérale qui pose l'alternance comme postulat normatif indispensable. Le retour des « fils à papa » à la tête des États en transition politique est un coup de semonce à l'ancrage des valeurs démocratiques qui favorisent notamment le renouvellement de l'élite et l'émergence de nouvelles figures dans la gestion des charges publiques. La nature de pouvoir se subsume ainsi en monarchie sur l'ensemble des pays africains alors même que ceux-ci se sont constitutionnellement articulés sur le format des Républiques et des États modernes s'incarnant dans une domination légal-rationnelle au sens weberien. La dévolution monarchique de pouvoir fait perdurer sur l'Afrique l'image d'un continent qui refuse la démocratie comme norme d'organisation, de gestion et de transmission de pouvoir ; elle conforte les tenants de la thèse selon laquelle la démocratie est un luxe pour l'Afrique, comme si cette région était irréductiblement enracinée dans l'autocratie. Certes dans les vieilles démocraties, des dévolutions de pouvoir à orientation monarchique se sont produites si on prend le cas de l'élection de « Bush fils » aux États-Unis lors des présidentielles de 2000. Mais qui dit que l'Afrique devrait se complaire à copier des exemples qui ne contribuent qu'à son ravalement au rang des sociétés pré-démocratiques. Le contexte d'apprentissage des normes démocratiques commande de faire une rupture avec les habitudes et les traditions politiques antérieures, pour encoder des pratiques et des paradigmes appropriés aux défis de démocratisation. La dévolution monarchique de pouvoir fait partie de tares qui caractérisent les « paradoxes de démocratisation » en Afrique au Sud du Sahara.

5) *Société civile versus parti politique*. L'actualité récente de l'Afrique subsaharienne souligne en effet la place stratégique des acteurs de la société à faire aboutir les révolutions ou les changements sociopolitiques dans les pays africains. Qu'il s'agisse de ce qu'on qualifia de « Printemps arabes »[17], de la défaite électorale en 2012 du président Abdoulaye Wade ou de la récente

---

[16] Mathias Eric Owona Nguini, « Le gouvernement perpétuel en Afrique centrale : le temps politique présidentialiste entre autoritarisme et parlementarisme dans la CEMAC », *Enjeux*, n°19, 2004, pp. 9-14.
[17] Cf. *Revue du tiers monde*, « Dynamiques institutionnelles dans le monde arabe », n°212, 2012.

démission forcée du président du Burkina Faso, Blaise Compaoré[18], ce sont les mouvements citoyens qui auront œuvré à l'avènement de ces crises qui ont mis en difficulté les régimes longtemps installés et dont les leaders cherchent, vaille que vaille, à se maintenir au pouvoir[19]. La dynamique organisationnelle de la société civile soulève de plus en plus la question des partis politiques dans les opportunités de changement politique dans beaucoup des pays africains. En raison d'un certain nombre d'infirmités et d'incohérences qui caractérisent l'action des formations politiques de l'opposition africaine, la société civile a souvent pris le devant des contestations sociopolitiques en mobilisant les citoyens autour des sujets d'intérêts publics (élections, modification des constitutions, augmentation des salaires, départ à la retraite, emploi des jeunes, etc.). Plus souvent, accusés de collusion opportuniste avec les tenants de pouvoir les partis politiques s'enlisent dans des compromissions de toute nature et ne donnent pas de la voix aux revendications du peuple. En 2012, alors que le président était piqué par le virus de la dévolution monarchique de pouvoir, les sénégalais se sont mobilisé dans le cadre dans un vaste mouvement social, *'Y'en a marre'*, afin de mettre un terme au pouvoir de celui qui était au départ porteur des valeurs de changement (*Sopi* en Wolof). C'est grâce à une telle dynamique organisationnelle que Maky Sall, ex-premier Ministre de Wade et ancien président de l'Assemblée nationale du Sénégal, parvint à lui succéder. En octobre 2014, c'est grâce à l'action collective mise en œuvre par le mouvement *Balai Citoyen*, que le peuple réussit à provoquer le départ inattendu du président Blaise Comparé au Burkina Faso qui cherchait inlassablement à modifier la Constitution en vue d'une présence perpétuelle au pouvoir. L'articulation de la société civile est l'une des grandes trouvailles de la démocratisation qui s'incube en Afrique depuis quelques années[20]. Certes tiraillée par des lignes de clivages en raison de la configuration sociologique des États africains, souvent

---

[18] C'est sous la poussée de contestation populaire que le président du Burkina Faso, Blaise Compaoré, au pouvoir depuis 1987, fut amené à quitter le pouvoir le 30 octobre 2014. Le peuple mit ainsi fin à sa volonté de modifier la disposition constitutionnelle (article 37) limitant les mandats présidentiels.

[19] En effet les mouvements citoyens qui prennent corps dans le sillage d'une démocratisation *heurtée* constituent de « *nouveaux opposants* » en rapport desquels « *Les présidences se sentent donc parfois un peu démunies face à ces mouvements qu'elles n'on pas l'habitude d'affronter. D'autant qu'ils n'ont pas besoin de financements importants que l'on peut menacer de couper, et qu'ils ne cherchent pas à contrôler de grandes infrastructures de communication comme les chaînes de télévision ou les radios- une manœuvre qu'il serait, là encore, aisé de contrer. Les nouveaux opposants privilégient des canaux souvent délaissés par les autorités…comme les réseaux ou les SMS, et surtout bien plus difficiles à contrôler* » *Jeune Afrique*, n°2830, 2015, p. 34.

[20] Lire René Otayek, « La problématique « africaine » de la société civile », Mamoudou Gazibo et Céline Thiriot (dir), *Le politique en Afrique. Etats des débats et pistes de recherche*, Paris, Karthala, 2009, pp. 209-226 ; Séverin Cécile Abéga, *Le retour de la société civile en Afrique*, Yaoundé, Presses de l'UCAC, 2007 ; René Otayek et al. *Les sociétés civiles au Sud : un état des lieux dans trois pays de la ZSP, Cameroun, Ghana, Maroc*, Bordeaux, CEAN, 2004.

encapsulée dans les logiques autoritaires des équipes gouvernantes, la société civile, bon an mal an, se constitue de plus en plus comme une planche d'opérations et d'articulations des mouvements sociaux. Elle a souvent contraint les partis politiques à la rejoindre dans des arènes de conflictualités et d'adversité contre les gouvernants qui restent sourds à des demandes légitimes qui montent du corps social. En l'absence d'une dynamique d'agrégation de forces, de ressources et de stratégies au sein des partis politiques dont beaucoup s'étripent dans des acrobaties de quête des prébendes auprès des classes gouvernantes, la société civile est l'acteur qui aiguillonne la conscience critique au sein des citoyens. Or la société civile n'est pas destinée à accéder au pouvoir ni à sa gestion. Cela suppose que les partis politiques d'opposition, en territoire africain, à l'ère post-monolithique opèrent une sorte *d'aggiornamento*, en vue d'une adaptation qualitative aux défis de démocratisation et de gouvernance politique. Peut-être que les partis politiques et les acteurs de la société civile doivent-ils maintenir des interactions permanentes face aux enjeux sociopolitiques qui requièrent un attelage de stratégies et des intelligences. L'expérience nous informe que c'est au coin d'une chaîne d'interdépendance entre partis politiques et acteurs de la société civile que se trouve l'issue d'une mutation possible ou probable. A ce niveau aussi, il est loisible de dire que l'ère des destinées singulières est désormais révolue.

Au demeurant la démocratisation est loin d'être un mouvement lisse, et se prête difficilement aux analyses de survol. Les réflexions qui constituent cet ouvrage en ont pleine conscience, elles qui ont opéré de distance nécessaire avec des approches de nature évaluative ou de facture appréciative. De fil en aiguille, et au-delà des sensibilités disciplinaires des auteurs, les analyses se sont objectivement limitées à rendre compte des phénomènes qui ont pris corps dans le contexte de démocratisation (élections pluralistes, communauté internationale, élections, multipartisme…) ou plutôt des catégories qui en ont activé ou modulé l'émergence (société civile, environnement social, opposition…). La posture analytique des contributions est fortement renseignée par la perspective réaliste, situationniste et institutionnaliste qui saisit les mutations au confluent des chaînes d'interdépendance des acteurs et au creux de croisements des pratiques et des rationalités. A l'échelle de l'Afrique subsaharienne, le processus de démocratisation connaît certes de fortunes diverses, ce d'autant que plusieurs facteurs influent sur sa modulation et son ancrage optimal dans les mœurs sociopolitiques. De l'Afrique centrale à l'Afrique de l'Ouest- si on ne s'en tient qu'à cette segmentation géographique- le tableau des mouvements démocratiques paraît bien que bigarré voire contrasté. En Afrique de l'Ouest des pays comme le Sénégal, le Bénin, le Ghana sont des cas d'écoles qui indiquent une certaine évolution qualitative dans la quête et l'appropriation des valeurs démocratiques. Des élections pluralistes bien que souvent contestées par les forces politiques de l'opposition ont consacré l'alternance au sommet de l'État ; ce qui a permis une relative circulation de l'élite gouvernante et une décrispation de l'arène électorale. Dans ces pays, une société civile existe qui remplit sa mission de contre-pouvoir et d'éveilleur de conscience citoyenne. Aussi, les partis de l'opposition entreprennent des dynamiques de coalition unitaire lors des élections (présidentielles) en vue de maximiser leur chance de victoire (cas du Sénégal). L'Afrique centrale (zone CEMAC), quant à elle, reste marquée par une forte configuration monopolistique de la gouvernance politique, malgré l'ouverture à la démocratie multipartite et l'organisation des compétitions électorales concurrentielles[21]. Dans la plupart de cas, ce sont les anciennes équipes qui tiennent les leviers de commande dans une perspective plutôt conservatrice. L'avènement des élections concurrentielles ont été très tôt dévoyées dans l'entrelacs d'une culture politique incubée dans l'autoritarisme des partis uniques. Au Congo Brazzaville, en dépit de la chute de Denis Sassou Nguesso en 1992 à l'issu des premières élections pluralistes, la démocratisation s'est fourvoyée dans les méandres de la gestion ethno politique et militarisée du pouvoir. Au Gabon, à la suite du décès du président-fondateur du Parti démocratique gabonais, Omar Bongo Ondimba, en 2009, c'est son fils Ali Omar qui lui succéda dans un contexte de forte contestation sociopolitique, où les élections furent pour le moins empreintes d'irrégularités et de violence autoritaire. Depuis le début des années 2000, la République centrafricaine subit les contrecoups des crises politiques d'instabilité perpétuelle dues à des coups d'État perpétrés par des rébellions armées et des groupes socioreligieux en diffraction. Dans une étude comparative de l'Afrique de l'Ouest et du Centre il est mentionné : « *…le processus démocratique dans les deux sous-régions, en particulier au niveau des pays de l'échantillon n'a pas abouti aux mêmes performances. Au Bénin et au Sénégal, il n'a pas engendré les violences et encore moins des affrontements armés comme en Afrique centrale, notamment au Congo. C'est la première divergence. En outre, ce processus a conduit à des changements politiques sans heurt au Bénin et au Sénégal, mais au Gabon, il ne s'est pas opéré de changements politiques. Au Congo, ces changements se sont inscrits dans un climat de guerres civiles avec le retour d'un ancien dirigeant aux affaires. Ainsi, en Afrique centrale, l'ouverture démocratique a été marquée par des obstacles (non changement de régimes, guerres civiles) alors que ces obstacles et résistances ont été moins importants en Afrique de l'Ouest. C'est la deuxième divergence* »[22]. La perspective comparative a certes ses mérites parce qu'elle contribue à la compréhension des phénomènes et des réalités

---

[21] Alawadi Zelao, « Démocratisation passive et gouvernance politique dans les États de l'Afrique centrale », *Revue internationale des sciences humaines et sociales*, vol. 5, n°5, 2013, pp. 151-172.
[22] Jean-Christophe Boungou Bazika, « L'ouverture démocratique et le développement humain : une analyse comparative Afrique de l'Ouest et du Centre », Elizabeth Annan-Yao (dir), *Démocratie et développement en Afrique de l'Ouest. Mythe et réalité*, Dakar, CODESRIA, 2005, p.13.

analysés à partir des lignes de convergence et des traces de dissemblances qui les lient, sans toutefois les y réduire. De ce point de point de vue, il serait réducteur de limiter la comparaison aux deux régions africaines ici évoquées, alors même que la séquence démocratique à l'échelle continentale suit une chronologie sensiblement circulaire. Toutes les régions et les sous-régions ont traversé presque à une période sensiblement identique les mouvements démocratiques et les convulsions sociopolitiques, certes avec des destins diversifiés. Ainsi, quelle que soit la région ou la sous-région voire le pays retenus, le paysage d'expérience démocratique présente plutôt une configuration plurielle, avec des contrastes et des contrariétés à l'intérieur de chaque entité. Autant les « ratés de démocratisation » sont observables ici que là-bas, autant « d'indéniables progrès » sont perceptibles depuis la fin de la guerre froide[23]. Plus de deux décennies après les premières « élections fondatrices » ou « restauratrices des régimes pluralistes », le temps n'est pas à se demander si la démocratie va s'ancrer ou non dans les mœurs sociopolitiques africaines[24]. Une telle grille d'approche, du reste coutumière et routinière, va certainement prolonger un régime de raisonnement déjà à l'œuvre dans d'autres sphères épistémiques (philosophie notamment) sans ouvrir des perspectives innovantes et éclairantes dans la saisie des mutations sociopolitiques induites par les vents de démocratisation des années 1990. Aujourd'hui, aussi bien la communauté internationale que les organismes continentaux travaillent plutôt sinon à la consolidation des processus démocratique, du moins à la perfection de leurs acquis[25]. A bien des égards, ce serait faire grief à la vérité de l'histoire que de penser qu'en deux décennies, depuis la crise des partis uniques, rien de nouveau ne s'est passé en Afrique subsaharienne, notamment à l'aune des mouvements de transition démocratique ou de libéralisation politique visible dans beaucoup des pays.

---

[23] Marce-Antoine Pérouse de Montclos, *Vers un nouveau régime politique en Afrique subsaharienne. Des transitions démocratiques dans l'impasse*, Paris, IFRI, 2010.

[24] Cf. Michael Bratton et Richard Houessou, « La demande de la démocratie augmente en Afrique. Mais la plupart des dirigeants politiques ne répondent pas aux attentes », *Afrobaromètre*, n°11, 2014.

[25] Il importe de noter que depuis l'ouverture des pays africains au pluralisme démocratique et aux élections concurrentielles, la communauté internationale a joué un rôle important dans l'ancrage des valeurs et normes démocratiques dans ces pays. même si elle fait de temps l'objet des critiques de la part des acteurs politiques et des communautés la communauté internationale a joué son rôle par des appuis techniques, matériels, humains et financiers pour la restauration de la gouvernance démocratique et électorale. Au niveau continental, l'Union africaine et certains experts ont élaboré des mécanismes et des documents en vue la consolidation des performances démocratiques. Voir *Charte africaine de la démocratie, des élections et de la gouvernance*, 2007 ; Christopher Fomunyoh, *Médiation des conflits électoraux*, Centre for humanitarian Dialogue, 2009 ; Les Afriques dans le Monde (LAM), *Élections et risques d'instabilité en Afrique. Quel appui pour les processus électoraux légitimes*, 2014.

Certes la réalité est implacable qui montre une démocratisation coincée entre les rets d'une restauration autoritaire, d'une violence électorale asymétrique, d'une monopolisation des normes législatives et d'un retour en grâce des révolutions de palais ou des coups d'États[26]. Les essais démocratiques portent les traits des modalités historiques par lesquelles ils viennent à s'incuber et à voir le jour. Les élections pluralistes, la routinisation du vote, la participation des formations politiques, le regain d'intérêt chez les citoyens pour la chose politique, la prolifération des partis politiques, l'instauration des commissions nationales électorales, l'organisation des concertations et de dialogue entre les acteurs sociopolitiques, l'implication de la société civile dans les questions politiques et électorales restent autant des évolutions qui ont longtemps annoncé le « printemps de l'Afrique » en régime démocratique. Au demeurant, la démocratisation ne se réduit pas à ces séquences processuelles ; elle prend également pied dans une dynamique d'incrustation sociale qu'elle induit notamment auprès des communautés et des groupes sociaux qui en deviennent des réceptacles, en amplifiant ses possibilités et ses modalités de consolidation[27]. L'arène politique ou électorale n'est pas animée que par des « professionnels politiques », elle est où le lieu où circulent et se croisent les intérêts collectifs des entités ethniques, religieuses, régionales et sub-nationales. Si Quantin[28] prend le soin d'analyser les mouvements démocratiques comme des processus à qualifier (ou à adjectifs), c'est justement parce qu'on se trouve dans des contextes d'hybridation démocratique, qui mettent en relief les scènes tantôt de collusion tantôt d'agrégation mais aussi de contradiction entre des normes qui relèvent de plusieurs époques, qui s'échelonnent sur plusieurs temporalités (coloniale, postcoloniale, et post-monolithique) et qui sont toujours retravaillés par des

---

[26] Révolution du palais au Tchad en 2008, coup d'État au Mali en 2012, renversement des régimes successifs en RCA en 2003 (Ange Félix Patasse) et en 2013 (François Bozize).
[27] Leonardo Morlino, « Consolidation démocratique : la théorie de l'ancrage », Revue internationale de politique comparée, Vol. 8, 2001, pp. 245-267. Cet auteur écrit : « ...*le processus de consolidation se caractérise par un processus venu de la base- la légitimation- et d'un processus venu du sommet- l'ancrage de la société civile ; la légitimation se compose toujours de deux volet distincts et inextricablement liés, le consensus au niveau des masses et l'appui au niveau des élites ; les ancres institutionnelles, c'est-à-dire l'organisation partisane, la fonction de contrôleur, les rapports de clientélismes...* », op. cit. p. 265.
[28] Il écrit : « ...*la somme des pratiques accumulées à la suite des nombreuses transitions démocratiques ne sert qu'à nourrir une longue liste des « démocraties à adjectifs », formes plus ou moins détournées ou inachevées du modèle occidental contemporain. Ces « démocraties à adjectifs », dont 550 variétés étaient déjà dénombrées en 1997 dans le monde entier, décrivent de nombreuses expériences africaines, par exemple : les démocraties autoritaires, les démocraties néo-patrimoniales, les démocraties guidées, les démocraties illibérales, ou encore les pseudo-démocraties ; elles forment un marécage dans lequel s'enlisent les efforts de classification* », pour souligner toutefois que : « *Entre démocratie et non-démocratie, les expériences africaines actuelles se situeraient, en moyenne et avec une faible variance, dans une zone intermédiaire de « régime hybrides* », Patrick Quantin, « La démocratie en Afrique à la recherche d'un modèle », *Pouvoirs*, n°129, 2009, pp. 65-76.

acteurs en transaction/négociation et/ou en conflit. Dès lors la démocratisation n'advient pas dans une sorte de *tabula rasa*, du vide sociologique et institutionnel, qu'elle ne commence pas finalement à bourgeonner à partir d'un sol aride, resté longtemps inexploité et inexploré. Les tares qui caractérisent aujourd'hui les mouvements démocratiques trouvent leur origine dans un condensé des temporalités historiques qui continuent de peser, tantôt comme facteur (ceux des pays qui sont héritiers du pluralisme politique) tantôt comme obstacle (ceux des pays qui ont une tradition autoritaire ancrée). La démocratisation suit son cours en Afrique subsaharienne avec des hauts et des bas selon les pays, les sous-régions et les régions ; dévoilant tendanciellement des performances relatives et des imperfections criardes. Face aux blocages sociopolitiques provoqués par la restauration du multipartisme et l'organisation des élections pluralistes des mécanismes supranationaux sont mis à contribution pour veiller à la consolidation des acquis démocratiques. L'Union africaine (avec sa charte le Nouveau Partenariat pour le Développement de l'Afrique et le mécanisme d'évaluation par les pairs), la Communauté Économique de l'Afrique de l'Ouest (CEDEAO) et la Communauté de Développement de l'Afrique Australe (SADC) jouent un rôle d'implémentation et d'enracinement de la démocratie et des élections en Afrique. Ces structures assurent la fonction de médiation dans l'accompagnement du processus électoral par une assistance technique, humaine matérielle et financière. En raison de ce que les élections sont devenues des occasions de polarisation des clivages et de tensions et que la démocratisation s'enlise dans une sorte « d'impasse »[29], la mise en œuvre de ces structures contribue à l'apaisement des climats sociopolitiques tendus qui surviennent à l'issue de chaque occasion électorale, en raison du rôle de médiation dont elles sont créditées. Mais il reste lancinant que le processus démocratique en territoire africain a du chemin à faire et que, au demeurant, la mise en place de structures de médiation ne suffit pas à sculpter la conscience et la culture démocratique à l'intérieur des sociétés politiques nationales. Il importe dès lors de travailler à la cristallisation d'une nouvelle grammaire politique qui ouvrirait les vannes à l'incrustation des valeurs démocratiques tant chez les acteurs qu'au sein des institutions (État, organe électoral, partis politiques, etc). La dynamique de consolidation des mœurs démocratiques ne prendra corps que dans un environnement institutionnel et sociologique où les germes d'accoutumance aux valeurs libérales du jeu politique auront fleuri dans les interactions des forces et groupes sociopolitiques.

---

[29] Marc-Antoine Pérouse de Montclos, *Vers un nouveau régime politique en Afrique subsaharienne ? Des transitions démocratiques dans l'impasse*, op. cit.

PREMIERE PARTIE

Partis politiques et construction d'un champ politique (semi) ouvert

CHAPITRE 1

Le sens du multipartisme en contexte de démocratisation en Afrique subsaharienne : illustrations camerounaises

Alawadi Zelao

> « *Plus que jamais, l'expression « chapelles politiques » convient à notre contexte, où les partis politiques voient le jour aussi aisément que les églises. Même si ceux-là n'ont pas toujours autant de membres que celles-ci. Même s'ils ne font pas autant de bruit, et c'est heureux, que certaines maisons de culte, dites « réveillées ». Nos formations politiques, partis, micro-partis, particules, etc. – se font néanmoins entendre à intervalles réguliers. A un moment, c'est obligé, vu qu'il y en a des tas et des tas désormais. L'observateur, averti ou non, le petit peuple tout comme le chercheur sérieux ont dû se poser la question au moins une fois chacun : pourquoi tant de partis ? Pourquoi tant de monde dans une arène impitoyable, dans un sport où le répertoire de coups bas est constamment enrichi de nouvelles trouvailles ?* », Cameroon tribune, n°10734,09 décembre 2014, p. 7.

L'expression tangible du processus démocratique dans beaucoup des pays africains à la fin des années 1980 est sans conteste la prolifération des partis politiques. Alors qu'au début des années 1960, et dans le sillage de l'accession à l'indépendance des États, le monopartisme fut consacré ; le multipartisme va également connaître son temps d'efflorescence à la faveur de démocratisation. Selon Van de Walle et Smiddy : « *En peu de temps, au début des années 1990, le paysage de l'Afrique a changé de façon spectaculaire. Une vague de démocratisation a balayé les vieux régimes à parti unique et les a remplacés par des systèmes politiques multipartites plus concurrentiels. Bien que les observateurs puissent être en désaccord serein pour évaluer à quel point ces nouveaux régimes sont 'démocratiques', les jours de l'Etat à parti unique constitutionnellement codifiés sont clairement révolus* »[1]. Cette course africaine vers le multipartisme a en effet une inspiration d'origine externe lorsqu'on prend en compte le discours de la Baule au cours duquel le président français d'alors, François Mitterand, a fait injonction à ses pairs africains de s'ouvrir à plus de libertés publiques et de démocratie[2]. C'est alors dans une dynamique quasi frénétique que les

---

[1] Nicolas van de Walle et Kennedy Smiddy « Partis politiques et systèmes de partis dans les démocraties 'non libérales' africaines », *L'Afrique politique*, 2000, pp. 41.
[2] Comi Toulabor, « Paristroïka et revendication démocratique », Daniel Bach et Anthony Kirk-Greene (dir), *Etats et société en Afrique*, Paris, Economica, 1993, pp.119-135.

régimes politiques longtemps façonnés dans le système mono-partisan et de facture autoritaire engagent de s'ouvrir tendanciellement au multipartisme et à des élections pluralistes.

Selon certains analystes, notamment s'agissant des pays africains, la confusion a été très tôt établie entre « multipartisme et démocratisation »[3], même si d'autres par contre contestent une telle corrélation[4]. Cependant, l'expérience politique des pays africains ces dernières décennies révèle bien au grand jour, toute la complexité du processus démocratique et atteste de ce qu'il est désormais suspect de confondre multipartisme et démocratie[5]. Ceci est à tout le moins révélateur de la trajectoire historique dans laquelle l'Afrique s'est engagée dans la voie de la démocratisation et comment cette dynamique historique a finalement été gérée par les groupes politiques. L'histoire des partis politiques en Afrique n'est pas à faire ; elle a bien une longue littérature qui fait remonter leur genèse aux années 1940[6] et qu'en plus, cette région du monde fut déjà multipartite à la veille des indépendances advenues en majorité vers les années 1960[7]. La période postcoloniale, notamment celle allant de 1960 à 1990 constitue une « parenthèse » dans l'histoire du multipartisme en Afrique et ne représente pas, loin s'en faut, un facteur dirimant.

Le retour du multipartisme en 1990 marque désormais une nouvelle conjoncture et est porteuse d'une nouvelle historicité dans l'évolution des régimes politiques africains. Parce qu'il advient dans un contexte global marqué par le retour en grâce des valeurs libérales, de la démocratie et des droits de l'Homme[8], le multipartisme resurgi au confluent des mouvements de démocratisation est riche de plusieurs enseignements : 1) il est le révélateur d'une innovation institutionnelle qui met en relief une dynamique d'habituation aux valeurs fondatrices de la démocratie libérale 2) le multipartisme apparaît à cette aune comme un facteur de perturbation qui dynamise l'entropie des régimes longtemps viciés dans le monopartisme et l'autoritarisme 3) il s'instaure dès lors une nouvelle grammaire dans la pratique et l'interaction des acteurs politiques qui se mobilisent pour

---

[3] Jean Mfoulou, « Les non-dits de la démocratisation en Afrique », *Revue camerounaise des relations internationales*, Vol. IV, n°12, 1997, pp. 37-50.

[4] Maturin Hungnikpo, *L'illusion démocratique e Afrique*, Paris, L'Harmattan, 2004, p. 134 et ss ; Fabien Eboussi Boulaga, *La démocratie de transit au Cameroun*, Paris, L'Harmattan, 1997 ; cet auteur parle de l'inflation partisane comme d'un « *phénomène administratif et alimentaire* », p. 319.

[5] Jean-François Médard, « Autoritarismes et démocraties en Afrique noire », *Politique africaine*, n°43, 1991, pp. 92-106.

[6] Voir *Politique africaine*, n°104, 2006, exception faite du Libéria où *True Whig Party* apparut en 1860.

[7] Dmitri Georges Lavroff, *Les partis politiques en Afrique noire*, Paris, Puf, 1978 (2ème édition).

[8] A cet horizon, la fin de l'histoire annonce aussi le triomphe de la démocratie libérale. Voir Francis Fukuyama, *La fin de l'histoire et le dernier homme*, Paris, Flammarion, 1992.

reconstruire et édifier une temporalité ajustée à la donne démocratique qui instaure des élections largement concurrentielles et compétitives, en décalage avec les élections sans choix des années 1960. Dans cette configuration post monolithique les partis politiques auront été ici et là des acteurs de la coalescence et de dispersion des forces endogènes, de leurs ressources et des stratégies qui soutiennent leurs « *arts de faire* »[9] complexes.

En raison de leur encodage constitutionnel dans la plupart des pays africains qui se sont libéralisés dans cette mouvance, les formations politiques ont été des acteurs de premier plan du jeu à l'épreuve des démocratisations chaotiques et incertaines. Cette étude vise à questionner la problématique du multipartisme dans un contexte sociopolitique en séquence d'apprentissage et d'incubation démocratique[10]. Il importe dès lors de cerner la pertinence de foisonnement partisan dans un environnement ouvert à la démocratisation tant il est admis que la démocratie ne se mesure pas toujours en regard de la pluralité des partis politiques ni à leur multiplication à l'infini. En soi donc, le multipartisme n'est pas un thermomètre de la démocratie et il ne suffit pas, à lui seul, à rendre compte de l'ancrage des normes démocratiques dans une société politique. La réflexion s'organise autour de quatre inflexions. Dans un premier temps il est possible de scruter la sociogenèse du multipartisme en territoire africain post-monolithique. En second lieu il importe de cerner les interactions partisanes en contexte multi-partisan. La troisième articulation examine les contrariétés qui obèrent la dynamique de démocratisation de l'espace politique formellement configuré dans le multipartisme, et enfin la quatrième articulation rend raison de l'inscription sociale des formations politiques.

I- Renouveau du multipartisme
a) *Du monopartisme au multipartisme*

Le Cameroun qui accède à l'indépendance en 1960 est marqué par le pluralisme politique caractéristique de la configuration sociologique du pays[11]. En effet dans le contexte de la liquidation de la tutelle coloniale, ce sont ces entreprises politiques (bien qu'imbibées de coloration socioculturelle des communautés) qui auront préparé la conscience de mobilisation et de contestation au sein des populations. En sus de l'Union des populations du Cameroun (UPC) qui avait inlassablement combattu la présence coloniale en territoire camerounais, d'autres partis à l'instar de Bloc démocratique camerounais (BDC), de l'Union Sociale Camerounaise

---

[9] Michel de Certeau, *L'invention du quotidien. Arts de faire*, Paris, Seuil, 1990.
[10] A juste titre Guy Hermet parle de « *passage à la démocratie* » (Hermet, 1996).
[11] Sur cette tranche de l'histoire politique du Cameroun lire Joseph-Marie Zang-Atanga, *Les forces politiques au Cameroun réunifié*, Paris, L'harmattan, 1989 ; Samuel Nkainfon Pefura, *Le Cameroun. Du multipartisme au multipartisme*, Paris, L'Harmattan, 1996, Victor Le Vine, *Cameroun. Du mandat à l'indépendance*, Paris, Présence africaine, 1984, pp. 183 et ss.

(USC), Évolution Sociale Camerounaise (ESOCAM), de l'Union Camerounaise (UC), de Mouvement d'Action Nationale (MANC), de *Kamerun National Democratic party* (KNDP), de *Cameroon United Congress* (CUC) ...avaient également œuvré à l'incrustation de la conscience politique des groupes sociaux dans un contexte où manifestement l'État-nation n'avait pris encore pris corps et cristallisé la conscience nationale. La fin de la deuxième guerre se distingue ainsi par un certain dynamisme de la scène politique camerounaise du reste configurée par l'efflorescence des partis politiques. Cependant l'avènement de l'État indépendant au Cameroun et l'urgence de construction d'une nation vont présider à la dé-légitimation du pluralisme politique ; ce qui va inciter les dirigeants d'alors à mettre en œuvre un « parti unifié » selon la terminologie officielle de l'époque, mais dans la pratique il s'est agi ni plus ni moins que d'un régime à parti unique.

Après avoir réussi à manœuvrer et contraint les leaders des mouvements politiques existants à fusionner, le président Ahmadou Ahidjo créa en 1966 l'Union nationale Camerounaise (UNC), sorte de creuset d'inflexion de toutes les sensibilités sociologiques et idéologiques d'un pays foncièrement atomisé au plan socio-anthropologique, socioreligieux et sociolinguistique. C'est désormais l'ère de monopartisme qui institue la valence de l'Un et frappe d'obsolescence toute perspective de contradiction et de pluralité dans l'espace sociopolitique. Dans la plupart des pays africains, la restauration du monopartisme fait corps avec l'instauration des régimes autoritaires et présidentialistes[12]. Le chef de l'exécutif contrôle et patronne l'ensemble de la vie publique et incarne la clé de voute de l'appareillage institutionnel et constitutionnel. Pendant près de trois décennies l'Afrique subsaharienne a vécu le monopartisme comme un système de gouvernance politique légitime qui a fini par formater une « *tradition politique* »[13] consubstantielle à tout régime autoritaire. La société

---

[12] A ce propos Dmitri Lavroff écrit : « *Lorsque les partis politiques africains se sont constitués en parti unique ou parti dominant, on constata une accentuation apparente du caractère monolithique et presque de ces organisations. Les partis d'opposition étant soit intégrés, soit supprimés au nom des nécessités de l'union nationale, le parti devenu unique dut développer ses structures locales et renforcer la subordination hiérarchique aux divers niveaux. Il ne s'agissait plus d'encadrer des militants dévoués au parti et à son idéologique, mais de constituer un réseau suffisamment large et solide pour contrôler la majorité, sinon l'ensemble des citoyens* », Dmitri Lavroff, *Les partis politiques en Afrique noire*, op. cit., p. 63. Lire également Gérard Conac, « Le portrait du chef de l'Etat », *Pouvoirs*, n°25, 1983, pp. 121-130.

[13] Sans en faire une réalité statique et téméraire au temps, cette notion met en relief la cristallisation d'un habitus politique dans un environnement institutionnel donné et dont la perpétuation peut s'envisager sur plusieurs générations aussi bien dans la cadre spécifiquement politique que dans l'espace sociétal. Aujourd'hui encore il est légitimement loisible d'observer la rémanence de la « tradition politique » ayant fait florès en période du parti unique dans le contexte actuel marqué formellement par les postulats de la démocratie

civile étant fortement et formellement frappée d'anathème, les citoyens n'avaient pas voix au chapitre et les débats publics étaient sinon fortement réprimés à tout le moins largement contrôlés et encadrés. Les régimes politiques sortis de la période coloniale avaient encodé, dans la plupart des cas, les bottes et les costumes des dictatures invétérées. Tout se passait comme si la construction de l'Etat nation n'était possible que par le biais de l'installation des régimes autoritaires. Dans la pratique, tout fonctionnait à maintenir le statu quo tant dans la vie publique que dans les interactions au quotidien des citoyens.

La société fut fortement dépolitisée par une mécanique de contrainte, de violence et de traque psychologique permanente[14]. L'adhésion au parti unique n'était ni volontaire ni libre ; elle relevait de l'ordre de l'allégeance, de la soumission et de la subordination à un régime qui rechigne à toute mise en question de son régime de rationalité et de vision[15]. Ainsi le monopartisme fut la règle générale et l'opposition était réduite à sa plus congrue expression. Au Cameroun le régime d'Ahmadou Ahidjo s'échina à édifier le système de gouvernance mono-partisane en l'ajustant aux défis de construction nationale, de l'édification de l'État et de la cristallisation de la conscience nationale au sein des communautés ethniques encore régies par les particularismes et les replis de toutes sortes[16].

L'UNC remplissait dans ce contexte de quête de l'unité permanente la fonction de nivellement des identités, de cohésion des cultures et de contraction des différentiels ethniques. Son avènement était déjà symptomatique de la mission qui était la sienne : celle d'arracher les individus à leur environnement ethnoculturel et leur affecter le statut de citoyen à part entière. Au bout d'un tel processus, il s'agissait de voir émerger des camerounais pétris et assaisonnés à la sève des valeurs de la République et de l'État-nation. Les identités primaires perdaient tendanciellement de leur teneur et de leur valence dans la vie publique et institutionnelle, alors même que la citoyenneté était la nouvelle marque d'identification des individus qui composent la communauté nationale[17]. Irréversiblement, et revenant dans les discours officiels comme un leitmotiv

---

libérale (pluralisme politique, élections compétitives, société civile, liberté d'expression…). Voir notamment Raoul Girardet, « Autour de la notion de tradition politique. Essai de problématique », *Pouvoirs*, n°42, 1987, pp. 5-14.

[14] Chazan Naomi et al, *Politics and society in contemporary Africa*, Colorado, Lynne Rienner Publishers, 1992.

[15] A juste titre Achille Mbembe décrit cette situation par un terme à résonnance évangélique lorsqu'il évoque « l'Etat théologien » dans *Afriques indociles*, Paris, Karthala, 1988, p. 127.

[16] Jean Mfoulou, « Equilibre régional et désunion nationale : leçons du passé et perspectives d'avenir », David Simo (dir), *Constructions identitaires en Afrique*, Yaoundé, CLE, 2006, pp. 109-120.

[17] Voir Luc Sindjoun, « Identité nationale et « révision constitutionnelle » du 18 janvier 1996 : comment constitutionnalise-t-on le « nous » au Cameroun dans l'Etat post-unitaire », *Polis. Revue camerounaise de science politique*, Vol. 1, 1996, pp. 10-24.

l'unité nationale structurait l'agir des catégories dirigeantes au Camerounaises pendant plus de décennies. L'invocation de l'unité nationale masquait toutes les dérives propres à un régime autoritaire et jouait comme une mystique d'enrôlement et d'occultation[18]. Le monopartisme rentrait ainsi dans un registre de modulation politique dont le contexte d'alors du reste marqué par la figure des « timoniers », des « pères de la nation et de l'indépendance » était prégnante et envahissante dans l'espace institutionnel, social et politique[19]. Par conséquent, le développement du pays et la problématique de l'unité nationale n'ont été projetés que comme des instruments d'occultation de la réalité politique nationale.

Le parti unique était largement au service de ce que Bayart appelle le « bloc hégémonique », ce cartel de catégories sociales qui, jouissant du capital scolaire et universitaire (ce que Bourdieu appelle le capital culturel), a été très tôt à l'avant-garde de la construction de l'État et de l'édification de la nation dans les pays nouvellement indépendants. Trente ans durant, ce sont plutôt des régimes autoritaires qui se sont consolidés et la conscience nationale n'avait effectivement pris pied dans le corps social. C'est dans un contexte d'exacerbation des conflits socio-ethniques et des replis identitaires que la démocratisation s'opère en région subsaharienne africaine[20]. Ceci fut nettement aux antipodes de la dynamique unitaire qui prévalut lors du monopartisme dont l'instauration fut justifiée par le défi de construction de l'État-nation et de la quête du développement par les États nouvellement indépendants.

b) *Mouvements sociaux et multipartisme*

La restauration du pluralisme sociopolitique au détour des années 1990 s'est produite au gré de mutations subversives dans l'ordre politique, social et culturel. En évoquant « *l'anthropologie de la colère* »[21], Monga a cherché à rendre compte de la dynamique conflictuelle qui aura alors rythmé l'avènement du processus démocratique dans beaucoup des pays africains. Les populations de l'Afrique subsaharienne ont ainsi marqué de leur empreinte les mouvements de bouleversements politiques dont les régimes autoritaires trentenaires faisaient alors les frais. Au Cameroun les mouvements de contestation du régime Biya furent portés et articulés par des acteurs et groupes d'acteurs multisectoriels. Tant dans l'espace médiatique qu'intellectuel, au sein des corporations, chez les étudiants, les avocats, les

---

[18] Maurice Kamto, *L'urgence de la pensée*, Yaoundé, Mandara, 1993.
[19] Voir Philippe Decraene, « Eléments de réflexion sur les partis politiques africains », *Pouvoirs*, 1983, n°25, pp. 79-87 ; Klaus Ziemer, « Le phénomène du parti unique », Daniel Bach et Anthony Kirk-Greene (dir), *Etats et sociétés en Afrique francophone*, Paris, Economica, 1993, pp. 108-117.
[20] Jean François Byart et al., « Autochtonie, démocratie et citoyenneté en Afrique », *Critique internationale*, n°10, 2001, pp. 177-194.
[21] Célestin Monga, *L'anthropologie de la colère*, Paris, L'Harmattan, 1994.

médecins, les acteurs du secteur informel que les débrouillards des grandes villes (Douala, Yaoundé, Bafoussam, Garoua…), une véritable conscience de rupture avait gagné les conduites individuelles et collectives. L'émergence de nouvelles formations politiques va donner plus de tonalité aux mutations qui s'esquissaient. Ainsi le lancement du *Social democratic front* (SDF) dans la ville de Bamenda le 26 mai 1990 va constituer un potentiel déclencheur aux luttes politiques dans le contexte post-monolithique. Dès la promulgation de la loi sur les libertés publiques et les associations, le champ sociopolitique national se module sous le couvert du « *désordre inventif* »[22], indicateur des tumultes qui travaillaient les sites multiples de la vie publique.

L'articulation des « villes mortes » et du « pays mort » sera le fait d'une opposition avide des ruptures immédiates, déterminée confusément à liquider le régime du président Paul Biya au pouvoir depuis 1982. Des partis comme le SDF, l'Union nationale pour la démocratie et le progrès (UNDP), l'Union pour la démocratie camerounaise (UDC) ont assumé le rôle de premier plan dans la construction des régimes de mobilisation contestataire qui ont secoué pendant plusieurs mois les villes comme Douala, Bamenda, Bafoussam, Garoua et Maroua. Dans le contexte de l'ouverture démocratique d'alors, ces formations politiques nouvellement surgies dans l'arène publique, se faisaient alors l'écho des aspirations des groupes sociaux qui exprimaient le désir de voir aboutir le changement politique et l'amélioration de leurs conditions de vie au quotidien. C'est que trois décennies du monopartisme et de mystique de l'unité nationale n'ont pas apporté le développement ni la liberté aux populations africaines[23]. C'est alors que les mouvements de démocratisation ont constitué dans la plupart des cas des opérations de procès contre des régimes qui se sont construits dans la gouvernance autoritaire et néo-patrimoniale. L'État et ses ressources constitutives sont au service des groupes gouvernants et de leurs affidés ethno-régionaux[24]. Au Cameroun, la politique d'équilibre régional mise en œuvre par le président Ahmadou Ahidjo (1960-1982) et par la suite reprise par le président Paul Biya (depuis 1982) a fondamentalement consisté à l'allocation patrimoniale des ressources nationales et des positions institutionnelles à une élite essentiellement comprador dont la logique de fonctionnement vise plutôt à sa reproduction quasi automatique[25]. C'est

---

[22] Luc Sindjoun, « Le champ social camerounais : désordre inventif, mythes simplificateurs et stabilité hégémonique de l'Etat », *Politique africaine*, n°62, 1996, pp. 57-67.
[23] Mathieu Petithomme, *Les élites postcoloniales et le pouvoir politique en Afrique subsaharienne. La politique contre le développement*, Paris, L'Harmattan, 2009.
[24] Jean-François Médard, « Spécificités des pouvoirs africains », *Pouvoirs* n°25, 1983, pp. 5-22.
[25] La catégorie gouvernante au Cameroun est aux affaires depuis les années 1960 et développe toujours des logiques de reproduction par un mécanisme de blocage des opportunités de circulation de l'élite. Reposant essentiellement sur une tendance lourde de cooptation et de

contre cette élite gouvernante mais dont l'incapacité en matière du développement national et de la promotion de l'intérêt général était patente que les mouvements sociopolitiques furent articulés.

Dans cette perspective les nouvelles forces sociopolitiques se revêtaient d'un leadership alternatif et se projetaient comme les défenseurs des intérêts populaires. Au fond en effet ce fut le moment de « grandes utopies » qui rappelaient à bien des égards les mouvements d'indépendance des années 1960. Le besoin de rupture rognait l'ensemble des catégories sociales (intellectuels, paysans, fonctionnaires, jeunes, femmes, ruraux, citadins, commerçants…) et était révélateur de la crise que subissaient les régimes mono-partisans longtemps à l'œuvre. En regard de la situation sociopolitique qui prévalait dans beaucoup des pays africains, l'avènement du multipartisme relevait d'une redéfinition de la gouvernance et mettait en relief une nouvelle modalité d'expression de la politique comme réalité faisant l'objet de discussion, de délibération et de contradiction par l'ensemble des citoyens. Dans le sillage de la conjoncture provoquée par les mouvements de démocratisation, la restauration de la donne pluraliste annonçait le « printemps » de l'Afrique et entretenait chez les acteurs l'illusion d'un mirage démocratique[26].

c) *Retour aux élections concurrentielles*

Avant 1990 l'Afrique subsaharienne était coutumière dans l'organisation des élections sans choix, se déroulant exclusivement dans les partis uniques et sans pluralité de candidature[27]. Ainsi s'agissant du Cameroun c'est au sein de l'UNC que les élections s'organisaient et les candidats étaient d'avance assurés de leur victoire, qui était tout simplement automatique. A dire vrai, les élections à l'ère du parti unique furent autant des formules d'attestation que des mécanismes de consolidation des régimes autoritaires. Ni concurrentielles ni pluralistes, ces élections servaient de cache-sexe à des systèmes qui avaient contraint les sociétés plurales qui caractérisent les sociétés traditionnelles africaines à se configurer sous le schéma de « l'Un » ; d'où en effet la mystification de l'unité nationale comme clé de développement national et de construction de l'État-nation. Dès lors durant trois décennies, les africains ont été sevrés des valeurs et des

---

gestion néo-patrimoniales des positions institutionnelles, cette catégorie gouvernante ne se renouvelle que sous le modèle de mouvement circulaire et de facture inter-élitaire. Ce qui explique qu'aujourd'hui ce soit les mêmes acteurs ou alors leurs protégés qui se retrouvent à des postes de responsabilité soit dans le gouvernement soit dans haute administration. D'où la valence de paradigme de « *système d'inégalité* » esquissé par Jean-François Bayart (1979 : 5-35).

[26] Francis Akindès, Les *mirages de la démocratie en Afrique subsaharienne francophone*, Dakar, CODESRIA, 1995.
[27] Exception faite du Sénégal et du Ghana. Voir CEAN/CERI, *Aux urnes l'Afrique ! Elections et pouvoirs en Afrique noire*, Paris, Pedone, 1978.

pratiques démocratiques dont les élections sont un des instruments de modulation. Fortement encadrées par la soldatesque des régimes présidentialistes et projetées comme des opérations de légitimation des ordres établis, les élections sans choix » sont vidées de tout potentiel de teneur démocratique. A cet horizon de l'histoire politique de l'Afrique subsaharienne, le « *suffrage universel* » était bien « *contre la démocratie* »[28], tant il servait à perpétuer des régimes anti-démocratiques, au pire à déposséder politiquement les citoyens. Ces élections ne furent alors que des actes formels qui concédaient des signes et des apparences de légitimation à des systèmes politiques dont l'ancrage sociologique était pourtant loin d'être acquis. Même si ces élections étaient loin d'être comme les « *autres* »[29], elles ne remplissaient pas moins une fonction d'onction et de consécration des régimes politiques qui tiraient leurs sources d'existence ailleurs. Par conséquent il est loisible de noter que ces élections n'étaient pas des indicateurs de la validité démocratique ni des actes de construction de la citoyenneté électorale[30].

Les premières élections à l'ère pluraliste furent marquées du sceau de la concurrence et davantage consacrées par la forte participation des citoyens. Ces élections manifestaient l'élan de grandes trouvailles après quelques décennies de sécheresse et de désert de compétition politique en Afrique. Si on ne prend en compte que les pays francophones il est loisible d'attester d'une grande mobilisation des citoyens et des populations qui manifestaient, à observer les choses de près, la soif des élections et donc de la politique. Tant au Gabon, au Congo Brazzaville, au Tchad, en République Centrafricaine, en Côte d'Ivoire, au Togo, au Burkina Faso, au Niger, au Mali qu'au Cameroun la participation politique lors des élections qui parvinrent pour la première fois lors de l'ouverture démocratique furent fortement significatives de la psychologie des communautés et des groupes sociaux en désir de manifestation de la conscience politique. La nouvelle dynamique électorale s'inscrivait en effet dans le sillage de la rupture tant avait enflé dans le corps social le penchant de ce que Kamto appelle « *la révolution démocratique* »[31]. De toute évidence, les régimes politiques vivent le temps de l'après parti unique. Le contexte du pluralisme politique instaure ses variables d'incertitudes et institue des défis aux acteurs comme aux citoyens[32].

---

[28] Philippe Braud, *Le suffrage universel contre la démocratie*, Paris, Puf, 1982.
[29] Guy Hermet et al. (dir), *Des élections pas comme les autres*, Paris, Presses de la FNSP, 1978.
[30] Olivier Ihl, *Le vote*, Paris, Montchrestien, 2000.
[31] Maurice Kamto, « Quelques réflexions sur la transition vers le pluralisme politique au Cameroun », Gérard Conac (dir), *L'Afrique en transition vers le pluralisme politique*, Paris, Economica, 1993, p. 219.
[32] Michel Dobry, *Sociologie des crises politiques*, Paris, PFNSP, 1992.

Au Cameroun, les premières élections ont été largement révélatrices du décrochage du régime du « Renouveau national » en place depuis 1982[33]. Ainsi les élections législatives de l'ère pluraliste consacrent le recul substantiel du RDPC, parti au pouvoir, avec un score de 88 députés sur les 180 que compte l'Assemblée nationale. Ce score à contraint le RDPC à engager un nouveau régime d'interaction partisane sous la forme d'alliance politique. D'où l'alliance RDPC et Mouvement démocratique pour la défense de la République (MDR) de Dakolé Daissala en 1992. En octobre de la même année le président du RDPC n'obtint que 39, contre 36 pour le candidat du SDF John Fru Ndi. L'on entrevoit désormais la pertinence des élections multiples et concurrentielles. Celles-ci sont à l'évidence probables d'incertitudes et marquées au demeurant par la dynamique de « *surprise électorale* »[34]. Elles se situent largement en décalage des élections sans choix des années 1960. En sus de la pluralité des formations politiques qui prenaient ardemment part à ces élections, la société civile jouait un rôle stratégique dans l'articulation des enjeux que ces élections représentaient notamment pour les citoyens.

A l'aurore de l'ouverture démocratique ces élections offraient l'opportunité aux populations africaines d'exprimer leurs aspirations qui n'étaient pas jusqu'ici prises en compte par les dirigeants. Le jeu et l'enjeu des élections s'étant largement reconfigurés, l'espace politique n'est plus exclusivement l'affaire des « grands hommes » ; mais les citoyens et groupes sociaux y trouvaient l'occasion tant rêvée de prendre part à l'activité politique dont les portes leur avaient été longtemps fermées par les catégories gouvernantes. Ces élections dites de « *seconde génération* »[35] se déploient en effet au croisement de plusieurs rationalités portées à la fois par les nouvelles formations partisanes, les acteurs de la société civile et les citoyens ordinaires. Au-delà de leur caractère pluriel et de leur identité subversive, les élections advenues dans la mouvance de l'ouverture démocratique sont recréatrices d'une nouvelle grammaire politique qui se module dans les interactions plus ou moins caustiques et constellées des forces sociopolitiques en coprésence. Même si elles n'ont pas tendanciellement abouti à restaurer des régimes politiques pétris des valeurs démocratiques et libérales, en raison notamment de la rémanence et de la

---

[33] Lire Luc Sindjoun, « Cameroun : le système politique face aux enjeux de la transition démocratique (1990-1993), *L'Afrique politique*, 1994, pp. 143-165.

[34] Voir Olivier Dabène, Michel Hasting et Julie Massal (dir), *La surprise électorale. Paradoxes du suffrage universel*, Paris, Karthala, 2007. Dans cet ouvrage lire notamment Patrick Quantin, « Compétition imparfaite et résultats imprévus : expériences africaines », pp. 65-80.

[35] Voir Luc Sindjoun, « Le paradigme de la compétition électorale dans la vie politique : entre tradition de monopole politique, Etat parlementaire et Etat seigneurial », Luc Sindjoun (dir), *La révolution passive au Cameroun. Etat, société et changement*, Dakar, CODESRIA, 1999, pp. 269-330.

valence des habitus autoritaires dans l'agir et la conduite des anciennes équipes, les élections pluralistes ont secoué le tronc des systèmes monolithiques et présidé à l'émergence de nouvelles modalités dans la structuration du jeu politique en Afrique subsaharienne. Les élections à l'ère post-monolithique ont annoncé des printemps dans des sociétés politiques en séquence d'incubation démocratique.

II- Multipartisme et interactions partisanes
a) *Les alliances politiques*

En démocratie, les alliances manifestent en effet les interactions plus ou moins convergentes et coordonnées des formations partisanes en circulation dans l'arène politique[36]. Elles traduisent la capacité et la compétence des acteurs politiques à faire acte de rencontre et de commerce dans le jeu politique dont ils sont les principaux protagonistes. Ni marqueur de concubinage inter-partisan ni sabordage des identités idéo-programmatiques, les alliances expriment le jeu des relations plus ou moins formelles, saisonnières ou structurelles des partis politiques. La démocratie multipartite prédispose les partis à ce régime de relations et de transactions en raison notamment des confluences idéologiques, des opportunités politiques et des défis stratégiques qui animent les leaders des formations politiques. Depuis l'entrée en contexte démocratique l'espace sociopolitique camerounais expérimente le jeu des alliances entre les entreprises politiques.

Au sortir des élections législatives de mars 1992, en déficit de la majorité à l'Assemblée nationale le RDPC a sollicité l'alliance avec le MDR qui disposait de 06 députés et l'Union des populations du Cameroun (UPC), tendance Augustin Frederick Kodock, avec ses 18 députés. Cette alliance advenue dans un contexte de restauration du multipartisme, visait à doter le parti au pouvoir d'une certaine majorité à l'Assemblée nationale. Une telle alliance s'imposait au RDPC en raison justement de la conjoncture politique qui requérait l'élaboration d'un ensemble de réformes au plan législatif et institutionnel. L'Assemblée nationale étant l'instance législative, le RDPC se devait d'y être en pole position. Ces alliances ont également donné lieu à l'entrée au gouvernement de représentants des partis de l'opposition. Le MDR a bénéficié de quatre représentants au gouvernement (Dakolé Daissala ministre d'État aux Postes et Télécommunications, Pierre Souman ministre du Tourisme, Bava Djingoer ministre de l'Environnement et Dawai Rou secrétaire d'État à l'Agriculture) et l'UPC disposait de 03 ministres (Augustin Frederick Kodock au Ministère de l'Agriculture, Simon Njami au secrétariat d'État à la Santé et Mbila, au ministère au Travail).

En 1997, avec le recul du MDR et de l'UPC, c'est avec l'UNDP de Bouba Bello Maigari que le RDPC signe une plate-forme gouvernementale.

---

[36] Jean-Bosco Talla et al. *L'impératif des alliances en démocratie*, Yaoundé, Friedrich Ebert Schiftung, 2013.

Depuis cette année, Bouba Bello Maigari siège au gouvernement comme ministre d'Etat du Tourisme et des Loisirs et Nana Aboboukar Djalloh, l'un de ses partisans, comme ministre délégué de l'Environnement, de la Protection de la Nature et du Développement Durable. En 2009 c'est Issa Tchiroma Bakary, leader du Front pour le Salut National du Cameroun (FSNC), qui entre au gouvernement comme ministre de la Communication. Par la force de la dynamique démocratique, les partis de l'opposition sont devenus des alliés du parti au pouvoir. En effet, les alliances se traduisent également par les ralliements lors des élections à l'échelle nationale ou locale. Ainsi il est régulier de constater que lors des élections présidentielles, les partis alliés inhibent leurs candidatures et appellent plutôt leurs militants à porter leurs choix sur le leader du RDPC, à savoir Paul Biya. A cette occasion ils se constituent en majorité présidentielle, sorte de cartel des partis politiques qui ne sont pas tous représentés ni dans les instances électives ni au gouvernement, mais sont tous animés par l'élan de se mettre au service du leader du parti au pouvoir, le RDPC[37].

Des alliances se nouent de façon conjoncturelle entre certains partis de l'opposition. Ce fut le cas de Mouvement Progressiste (MP) de Jean Jacques Ekindi et de l'UDC d'Adamou Ndam Njoya lors des élections législatives de 2007. Cette alliance essentiellement électoraliste a permis la victoire de MP dont le leader a siégé à l'Assemblée nationale lors de la législature de 2007-2012. Dans le contexte camerounais et ce depuis l'avènement du pluralisme politique, la règle générale montre que les alliances inter-partisanes sont modulées et (ré) activées par les dirigeants du RDPC qui utilisent le plus des ressources institutionnelles, matérielles et financières pour engager ou plutôt désengager une alliance avec tel ou tel parti politique. Ce qui peut expliquer qu'il y ait plus des alliances des partis de l'opposition avec le RDPC qu'entre ces derniers. Même lorsque ces alliances ou les tentatives d'alliances s'esquissent, celles-ci font rarement long feu et échouent sur des querelles de leadership et des égos enflés des chefs des partis. L'opposition camerounaise est ainsi tiraillée par l'esprit de cloisons et de clans, expressions d'une atomisation d'un champ partisan toujours porté à recevoir de nouveaux nés[38]. De tels partis ne sont pas

---

[37] Ce qu'il convient de considérer comme relevant de la majorité présidentielle constitue en effet une réalité politique singulière dans le contexte camerounais. Tant sa constitution que sa composition ne repose sur aucune logique idéologique ni normative des formations politiques. Elle se constitue au gré des circonstances électorales et sa compose des acteurs dont la convergence idéologique et organisationnelle est loin d'être évidente. Elle reste ainsi marquée et influencée dans son existence même par la fraction dirigeante qui est devenue désormais coutumière de la construction et de la déconstruction des « alliances » en raison de ses ambitions factuelles ou éventuelles.
[38] L'un des derniers nés des partis de l'opposition au Cameroun est : *Croire au Cameroun* (CRAC) dont le leader Bernard Njonga, acteur de la société civile, a décidé d'entrer dans l'arène de la scène politique, déjà saturée par des partis lilliputiens. Il justifie son engagement politique : « *En trente années cumulées dans le milieu de développement rural, s'il y a une*

destinés à civiliser l'espace politique ni injecter une plus value dans la construction d'une société démocratique. Leurs tenants les auront conçus et projetés comme instruments de transaction rentière ou prébendière auprès de l'État néo-patrimonial et de ses dirigeants aussi fondamentalement enclins à embrouiller l'espace d'interaction partisane par des logiques de marchandage et de mariage contre nature, pourvu que les objectifs implicitement envisagés soient atteints à l'immédiat ou à long terme. Le jeu des alliances est ainsi un jeu de cirque qui a ses zones d'ombres et ses territoires d'intrigues. Il se construit aussi sur les interactions complexes et fugaces. Les alliances politiques nous mettent devant des acteurs qui affûtent des intelligences de situation pour titrer des gains comparatifs face à des adversaires qu'il faut noyer ou leur empêcher une lisibilité dans le jeu de la compétition politique, pourtant formellement pluraliste et concurrentielle.

b) *Le charisme partisan*

La configuration d'interaction partisane est marquée du sceau de rapport de force et de la dynamique d'asymétrie[39]. C'est dire que les partis politiques ne sont pas investis et dotés des mêmes positions statutaires dans le paysage de compétition politique, d'incrustation institutionnelle et d'interlocution avec d'autres formations politiques. En effet le contexte du pluralisme politique est constitutif de qui relève du registre du charisme partisan. Par charisme partisan il faut souligner l'ensemble des ressources, des stratégies, des logiques et des pratiques mobilisées par un parti ou par plusieurs partis politiques pour s'instituer comme protagoniste de l'arène dans un environnement de concurrence et de pluralisme. Le charisme partisan prend alors la forme d'un leadership partisan individuel ou d'un leadership partisan collectif. Lorsqu'un parti se dote des moyens nécessaires (ressources, stratégies, personnel, vision…) pour entrer en concurrence avec les autres, l'on peut dire que ce parti est en quête de leadership individuel.

Lorsque plusieurs partis coalisent et associent leurs ressources, leurs moyens et communalisent leur vision pour gérer l'adversité d'autres partis, il s'agit ici d'un leadership collectif, même si par ailleurs ce cartel de partis peut disposer d'un porte-parole. Au plan analytique, leadership individuel ou leadership collectif sont des idéaux-types qui servent de cadre

---

chose dont je suis plus que jamais convaincu, c'est que les solutions aux problématiques de développement rural sont éminemment politiques (…) C'est aux politiques que reviennent les décisions qui impactent durablement sur la vie des populations », *Le jour*, n°1787, 2014, p. 5.

[39] Une telle postulation renvoie à la conception de parti telle qu'esquissée par Michel Offerlé. Il écrit : « *Etudier un parti, c'est étudier les interactions visibles qui se déroulent dans un certain espace de jeu, c'est insister aussi sur le « liant » invisible qui associe des agents dans une coopération concurrentielle. Un pas n'est pas une chose mais doit être analysé comme un champ de forces, c'est-à-dire comme un ensemble de rapports objectifs s'imposant à tous ceux qui entrent le champ* », Michel Offerlé, *Les partis politiques*, Paris, Puf, 2002 (4ème édition) pp. 14-15.

d'interprétation de la réalité politique et peuvent parfois se confondre dans une seule réalité[40]. Ces concepts sont significatifs des dynamiques d'organisation et de structuration des formations politiques. Le charisme partisan postule de la compétence et de l'intelligence des partis à pouvoir tirer avantage des rouages et de contraintes inhérentes à la rude compétition dans laquelle ils s'engagent. Il est évident que ce ne soient pas tous les partis qui manifestent leurs marques de charisme partisan. Au Cameroun le charisme partisan peut être observé tant du côté du parti au pouvoir que chez certains partis de l'opposition. Le contexte de démocratisation aura ainsi contribué à l'expression du charisme partisan. Le RDPC, malgré sa confrontation à l'adversité des partis de l'opposition dès leur avènement a mis en place des stratégies de repositionnement qualitatif dans le champ de la compétition électorale[41].

En bute à une crise hégémonique lors des élections législatives et présidentielles de l'ère pluraliste, le RDPC, en raison des ressources institutionnelles et matérielles dont il dispose, a très vite reconquis les positions perdues lors des élections futures. En effet, les alliances nouées par cette formation politique avec d'autres partis de l'opposition ont été des occasions d'endiguement et de stérilisation ; une tactique de les encadrer institutionnellement et surtout de les discréditer auprès des populations. Car ces partis perdaient tendanciellement de leur statut « d'opposant » pour être des partis-suppôts à la solde d'un système tant décrié lors des mouvements sociaux qui ont accompagné le processus de démocratisation. En retour c'est le RDPC qui engrangeait en parallèle les dividendes d'un tel discrédit. Le refus de certains partis de l'opposition comme le SDF de John Fru Ndi et l'UDC d'Adamou Ndam Njoya à s'allier au RDPC n'est pas fortuit. Il rentre dans la perspective de sauvegarder le statut d'opposant et contribue à construire le charisme partisan de ces formations politiques. En effet au-delà des résultats électoraux qui hiérarchisent les partis politiques sur l'échiquier de la scène de compétition, il est à noter que les partis en vue sont ceux qui s'investissent dans la publicisation de leurs activités, l'articulation d'une stratégie gagnante, la mobilisation des ressources financières et matérielles, la mise en relief des cadres devant parler au nom du parti dans l'espace public, etc. Que le SDF soit aujourd'hui le leader de l'opposition

---

[40] Il est à relever que quel que soit le contexte politique c'est généralement le leadership individuel qui prévaut et que c'est dans des conjonctures particulières que leadership collectif s'organise et s'exprime. Les coalitions lors des élections à deux tours ou les regroupements des partis pour débouter un parti longtemps installé au pouvoir sont les manifestes du leadership collectif. Voir pour la coalition *Bennoo Siggil Sénégal* qui a porté le président Macky Sall au pouvoir en 2012. Lire Guorgui Ciss et Jean-Bosco Talla, « Les alliances et forces progressistes. Facteurs du succès », op. cit., pp. 47-61.

[41] Un tel repositionnement peut être qualifié d'arithmétique. Voir Joseph Marie Bienvenu Eyafa, *RDPC : fleuron du Renouveau (histoire électorale et perspectives)*, Yaoundé, Edition 2011.

camerounaise est un fait, cependant cela ne doit pas être exclusivement réduit à ses résultats dans l'ordre électoral.

Dès son avènement en 1990 le SDF a bénéficié de l'adhésion mécanique des anglophones dont les griefs envers le pouvoir central sont endémiques et du soutien des grands hommes d'affaires Bamiléké de l'Ouest. Le SDF disposait des moyens conséquents pour incarner la figure centrale de l'opposition. Vu de Yaoundé, ce parti se faisait en effet l'écho des récriminations de la fraction anglophone, cette minorité linguistique qui croit être victime de la discrimination de la part des francophones. L'UNDP a également manifesté le charisme partisan en agitant l'héritage politique du président Ahmadou Ahidjo qui présida aux destinées du Cameroun de 1960 à 1982. Gérée par les anciens compagnons du président Ahidjo et bénéficiant des contributions financières et matérielles des « El hadji », ces acteurs économiques sans esprit d'entreprise, fabriqués par le régime néo-patrimonial du premier président camerounais, l'UNDP s'est ainsi positionné comme un parti qui entérine et assume l'héritage de l'ancien système monolithique[42].

A l'échelle locale (dans la partie septentrionale), ce parti surfa sur les clivages socioreligieux et les inégalités entre les groupes sociaux longtemps travaillés par un rapport asymétrique à la gestion des affaires publiques. Portée et s'incarnant dans l'hégémonie de la fraction islamo-peuhle, l'UNDP se fit largement l'écho de la reconstruction de la suzeraineté de l'élite musulmane sur les autres fractions sociologiques. A son encontre le MDR articula une dynamique d'adversité qui visa d'abord à éroder la puissance politique des Foulbé et l'assimilation socioculturelle des populations non-musulmanes ; à cette aune le charisme partisan du MDR s'est construit sous le mode de procès historique contre les anciens tenants de l'ordre sociopolitique au Nord Cameroun[43]. Dans ce sens le charisme partisan est également expressif de l'identité d'une formation politique qui déploie des moyens et des ressources stratégiques conséquents pour se démarquer dans l'espace politique concurrentiel. L'UDC est une entreprise politique qui a bâti son charisme partisan sur un versant géoculturel en articulant un ancrage local (le département du Noun dans l'Ouest Cameroun) et un encodage sociologique dans le terroir. Depuis 1992, cette formation politique récolte des résultats électoraux dans une zone où son leader a des

---

[42] Lire à ce sujet Andreas Mehler, « Cameroun : une transition qui n'a pas eu lieu », Jean-Pascal Dalloz et Patrick Quantin (dir), *Transitions démocratiques africaines,* Paris, Karthala, 1997, pp. 95-138.

[43] Sur la décompression sociopolitique au Nord Cameroun à l'ère de la démocratisation lire Alawadi Zelao, « Passage à la démocratie, engagement militant et reconstruction de l'espace sociopolitique au Cameroun septentrional », Alawadi Zelao (dir), *Le Cameroun septentrional en transition. Perspectives pluridisciplinaires*, Paris, L'Harmattan, 2012, pp. 23-62 ; Ibrahim Mouiche, « Ethnicité et multipartisme au nord-Cameroun », *Revue africaine de science politique*, Vol. 5, n°1, pp. 46-91.

attaches ethnolinguistiques. Il est loisible de dire que ce parti a la maîtrise du « fief électoral », si ce concept peut faire sens en contexte d'incubation démocratique.

c) *La dynamique d'encapsulation partisane*

Sous le couvert des alliances ou de transaction entre les formations politiques, la dynamique d'encapsulation partisane peut prendre corps ; tant les partis politiques ne sont pas logés à la même enseigne en termes de ressources, de stratégies et de programmes à proposer à la société. La logique d'interdépendance des partis politiques dans l'espace de compétition met en exergue des scènes d'intrigues, de querelles byzantines et d'échanges de coups fourrés. Ces logiques essentiellement mesquines soulignent les rapports de force qui existent entre les partis politiques qui luttent pour la conquête des trophées tant au niveau national que local. La dynamique d'encapsulation est révélatrice des capacités d'endiguement, d'obstruction et de noyade développés par les partis qui disposent des ressources d'organisation et de structuration plus importantes que d'autres. La dynamique d'encapsulation se reflète dans les interactions entre les « *grands partis* » et les « *petits partis* »[44]. Parce que les « grands partis » détiennent des ressources matérielles, institutionnelles ou humaines importantes que les « petits partis », ils ont tendance à leur faire ombrage dans l'occupation de l'espace public, dans l'articulation des problèmes engageant la vie de la nation ou dans l'interlocution avec les pouvoirs publics.

La dynamique d'encapsulation est à l'œuvre au sein de l'opposition où les « grands partis » se donnent la primeur d'anticiper ou au contraire de bloquer la mise en relief des questions d'intérêt public[45]. Ainsi des partis comme le SDF, l'UNDP, l'UDC… ont exprimé des conduites ambivalentes voire ambiguës lors des événements d'envergure nationale : informatisation du fichier électoral, choix de l'organe électoral, révision constitutionnelle, constitution d'un front unique de l'opposition, élections présidentielles à

---

[44] Sur la pertinence d'une telle catégorisation voir Annie Laurent et Bruno Villaba, *Les petits partis. De la petitesse en politique*, Paris, L'Harmattan, 1997. Voir également Alawadi Zelao, « Parti politique régional et coalition hégémonique au Cameroun », Fabien Eboussi Boulaga et al. (dir), *Repenser et reconstruire l'opposition camerounaise. Questions sur la quête de sens et la subjectivation politique*, Yaoundé, Editions Terroirs, pp. 505-516.

[45] Cette tendance a dominé l'espace d'interdépendance des partis politiques de l'opposition jusqu'au milieu des années 2000. Le comportement des « grands partis » échappe généralement à une certaine clarté et rationalité. Il déterminé ni par un cadre normatif ni par des relations d'ordre conventionnel avec les autres formations politiques. Cependant aujourd'hui, en raison de la professionnalisation qui caractérise la conduite de « petits partis » force est de souligner que ceux-ci prennent le devant des événements de portée générale. C'est le cas notamment de la réaction de Mouvement pour la renaissance du Cameroun (MRC) du professeur Maurice Kamto au sujet de la loi portant répression des actes de terrorisme. Voir *Le jour* du 04 décembre 2014, p. 7.

deux tours, etc. Ces formations ont souvent brillé par une sorte de léthargie face aux urgences d'ordre politique. Leur collusion plus ou moins opportuniste avec le bloc au pouvoir a désactivé leurs capacités de mobilisation subversive. Parce que crédités d'une certaine audience dans l'opinion publique, ces partis se sont davantage illusionnés de leur « grandeur » et de leur « position statutaire » dans l'espace partisan camerounais.

La conduite de « grands partis » dans la dynamique de changement opérée dans le sillage de la démocratisation des années 1990 postule de leur penchant à dévoyer plutôt le mouvement de restauration d'une société politique démocratique et libérale en contexte post-monolithique. Les « grands partis » ont acquis la notoriété d'évoluer en « singletons » et d'agir en interlocuteurs « solitaires » auprès de la classe gouvernante. Les rencontres plus ou moins souterraines des leaders de ces formations politiques avec les tenants du parti au pouvoir (RDPC en l'occurrence) soulignent amplement que qu'elles ne sont pas portées et enclines à développer des actions d'ordre délibératif ou consensuel. Leurs conduites dénotent d'une intelligence stratégique à garder et à sauvegarder le statut des partis dits « *ténors* »[46] mais toujours happés par des relents de concussion et de compromission avec les partisans du système en place[47].

Les relations des « *grands partis* » avec les « *petits partis* » sont donc incestueuses et erratiques, les uns étant accusés d'être de mèche avec les autorités au pouvoir, les autres étiquetés d'être frappés d'incapacité à influer sur l'orientation des affaires publiques. La quête d'un leadership « monolithique » ou « solitaire » est l'expression d'une telle dynamique qui congédie toute perspective de commerce entre les formations politiques ou de coopération stratégique entre celle-ci. Ainsi en 2004[48], en dépit du choix porté sur Adamou Ndam Njoya, président de l'UDC comme candidature unique en vue des élections présidentielles de cette année, le leader du SDF,

---

[46] L'expression est d'Albert Dzongang, président de la Dynamique pour la renaissance nationale. Lire son interview dans La Nouvelle n°299, 2014, pp. 5-7.

[47] Ainsi le leader de l'opposition camerounaise, John Fru Ndi, est souvent accusé d'être de connivence avec les autorités publique en relation de son comportement pour le moins ambivalent sur des questions d'intérêt national. Ses fréquentations plus ou moins fondées avec certains cadres du RDPC lui ont toujours valu des critiques acerbes de la part de certains partis et de la société civile. La rencontre entre John Fru Ndi et Paul Biya le 10 décembre 2010 à Bamenda lors des cérémonies relatives au cinquantenaire des forces Armées nationales est selon, une certaine opinion, la consécration de cette relation affinitaire qui existe depuis années entre les deux protagonistes de la scène politique camerounaise. Pour les tenants du pouvoir, cela relève de la « démocratie apaisée ». *Mutations*, n°3971, 2015, pp. 4-5.

[48] Lire sur cette énième désunion de l'opposition camerounaise, *Jeune Afrique*, « Comment l'opposition camerounaise s'est suicidée », n°2281, 2004, pp. 72-78. Pour les élections présidentielles de 2011voir *Mutations,* « La déconfiture de l'opposition camerounaise » n°3018, 2011, pp. 5-12.

John Fru Ndi, a vertement marqué son opposition et a fini par présenter sa candidature, comme pour manifester son leadership historique, au titre du premier parti de l'opposition depuis 1992. La récidive d'une telle déconfiture, du reste enchâssée dans les rangs de l'opposition, s'est produite en 2011 lorsque les partis se sont présentés en rangs dispersés ; ce qui a tout naturellement contribué à la victoire automatique du candidat du RDPC, dans un contexte d'une élection présidentielle à un tour.

III- Multipartisme et démocratie 'non libérale'
a) *Le monopole partisan*

Dans le contexte du pluralisme politique, le monopole partisan peut relever de l'ordre d'exception, tant le jeu de la compétition prédispose tendanciellement à une compétition pleine d'incertitudes, caractérisée généralement par des résultats inattendus ou imprévisibles[49]. A l'horizon de l'Afrique subsaharienne, on a vu des partis rodés au pouvoir, perdre de leur aura dans le cadre des élections concurrentielles. A contrario, d'autres ont réussi à s'en sortir en procédant davantage à une adaptation conservatrice. Ce fut le trait fondamental de la révolution passive ! Qu'il s'agisse du contexte africain ou national, et en partant de deux décennies après les mouvements de démocratisation, il s'observe de plus en plus une re-monopolisation de l'espace sociopolitique des partis dont les dirigeants sont au pouvoir. Il s'agit du MSP au Tchad, du PDG au Gabon, du PCT au Congo, du PDGE en Guinée Équatoriale ou du RDPC au Cameroun. Ces anciens partis uniques ont été confrontés à une dynamique subversive de la part des forces partisanes qui ont surgi dans l'espace de compétition électorale au milieu des années 1990 à l'issue des élections pluralistes.

Afin de mieux cerner les logiques de re-monopolisation partisane à l'œuvre dans les pays africains, il faut prendre le contexte historique dans lequel s'opère la démocratisation des régimes politiques. Sans discriminer les facteurs internes dans ces mutations, il est loisible de souligner la prégnance des forces exogènes à l'Afrique subsaharienne, notamment le discours de la Baule, s'il faut limiter l'analyse à l'espace africain d'extraction francophone[50]. C'est, dans une large mesure, au lendemain de ce discours que beaucoup des régimes ont amorcé les ouvertures aux expérimentations démocratiques. Si les premières élections ont produit des résultats pour le moins « surprenants » pour les régimes politiques accoutumés aux scores « soviétiques », les compétions politiques suivantes se sont fourvoyées dans des opérations de contorsion et de verrouillage.

---

[49] Olivier Dabène, Michel Hasting et Julie Massal (dir), *La surprise électorale. Paradoxes du suffrage universel*, Paris, Karthama, 2007.
[50] Comi Toulabor, « Paristroïka et revendications démocratique », Daniel Bach et al. (dir), *Etats et sociétés en Afrique francophone*, Paris, Economica, 1993, pp. 119-135.

Face à la verve disruptive des élections concurrentielles, les blocs gouvernants ont élaboré des stratégies de noyautage de celles-ci. Au Cameroun notamment, après avoir mis en difficulté le RDPC lors des élections législatives et présidentielles de 1992, le processus électoral a été largement dévoyé soit par l'intrusion de l'autorité administrative, soit par la mise en place d'un organe électoral à la solde du système en place, soit encore par la captation autoritaire des biens publics (finances, matériels roulants, personnel administratif…) en vue de fragiliser l'opposition. Vidée désormais de sa capacité subversive, l'opposition était frappée d'anémie politique et les élections avaient tendanciellement perdu de leur candeur concurrentielle.

Le parti au pouvoir engrange depuis des résultats cumulatifs lors de différentes échéances électorales. A l'évidence le champ politique consacrant la compétition électorale reste marqué par une nette inégalité entre le monopole du parti au pouvoir et la minorité des partis de l'opposition. Les succès électoraux se passent de toute dynamique de coalition ou d'alliance ; ce qui indique manifestement que les règles du jeu plaident à la victoire des classes politiques au pouvoir. Le RDPC garde une position monopolistique aussi bien dans la configuration de la compétition électorale que dans la maîtrise de la temporalité politique. Les cris d'orfraie de l'opposition à chaque convocation du corps électoral par le président de la République mettent en exergue la place stratégique du timing électoral dans la conquête des trophées électoraux.

Le processus électoral étant ainsi marqué par la « logique de soudaineté » et « effet de surprise », allègrement manufacturée par les tenants du régime en place, les partis de l'opposition sont pris au dépourvu d'un jeu de concurrence déloyale et asymétrique[51]. La dynamique électorale est modulée dans la perspective de la victoire quasi automatique du parti au pouvoir qui manifeste une position monopolistique. Dès lors cette position hiérarchique est expressive d'un contexte de démocratisation qui n'a pas consacré la rupture décisive avec l'époque monolithique. Le monopole partisan est significatif d'un système électoral reproductif et d'un espace sociopolitique où les partis politiques ne disposent pas des mêmes ressources dans la mobilisation, la structuration et la démarcation. La dynamique de monopole partisan est institutionnellement configurée eu égard notamment au rapport d'incrustation différentielle des partis politiques de l'opposition à l'État ou à ses structures apparentes. Le parti au pouvoir tire dès lors un avantage comparatif en raison de sa position élective et affinitaire aux institutions de l'État. La configuration de l'État-parti qui a gagné l'espace politique africain lors du monolithisme se régénère en contexte de

---

[51] Luc Sindjoun, « Elections et politiques au Cameroun : concurrence déloyale, coalitions de stabilité hégémonique et politique d'affection », *African association of political science*, vol. 2, n° 1, 1997, pp. 89-121.

démocratisation par la mécanique de rétention monopoliste des ressources et des règles qui organisent la concurrence inter-partisane lors des élections formellement concurrentielles, mais dont l'organisation matérielle reste confrontée à des scénarii de compression et de contorsion.

b) *La crise de l'opposition politique*

L'aurore de la décennie 1990 marque en effet le renouveau de l'opposition politique en Afrique noire. Elle advient dans la mouvance des mouvements démocratiques qui furent actionnés par des groupes socioprofessionnels catégoriels[52]. L'opposition politique qui surgit dans ce contexte était porteuse d'un ensemble de valeurs et de pratiques qui s'inscrivaient en décalage avec le fonctionnement des régimes monolithiques d'alors. Tendanciellement l'opposition se faisait le chantre d'une révolution politique, sociale, culturelle et économique. Elle s'investissait d'une sorte de mission destinée à congédier l'ancien ordre politique, à tourner le dos aux pratiques autoritaires et à restaurer dans les habitus politiques des acteurs et des citoyens les normes et les valeurs de la démocratie libérale. Les forces de l'opposition furent alors appréhendées comme des forces alternatives face aux forces conservatrices (les équipes dirigeantes) et étaient destinées à instaurer un nouvel environnement politique et institutionnellement. Leur apparition était déjà révélatrice de la décompression autoritaire qui s'était emparée de l'ouverture démocratique et avait suscité une dose d'enchantement chez les groupes sociaux jadis assujettis au cadrage conformiste et monopoliste des régimes monolithiques[53].

L'opposition restaurée, ambitionnait de jouer le rôle avant-gardiste dans les mouvements sociopolitiques et l'éveil des citoyens en désir des délices démocratiques. Face à l'ire révolutionnaire des forces de l'opposition la plupart des régimes politiques furent contraints d'organiser des fora différentiels : conférences nationales, tripartite ou large débat. Ces rencontres visaient à conférer une orientation transactionnelle à la dynamique de transition politique qui s'enclenchait. L'opposition condensait un potentiel sismique pour les régimes autoritaires qui subissaient les assauts d'une conjoncture historique en phase avec les valeurs de la démocratie libérale et du pluralisme socio-idéologique. Les premières élections organisées à l'ère multipartite ont mis en exergue la crise de l'impérium des tenants de l'ancien ordre. D'apparence discordante, l'opposition semblait être en position conquérante. De fait la reconfiguration s'était révélée dans la dynamique de rapport de force entre les blocs au pouvoir et les forces de l'opposition. Éprouvées par les effets dirimants de la compétition électorale

---

[52] Robert Buijtenhuis et Céline Thiriot, *Démocratisation en Afrique au sud du Sahara, 1992-1995 : un bilan de littérature*, Leiden/Bordeaux, CEAN, 1995.
[53] Goran Hyden et Michael Bratton (dir), *Gouverner l'Afrique. Vers le partage des rôles*, Colorado, Lynne Rienner Publisher, 1992.

pluraliste, les classes politiques au pouvoir durent procéder à des alliances de facture clientéliste et opportuniste. En parallèle, happée par les contraintes de la « *rareté matérielle* »[54] et malmenée par des querelles de clocher dans ses rangs, l'opposition prêta progressivement les flancs d'un essoufflement et afficha ouvertement ses fissures ; symptôme d'une révolution manquée et d'une transition avortée.

Ces flancs d'essoufflement prirent de l'ampleur avec l'orientation dirigiste des élections et l'assèchement matériel et financier des formations de l'opposition. Ce qui accentua le musèlement des forces progressistes qui finirent à leur tour par lorgner du côté des tenants de pouvoir dans une perspective de relations affinitaires et non plus collusionnelles comme par le passé. Au Cameroun ce qui fut longtemps appréhendé comme « l'opposition radicale » (SDF, UDC....), perdit de cette posture et fut finalement prise dans les rouets d'une conduite politique réaliste (real politik). Ainsi depuis le milieu des années 2000 le SDF garde des relations plus ou moins conciliantes et adjuvantes avec les cadres du RDPC ; une telle conduite a mis en trêve les envolées lyriques du chef de cette formation lors des années 1990. A cette époque notamment Jonh Fru Ndi avait brillé par un discours populiste assorti des slogans rappelant l'époque communiste : *Power to the people* ou encore *Biya must go*. Les levées de main des leaders des partis de l'opposition lors des meetings ou des campagnes électorales suffisaient à mobiliser les masses et à les envoyer dans les rues. Une telle dynamique manque aujourd'hui à l'appel en raison de désactivation et de décrochage dont sont révélateurs le désengagement politique des populations et la tombée de la rhétorique radicale. L'opposition apparaît dès lors comme une masse informe des forces sans projection stratégique et organisationnelle, empêtrée qu'elle est désormais dans les luttes de puissance hégémonique et les conflits de concussion avec les régimes néo-patrimoniaux. L'opposition reste davantage nominale et ne donne plus de la consistance à son statut et à l'identité qu'elle veut être : force de proposition alternative.

Dans les méandres des collusions incestueuses avec des forces réactionnaires et conservatrices, jouissant de quelques victoires conjoncturelles de la saison démocratique et massée autour des personnes sans profil de leadership et de stature positionnelle avérée, fortement tenaillée par les travers de la disette matérielle et financière, l'opposition fait aujourd'hui figure d'un corps sans os et d'une personne sans horizon en parfaite congruence avec les défis de reconstruction et de régénérescence[55]. L'opposition ne constitue plus une catégorie politique portée à entretenir

---

[54] Achille Mbembe, « Une économie de prédation. Les rapports entre la rareté matérielle et la démocratie en Afrique subsaharienne », *Foi et développement*, n°241, 1996, pp. 1-8.
[55] L'opposition camerounaise connaît aujourd'hui l'émergence de nouvelles figures d'acteurs dans ses rangs. Il s'agit entre autres de Maurice Kamto (MRC), Edith Kah Walla (CPP), Paul Ayah (PAP) et de Bernard Njonga (CRAC). Lire *Le Jour*, n°1799 2104, pp. 2-3.

chez les citoyens une certaine illusion dans l'articulation d'une autre société politique en phase avec ses aspirations, ses besoins et ses préoccupations quotidiennes pressantes et pérennes. Condensée, plus que par le passé, d'un ensemble des forces comparses et éparses, difficilement conciliables dans un creuset d'intérêts convergents et coagulants, l'opposition est matinée dans une tendance lilliputienne et scissipare des constellations non idéologiques et forcément domestiques et intestines. La crise de l'opposition est le schéma d'une reproduction d'un régime qui était cependant porté à être liquidé et qui a fini pourtant par renaître de ses cendres, par reproduire presque à l'identique ses principes de fonctionnement et ses règles de structuration dans le temps et l'espace. Comment comprendre que l'opposition, cette force progressiste au départ et sculptée dans un environnement institutionnel de dérégulation, ait fini par enfouir intimement son élan de contradiction et son penchant à la révolution ? L'opposition surgie en territoire post-monolithique est audible d'une transition qui renvoie à la réécriture de l'histoire politique postcoloniale, à la mise entre parenthèse de l'époque qui porta le paradigme de l'Un, c'est-à-dire le monolithisme comme vérité historique et référent de rationalité politique propre aux sociétés africaines. Le retour en grâce de la tendance à la monopolisation par les anciennes équipes certes remodelées frappe d'obsolescence la véracité et la capacité de l'opposition à traduire dans le réel l'imaginaire du changement politique. Qu'elle soit en « *panne* »[56], à « *reconstruire* » ou à « *repenser* »[57] l'opposition semble avoir trahi l'histoire de son rendez-vous avec le « temps de la démocratie » ou encore avec les « transitions démocratiques » dans le contexte africain. La crise de l'opposition manifeste, d'évidence, le cul de sac dans le quel se trouve aujourd'hui englué le changement politique dans la plupart des pays africains au Sud du Sahara. Certes il faut saisir les transitions à l'aune de leurs trajectoires spécifiques, en raison notamment des réalités sociologiques, économiques et institutionnelles à chaque régime politique. Toutefois il est patent de relever que les partis de l'opposition constituent de moins en moins des forces politiques porteuses de projets alternatifs, et qu'ils ne s'en donnent pas l'étoffe et les ressources optimales.

c) *Le piège des élections concurrentielles en contexte de transition politique*

Le pluralisme partisan a induit dans la pratique électorale des pays africains la compétition entre les formations politiques en quête du suffrage universel. L'avènement des élections formellement concurrentielles signalait tendanciellement la fin des élections sans choix qui furent florès lors de

---

[56] Ahmadou Sehou, *Cameroun. L'opposition en panne, autopsie critique et propositions de relance*, Yaoundé, Editions LUPEPPO, 2012.
[57] Fabien Eboussi Boulaga et al. (dir), *Repenser et reconstruire l'opposition camerounaise*, op. cit.

l'époque des partis uniques[58]. L'illusion d'une révolution électorale était alors de mise ; tant les élections concurrentielles avaient provoqué partout ailleurs des lignes de ruptures et révélé leur potentiel alternatif. L'horizon d'une révolution pointait et les citoyens fondaient désormais leur espoir sur l'instauration d'une société politique accoutumée à la démocratie et à la compétition électorale libre et équitable pour tous les acteurs. C'est que les formations politiques engagées dans l'arène politique étaient dépositaires des mêmes chances de victoires et jouissaient en même temps de mêmes ressources de marketing politique. Il y avait là une certaine illusion que l'euphorie populaire voilait chemin faisant. De fait, les élections, quelles que soient leur forme et leur modalité de production, sont les marqueurs d'une histoire politique propre à une région ou à un contexte. Les élections ne se réduisent pas à une manufacturation tendanciellement législative ni à une configuration institutionnelle ; elles sont le cumul d'une histoire politique tissée au fil du temps par des acteurs à la fois institutionnels ou non institutionnels[59]. C'est que les élections ne sont ni neutres ni complètement dénuées d'une charge émotionnelle ou sociétale ; leur raison d'être se situe dans leur probable ancrage dans l'environnement sociologique de leur actualisation.

En Afrique post-monolithique, les élections formellement concurrentielles ont été en effet l'envers du décor démocratique, sous sa forme multipartite. Il aura suffi de confondre multipartisme et démocratie, pour envisager le retour des élections concurrentielles comme une révolution historique. Certes elles reviennent dans un contexte de diffraction et de dé-légitimation des régimes autocratiques et préparent à l'accoutumance aux valeurs et normes démocratiques ; mais, au demeurant, ces élections ont porté les traits de leur propre contradiction, de leur dégénérescence, au regard de l'histoire de leur projection[60]. Elles étaient dès lors envisagées comme instrument d'onction à une démocratisation prise dans les rets des

---

[58] Voir CEAN, *Aux urnes l'Afrique*, op. cit.
[59] Cela est valable d'abord pour les anciennes démocraties mais aussi pour les pays en construction démocratique. Lire avec intérêt Alain Garrigou, *Histoire sociale du suffrage universel en France*, Paris, Seuil, 2002. Il écrit même que : « *La démocratie est un concept dont la définition est préalable aux avatars matériels qui lui donnent consistance et sont évalués au regard de cette fin. Il s'agit alors de déterminer dans quelle mesure les valeurs démocratiques sont réalisées. ...Ces histoires sont politiques car les enchaînements des causes procèdent uniquement des volontés humaines et des luttes politiques. Les démentis empiriques à cette histoire démocratique importent peu ; ils ne sont que des manifestations de l'incomplétude provisoire d'un écart à l'idéal. Dans quelques cas, plus gênants parce qu'ils concernent les pays rangés au rang de modèles, ils sont tout simplement oubliés* », Alain Garrigou, *Histoire sociale du suffrage universel*, op. cit., p. 11.
[60] Lire *Politique africaine*, n°67, 1998 ; Patrick Quantin (dir), *Voter en Afrique. Comparaison et différenciations*, Paris, L'Harmattan, 2004.

« *dynamiques du dehors* » et des « *dynamiques internes* »[61] ; leur actualisation dans l'histoire politique des pays africains en cours de démocratisation signalait la fin du monolithisme et esquissait tendanciellement les lueurs d'une promesse aux vertus démocratiques.

A observer les comportements politiques de citoyens lors des premières élections à l'aube de démocratisation, il est loisible d'attester d'un véritable « *printemps de l'Afrique* »[62], tant la dynamique de participation politique était marquée du sceau de la contradiction et de la contestation. Ces comportements politiques s'exprimant dans le sillage de la conjoncture post-monolithique dévoilaient en même temps qu'ils prenaient corps dans une perspective de reconfiguration et de réinvention d'une manière autre de faire la politique et d'exprimer une citoyenneté active. Cependant très tôt les élections à l'aune de l'avènement du multipartisme n'ont pas été des occasions de rupture avec les habitudes et les pratiques qui avaient cours sous les anciens régimes politiques monolithiques. Si à leur début ces élections ont largement entretenu l'illusion d'une quelconque illusion de compétition ouverte et pluraliste, celles-ci n'ont pas donné lieu à l'enchantement des citoyens et favorisé l'émergence d'une classe politique pétrie des valeurs démocratiques. Au demeurant, les élections concurrentielles continuent d'assumer une fonction de reproduction des équipes gouvernantes dont l'ossature renvoie l'image d'une réalité statique et perpétuelle, qui s'adapte et évolue allègrement dans les méandres des mutations sociopolitiques post-monolithiques sans réinvention structurelle.

IV- Multipartisme et rapport à la société
a) Des partis politiques sans projet de société

Il est généralement admis qu'en Afrique subsaharienne, les partis politiques ne disposent pas des programmes et de projets pour les sociétés dans lesquels ils déroulent leurs activités et sollicitent des suffrages[63]. Fortement personnalisés et réduits à des cercles claniques, les partis politiques africains souffrent alors d'une disette idéologique et d'une sécheresse programmatique. Dans le contexte de la démocratisation, des partis politiques ont surgi sur la scène sans avoir au préalable défini l'ensemble d'idées et d'idéaux qui donnent corps à un programme politique. En effet s'intéresser à la configuration programmatique et idéologique des partis, revient à s'interroger sur leur identité et leur nature ; il s'agit plus explicitement de savoir si en Afrique les partis fonctionnent au même titre

---

[61] Lire Patrick Quantin, « Retour sur une transition modèle. Les dynamiques du dedans et du dehors de la démocratisation béninoise », Jean-Pascal Daloz et Patrick Quantin, *Transitions démocratiques africaines*, op. cit., pp. 23-94.
[62] Albert Bourgi, *Le printemps de l'Afrique*, Paris, Hachette, 1991.
[63] Buijtenhuijs, Robert, « Les partis politiques africains ont-ils des projets de société ? L'exemple du Tchad », *Politique africaine*, n°56, 1994, pp. 119-135.

que ceux de « vieilles démocraties (Europe, Amériques du Nord…). Or, au demeurant, poser la problématique sous cet angle vise à privilégier un comparatisme de type évolutionniste et transitionnel du phénomène partisan. Ce qu'il faut alors éviter, tant les partis politiques sont aussi l'expression des réalités sociologiques et des trajectoires historiques propres aux régimes politiques. Mais il demeure que la question de projet de société et programme politique dans les partis reste lancinante[64].

A la faveur de l'ouverture démocratique des années 1990 beaucoup des partis politiques sont nés et ont aussitôt disparu de la scène de compétition électorale. La fièvre démocratique aura alors accouché d'un multipartisme tentaculaire avec des partis croupions, sans leadership avéré, sans idéologie affichée et sans organisation structurée.

Les partis sont nés dans le but de donner de la résonnance à la dégénérescence du parti unique qui avait annihilé dans le corps social toute vitalité de l'action politique et contraint les citoyens à une adhésion automatique et aveugle aux régimes autoritaires de l'époque. Sans format programmatique et idéologique, le multipartisme sert de cache-sexe à une transition politique qui n'a pas jusqu'ici débouché sur l'instauration des régimes démocratiques et dont l'issue reste pour le moins incertaine. Beaucoup des partis de l'opposition ont surgi dans le but d'affronter les anciens partis uniques sans qu'au sein d'eux une structuration des programmes et de projets de sociétés ait été effectivement mise en œuvre. La prolifération des partis politiques au lendemain de la consécration des libertés publiques et d'associations trahit en effet le peu d'attention accordé par les acteurs politiques à ce qui constitue la matrice identitaire des formations politiques : à savoir leur programme ou leur projet de société.

Confusément, beaucoup des partis dits de l'opposition avaient généralement pour mission essentielle voire exclusive de scander à tue-tête le départ des régimes en place et de ceux qui participent à son maintien. Se saisissant du contexte de libéralisation politique qui offrait une opportunité d'expression inédite les partis de l'opposition ont moins cherché à formuler des offres programmatiques dans un environnement de concurrence électorale admise qu'à s'enliser plutôt dans une mise en théâtralité de leur confinement dans des micro-stratégies d'agissement sans actes, de gesticulations sans méthode et de mobilisation de facture populiste. Ce qui relève de leurs stratégies se ramenait alors à des appels et à des déclamations des mots d'ordre, ou au rappel des faits historiques dont ils n'ont pas toujours été les artisans de premier rang. On aura vu que dans la plupart des cas, les partis n'ont pas d'ailleurs aiguillé la problématisation de leur vision et de leur horizon. Toute la dynamique de mobilisation partisane s'est alors réduite à la scansion des slogans fumeux, à l'injection des mots d'ordre

---

[64] Lire Giovanni Carbone, « Comprendre les partis et les systèmes de partis africains. Entre modèles et recherches empiriques », *Politique africaine*, n°104, 2006, pp. 18-37.

lyriques et à la mise en émeute des populations jadis privées de l'activité politique. Ce fut à l'évidence des scénarii qui ne rentraient pas en ligne de convergence avec des stratégies d'engagement militant de long terme ; au contraire passée l'euphorie née de la conjoncture démocratique, les partis eux-mêmes avaient perdu de leur raison d'être et peinaient à mobiliser les masses et à les rallier à des causes qui furent au départ nobles et vertueuses.

b) La désaffection sociale vis-à-vis de la politique

Il est paradoxal qu'après deux décennies de démocratisation dans la région subsaharienne de l'Afrique, les ressorts de comportements politiques et de participation électorale se soient très vite désactivés alors même que l'ancrage des normes démocratiques reste un horizon[65]. Ce paradoxe se dévoile davantage à l'aune de la forte mobilisation sociale des années 1990, qui manifestait en effet le réveil politique des populations africaines. Aujourd'hui le désenchantement politique est à son comble et la participation politique reste happée par des tendances au rejet, à la désaffection et à l'immobilisme. Alors que le moment démocratique était propice à la mobilisation politique et partisane des citoyens, la scène politique reste de plus en plus investie par des traits de désengagement militant et de déprime politique. Une telle attitude politique ne s'explique ni pas la culture des sociétés africaines ni par l'inadéquation de la démocratie et le terroir dans laquelle elle se subsume sous le décor de domestication et d'accoutumance. La désaffection sociale à l'encontre de la politique relève de plusieurs registres qui s'imbriquent.

Il y a d'abord la qualité des formations politiques qui ont surgi sur la scène de compétition électorale en 1990. La plupart de ces partis n'avaient ni programme ni référence idéologique à la hauteur des défis de rupture dont la forte mobilisation multisectorielle s'était déjà faite l'écho. Les partis étaient d'alors portés par des individus sans étoffe organique et sans carrure stratégique en concordance parfaite avec l'acuité des mutations qui s'esquissaient. Sans programme politique et armature idéologique, les partis politiques n'exerçaient plus d'attrait sur les populations ; plutôt ceux-ci furent épiés comme des instruments de récupération des rentes auprès des classes dirigeantes. Les partis politiques n'offraient ni formation idéologique ni orientation stratégique devant guider les militants ou ce qui en tien lieu. Ensuite il y a le contexte économique dans lequel s'opère la démocratisation. Marqué par la disette et la rareté matérielle, dans un environnement institutionnel du néo-patrimonialisme rampant qui alimente le clientélisme et les alliances conformistes[66], les porteurs de changement politique ont été très

---

[65] *Jeune Afrique*, n°2429, « Pourquoi les africains ne votent plus », 2007, pp. 72-78.
[66] Au Cameroun, voire au-delà, les alliances politiques inter-partisanes ne résultent pas d'un dialogue politique inclusif où les acteurs de la scène politique élaborent sereinement des stratégies d'interaction idéologique et/ou programmatique en partant des lignes de

vite rattrapés par l'usure de leurs ressources quant ils en disposaient et ne crachaient pas sur les offres matérielles et financières de ceux qui commandent et tiennent les clés des ressources publiques.

Par des comportements fortement opportunistes, agissant au gré des ambitions « ventriloques », ces acteurs ont dérouté toute perspective d'ancrage dans le corps social de la dynamique de changement. Et enfin il y a l'encapsulation des règles et des normes qui organisent, encadrent l'espace de compétition politique à l'ère du multipartisme. Au fil des élections, le bloc gouvernant a manœuvré toujours dans le sillage de verrouillage et de cadrage monopoliste des élections qui furent finalement vidées de leur potentiel révolutionnaire et subversif. Les élections à l'aune du pluralisme politique ont perdu de leur superbe et se configurent désormais sous la forme des compétitions sans saveur, sans enjeux et accouchent *in fine* des résultats sans surprise, pour ne pas dire automatiques et reproductifs.

Les comportements politiques des citoyens sont désormais marqués par des relents de démotivation à l'engagement, de répulsion face à un système électoral vicié et de rejet de la politique en manque d'offre (programme, stratégie, leadership, etc).

En dépit de la bio-métrisation du processus électoral[67] mise en œuvre par les autorités publiques en vue d'améliorer la crédibilité des élections de plus en plus contestées par les différents acteurs (société civile et partis politique notamment), les citoyens ne manifestent plus un réel engouement à la chose politique. Il n'importe pas surtout d'analyser la réalité de participation à l'aune uniquement des élections, mais aussi à l'intérêt ou non que portent les citoyens à l'activité politique en général. En termes d'inscriptions sur les listes électorales, les citoyens expriment plutôt une attitude d'indifférence. Les appels des partis politiques ne font plus courir les populations qui restent généralement tenaillées par les questions de survie quotidienne. Cette indifférence, plus ou moins rémanente, à la chose politique est ici renforcée par une carence d'idéologisation et de formation politique que les partis devraient offrir à leurs membres. En l'absence donc d'un travail idéologique auprès des populations, la culture politique peine à se structurer et il est vain d'attendre une mobilisation optimale des citoyens en période électorale ou en toute autre occasion politique (meeting, réunion ou conférence).

---

convergence ou de cohérence qui les rapprochent. Les alliances répondent au mieux d'une logique de vrille des marges de manœuvre des partis de l'opposition enclins à mettre en difficulté l'hégémonie du parti au pouvoir, dans son élan d'expansion et d'englobement de la société nationale. Les alliances conformistes traduisent, à l'évidence, l'inféodation passive ou active des partis alliés au bloc au pouvoir. Les partis alliés perdent ainsi tendanciellement leur prérogative de contre-pouvoir et enfourchent allègrement les trompettes de courtisanerie pour le compte du parti dominant.

[67] Ce processus fut expérimenté pour la première lors des élections présidentielles du 09 octobre 2011.

Les lignes de décrochage partisan se renforcent au gré d'une activité politique saisonnière, saisie par une lassitude des leaders qui se sont au fil des ans confondus à leur appareil[68]. Une diagonale semble se construire entre les acteurs de la politique (partis politiques, leaders partisans) et les acteurs sociaux (société civile, groupes sociaux…), qui montre une dissociation du politique d'avec le social. Dans ce registre, la représentation de la politique se dilue et se réfracte dans une conduite d'indifférence caractéristique sinon d'un déficit d'idéologisation, du moins d'un défaut de politisation des masses en temps de démocratisation[69].

c) *Le brouillage de la conscience militante au sein des partis*

La question militante est le parent pauvre des problématisations sur les partis politiques en Afrique et ce depuis les indépendances jusqu'à ce jour[70]. Ce désintérêt analytique peut s'expliquer au moins par trois facteurs non dissociables mais intimement corrélés : 1) en période monolithique la participation politique était fortement contrôlée et encadrée par les classes dirigeantes qui n'admettaient pas de la contradiction dans le champ politique. Les partis uniques étaient davantage destinés à l'intégration de différentes composantes sociologiques au sein du creuset national. Les populations furent plutôt contraintes de marquer leur adhésion intuitive à un appareil qui était au servie de l'hégémonie des fractions gouvernantes ; 2) les partis politiques sont des entreprises qui furent déconnectées des réalités sociales et ne se faisaient que rarement l'écho des aspirations du peuple. Cette réalité vaut aussi bien pour le contexte monolithique que pour la période du pluralisme politique. Les partis politiques sont extérieurs aux sociétés et aux communautés au sein desquelles ils exercent leurs activités

---

[68] Les leaders de l'opposition sont confusément pris dans les rets d'une bureaucratisation partisane de facture oligarchique. Lire Robert Michels, *Les partis politiques. Essai sur les tendances oligarchiques des démocraties*, Bruxelles, Editions de l'Université de Bruxelles, 2009. La presse locale se fait l'écho de « l'impossible alternance » à la tête des partis de l'opposition ou encore de la « confiscation de l'opposition » par certains leaders. Voir *Le Messager*, n°4294, 31 mars 2015, pp. 24 ; *Tribune d'Afrique*, n°157, 21 avril 2015, pp. 67 ; *Camer Press*, n°003, 14 avril 2015, pp. 10-11.

[69] Jacques Lagroye (dir), *La politisation*, Paris, Belin, 2003.

[70] Une étude récente s'intéresse à cette question tout en soulignant que : « *Le militantisme reste, malgré le retour au pluralisme politique des années 1990, un phénomène occasionnel, furtif, accidentel, donc peu enraciné dans ces mœurs. Le questionnement de son intentionnalité révèle qu'il est englué et pétrifié dans un moule conçu selon les logiques utilitaristes parce que marqué du sceau d'intérêts particuliers. Par conséquent, il s'extériorise parfois comme une sorte d'arme permettant à ceux qui se proclament « militants » d'une entreprise politique d'instrumentaliser, en la capitalisant, cette position pour engranger des bénéfices de toute sorte. (…) le militantisme se présente comme une arme aux mains des sans importance, arme de leur permettant de prendre leur revanche sur les ainés sociaux* », Joseph-Marie Zambo Belinga, « Le militantisme est-il un objet scientifiquement pertinent en Afrique. Réflexions à partir du Cameroun », *Annales de la FALSH*, vol. 2, n°14, 2012, pp. 269-270.

sans offrir des programmes et des idéologies en vue de la structuration des comportements électoraux et de l'engagement militant des citoyens ; 3) la forte personnalisation du phénomène partisan est un biais rédhibitoire dans l'organisation et le fonctionnement légal-rational des formations politiques. Celles-ci se réduisant à la figure obsédante et tentaculaire du chef ou du leader qui monopolise la direction et les ressources du parti. Dès lors une confusion règne entre le leader et le parti, la question du militantisme étant renvoyé au dernier rang des priorités.

En effet le statut du militant met en lumière le travail idéologique des partis politiques auprès des citoyens en vue de leur adhésion ou de leur intégration à des chapelles partisanes distinctes. L'acquisition d'un tel statut pose au préalable la question de formation et d'éducation articulée par les partis politiques en raison de leur vision et de leur projection dans l'arène de compétition électorale. Or dans un contexte où fait cruellement défaut l'activité des partis politiques qui n'attendent plus que les périodes électorales pour sortir de leur somnolence, le militantisme a également perdu de son acuité et de véracité.

Mieux, il reste illustratif que le militantisme- quand il se met en branle- s'articule au confluent de plusieurs rationalités qu'il convient de scruter : 1) la *rationalité clientéliste* qui met en exergue la conduite essentiellement arrimée à la recherche de l'utilité et des gains par les individus qui décident alors de se ranger derrière tel parti ou tel autre. Les partis eux-mêmes ne lanceraient des appels que vers des citoyens à qu'ils croient en mesure d'offrir des utilités matérielles ou positionnelles dans l'espace institutionnel notamment ; 2) la *rationalité ethno-communautaire* qui fait office d'un choix non pas toujours réfléchi ou décidé en connaissance de cause, mais fondée sur le référent des liaisons identitaires, ethniques, religieuses, régionales ou linguistiques ; et enfin 3) la *rationalité stratégique* qui dévoile la conduite de ces individus qui opèrent des adhésions partisanes sur la base de ce qu'ils sont en droit de récolter directement ou plutôt au loin. Le contexte démocratique avec son corollaire du pluralisme politique et ses alliances de facture rentière a amplifié la venue de ce type d'acteurs politiques notamment en période électorale. Au demeurant ces différents registres peuvent se rencontrer et déterminer en même temps les comportements électoraux des individus.

Les partis politiques faisant acte du « *rachitisme idéologique* »[71], la construction du militantisme suit une trajectoire pour le moins diffuse sinon largement discontinue au regard du déficit et de la sécheresse qui caractérisent l'activité des partis et des acteurs politiques. Plus concrètement le militantisme s'exprime au même titre que l'irrégularité avec laquelle les partis tiennent leur congrès, leur convention, leur anniversaire ou prennent

---

[71] Joseph-Marie Zambo-Belinga, « « Le militantisme est-il un objet scientifiquement pertinent en Afrique. Réflexions à partir du Cameroun », op. cit., p. 277.

part à des élections locales ou nationales. Dans ce cas l'opérationnalité de la « fidélité militante » ou des « militants engagés » sont des notions qui peinent à se traduire en acte, à signifier des phénomènes massifs dans les appareils partisans, et restent au demeurant confinés à des milieux privilégiés des cercles réduits des cadres des formations politiques. Même dans ces espaces, le militantisme reste largement happé et subverti par des relents de conduites patrimoniales adossées à la quête des matériels, financiers et/ou symboliques selon que les acteurs restent accoudés à des positions institutionnelles ou extra-institutionnelles.

Au niveau de la base notamment, c'est le militantisme de circonstance ou d'occasion qui structure les comportements des populations. Au gré des positions dans le parti, des avantages accessibles ou des intérêts à tirer d'une adhésion partisane, le militantisme ne s'est jamais articulé comme une marque d'identité partisane ou d'identification à une chapelle politique. Le fonctionnement des partis participe ici du brouillage de toute perspective d'ancrage d'identité militante au sein des communautés. Des partis fonctionnant sur la base de la culture paroissiale et cheffariale on rarement réussi à incuber une conscience militante rationnelle au sein de ceux qui décident de rallier leurs rangs.

A l'horizon, cependant, s'est formaté un militantisme de facture ethno-régionale ou ethnolinguistique en référence au terroir du leader d'une formation politique. L'ancrage local des partis en entérine au mieux l'expression optimale d'une identité politique plutôt domestique. Ainsi près deux décennies après les mouvements démocratiques qui auront en effet œuvré à leur émergence les partis comme le SDF de Jonh Fru, l'UNDP de Bouba Bello Maigari ou l'UDC d'Adamou Ndam Njoya se sont recroquevillés sur les flancs ethno-géographiques en raison d'une décroissance toujours progressive sur le terrain de la compétition électorale. Une telle re-territorialisation met en lumière le type de fabrique du militantisme dans une société en démocratisation où finalement la saillance sociocommunautaire imprègne la cristallisation des identités partisanes. En l'absence des programmes politiques ou des projets de société pour la communauté nationale toute entière, les partis de l'opposition épousent de plus en plus la configuration sociologique d'une nation atomisée et composée des appartenances ethno-locales. La résurgence de telles loyautés partisanes, du reste adossées à l'élan communautariste, est largement expressive d'un défaut du travail idéologique par les partis politiques en direction des citoyens. La faiblesse du militantisme dans l'espace partisan camerounais résulte également d'un multipartisme progressif qui enregistre au fil des ans de nouveaux nés sans que dans l'espace social les citoyens viennent à acquérir la conscience d'engagement militant sur la base notamment des schémas et formats programmatiques qui manquent au sein des partis politiques. Du coup ce qui tient lieu du militantisme peut révéler des conduites de revanche des cadets sociaux auprès des formations politiques qui sont davantage obnubilés par la quête des rentes et des mannes que par la formulation des plans d'action ajustés aux défis de changement et d'instauration d'une société démocratique.

Conclusion

En raison de l'identité monolithique des régimes politiques africains, la restauration du multipartisme a été saisie comme une fenêtre d'opportunité dans le processus de démocratisation des années 1990. Son avènement signalait une rupture avec une époque qui fut caractérisée par la gouvernance autocratique et des élections sans pluralisme. Or depuis deux décennies les citoyens africains font l'expérience des élections concurrentielles auxquelles participent des partis politiques pluriels. Le multipartisme est vu comme un viatique de la démocratie. Cependant il serait largement réducteur d'analyser les mutations sociopolitiques uniquement à cette aune. Certes il est admis que la démocratie libérale est davantage procédurière et donne plus du penchant aux dimensions formelles et institutionnelles[72].

En Afrique subsaharienne la démocratisation a été viciée par les pesanteurs des régimes monolithiques antérieurs[73]. L'ouverture au pluralisme a été très tôt investie par des stratégies de récupération régressive des dynamiques de changement et de transformations en cours[74]. Jadis combattu en raison de son effet dirimant sur la construction de l'unité nationale, le multipartisme a été utilisé dans le contexte de démocratisation comme clé de dispersion des énergies et des acteurs qui avaient œuvré à la crise des monolithismes. Dans ce sillage des partis ont été souvent créés et suscités pour servir de sous-marin aux régimes en place et mettre en péril tout projet alternatif par l'opposition.

---

[72] Jurgen Habermas, *Droit et démocratie. Entre faits et normes*, Paris,, Gallimard, 1992, p. 311 et ss. Il souligne que : « *Les règles d'une démocratie fondée sur la concurrence et qui tire sa légitimité d'un vote majoritaire obtenu au terme d'un scrutin libre, universel et secret, s'imposent en vertu d'une conception spécifiquement moderne à la fois du monde et de soi. Cette conception se fonde sur un « subjectivisme éthique », qui laïcise la conception judéo-chrétienne de l'égalité de chaque individu devant Dieu et part de l'idée d'une égalité principielle de tous les individus, mais remplace l'origine transcendante des commandements obligatoires par le sens d'une validité immanente, c'est-à-dire ne situe l'ancrage de la validité des normes qu'au cœur de la volonté des sujets eux-mêmes* », pp. 315-316.

[73] Jean François Bayart, « « La démocratie à l'épreuve de la tradition en Afrique subsaharienne », *Pouvoirs*, n°129, 2009, pp. 27-44.

[74] Jean-François Médard écrit : « *Les vainqueurs de l'oie de la transition démocratique sont ainsi menacés par un jeu de l'oie à rebours qui risque de les entraîner irrésistiblement en arrière* », André Guichaoua (dir), *Questions de développement. Nouvelles approches et enjeux*, Paris, L'Harmattan, 1996, p. 113.

Au Cameroun notamment, l'espace partisan est sans cesse en nette croissance avec en moyenne douze partis (12) par an[75]. Entretemps les élections formellement concurrentielles consacrent des résultats automatiques au profit du RDPC, parti au pouvoir. Malgré les griefs adressés à l'encontre du processus électoral, il est affligeant de constater que les partis de l'opposition offrent désormais une théâtralité déroutante pour les populations qui manifestent, de son côté, des signes de démotivation et de désaffection à la chose politique. Entretemps la dynamique de monopolisation de l'espace politique et de compétition électorale installe les citoyens dans une grande désillusion quant à l'alternance par la voix des urnes au Cameroun. Les partis politiques doivent se ressaisir face à ce défi qui requiert de nouvelles ressources humaines, idéologiques, stratégiques et organisationnelles. Parce qu'ils sont destinés à la gestion des affaires publiques les partis doivent être attentifs aux sonorités des demandes sociales et œuvrer à lui trouver des réponses adéquates. En contexte de construction démocratique, les partis politiques de l'opposition ne suscitent d'intérêt que s'ils travaillent chaque jour à l'injection des valeurs démocratiques dans toutes les parcelles de la société. Dans le cas contraire, ils agissent comme des forces régressives et conservatrices. Ce qui est loin d'être leur mission.

D'évidence, le sens du multipartisme dans une société politique en démocratisation n'est intelligible que s'il permet la construction d'un jeu politique relativement équilibré et que les partis politiques, eux-mêmes assument la fonction de régulation et d'inscription des valeurs démocratiques tant dans l'arène politique que dans le corps social. Il ne s'agit pas de postuler d'une quelconque insignifiance du multipartisme, tant il est admis que les partis sont les acteurs essentiels de la démocratie électorale[76]. Au Cameroun, la prolifération à l'infini a davantage contribué à la dé-civilisation des mœurs politiques, au brouillage des lignes idéologiques et programmatiques, au décrochage social des formations politiques et à la désaffiliation partisane des citoyens. En cela, le multipartisme apparaît comme une plaie béante d'une démocratisation à l'issue incertaine. Il est dès lors nécessaire que les partis prennent la pleine mesure de leur rôle dans la construction d'une société démocratique et de leur rapport électif à la société. Dans la multitude des partis (297) que compte le Cameroun, à peine une dizaine siège au parlement et dans les communes[77]. Ce qui dévoile toute la vacuité existentielle du plus grand nombre des formations partisanes. La

---

[75] *Cameroon tribune*, n°10734 du 09 décembre 2014, pp. 5-7.
[76] A juste titre Max Weber considérait les partis comme « *les enfants de la démocratie et du suffrage universel* ».
[77] Neuf partis siègent au Parlement (RDPC, SDF, UNDP, UDC, MDR, ANDP, FSNC, MRC et UPC) et quinze sont représentés dans les communes (RDPC, SDF, UNDP, UDC, UPC, MDR, UFP, PAP, MP, MRC, ANDP, FNSC, CPP, PURS et ADD). Cf. *Cameroon tribune*, « Cameroun. La nouvelle carte politique », hors-série, novembre 2013.

sagesse (politique) aurait commandé une mise en œuvre rationnelle des alliances ou des coalitions sur la base des projets de société à défendre ou des intérêts agrégés à promouvoir. Le système partisan camerounais gagnerait en qualité ce qu'il perdrait dans l'ordre arithmétique et le jeu de concurrence politique serait désormais crédité d'une plus-value tant dans la modulation des interactions partisanes que dans l'articulation des comportements électoraux des groupes sociaux. A l'évidence, le champ politique va progressivement s'assainir et se garnir des valeurs et mœurs en parfaite accoutumance avec les défis de l'enracinement démocratique[78].

Bibliographie

- Ahmadou Sehou, *Cameroun. L'opposition en panne, autopsie critique et propositions de relance*, Yaoundé, Éditions LUPEPPO, 2012.
- Akindès, F., Les *mirages de la démocratie en Afrique subsaharienne francophone*, Dakar, CODESRIA, 1995.
- Alawadi Zelao, « Passage à la démocratie, engagement militant et reconstruction de l'espace sociopolitique au Cameroun septentrional », Alawadi Zelao (dir), *Le Cameroun septentrional en transition. Perspectives pluridisciplinaires*, Paris, L'Harmattan, 2012, pp. 23-62.
- Alawadi Zelao, « Parti politique régional et coalition hégémonique au Cameroun », Fabien Eboussi Boulaga et al. (dir), *Repenser et reconstruire l'opposition camerounaise. Questions sur la quête de sens et la subjectivation politique*, Yaoundé, Editions Terroirs, 2014, pp. 505-516.
- Bayart, J-F., « Régime de parti unique et systèmes d'inégalité et de domination au Cameroun : esquisse », *Cahiers d'études africaines*, n°69/70, 1979, pp. 5-35.
- Bayart, J-F., « La démocratie à l'épreuve de la tradition en Afrique subsaharienne », *Pouvoirs*, n°129, 2009, pp. 27-44.
- Bourgi, Albert, *Le printemps de l'Afrique*, Paris, Hachette, 1991.
- Bourgi, A., Introduction au thème « Les acteurs du jeu démocratique à l'épreuve du pouvoir », *Rencontres sur le pratiques constitutionnelles et politiques en Afrique : les dynamiques récentes*, Cotonou, 2930 septembre et 1er octobre 2005, pp. 14-15.
- Bourmeau, D., *La politique en Afrique*, Paris, Montchrestien, 1997.
- Braud, P., *Le suffrage universel contre la démocratie*, Paris, Puf, 1982.
- Bréchon, P., *Les partis politiques*, Paris, Montchrestien, 1999.
- Buijtenhuijs, Robert, « Les partis politiques africains ont-ils des projets de société ? L'exemple du Tchad », *Politique africaine*, n°56, 1994, pp. 119-135.

---

[78] Il est utile de convenir avec Albert Bourgi pour qui : « (…) *Malgré leurs imperfections, leurs insuffisances, leurs dérives, les partis politiques demeurent un instrument indispensable à l'instauration de la démocratie : sans eux il n'y a point de salut pour le pluralisme ; sans luttes qu'ils ont naturellement, vocation à mener, il n'y a point d'avancée pour la préservation et la consolidation des libertés publiques sur le continent. Les partis ne peuvent jouer leur rôle qu'ils obéissent à certaines règles d'organisation et de fonctionnement, que s'ils s'assignent les fonctions qui sont leurs : conquête du pouvoir, certes, mais aussi fonction pédagogique dont la finalité est l'accession à la citoyenneté et partant de là, la connaissance des droits et des devoirs qui y sont attachés* », Albert Bourgi, Introduction au thème « Les acteurs du jeu démocratique à l'épreuve du pouvoir », *Rencontres sur le pratiques constitutionnelles et politiques en Afrique : les dynamiques récentes*, Cotonou, 2930 septembre et 1er octobre 2005, pp. 14-15.

- Buijtenhuis, R. et Thiriot, C., *Démocratisation en Afrique au sud du Sahara, 1992-1995 : un bilan de littérature*, Leiden/Bordeaux, CEAN, 1995.
- CEAN/CERI, *Aux urnes l'Afrique ! Elections et pouvoirs en Afrique noire*, Paris, Pedone, 1978.
- Certeau de, M., *L'invention du quotidien. Arts de faire*, Paris, Seuil, 1990.
- Comi Toulabor, « Paristroïka et revendications démocratique », Daniel Bach et al. (dir), *Etats et sociétés en Afrique francophone*, Paris, Economica, 1993, pp. 119-135.
- Dabène, O., Hasting, M. et Massal, J. (dir), *La surprise électorale. Paradoxes du suffrage universel*, Paris, Karthala, 2007.
- Decraene, « Eléments de réflexion sur les partis politiques africains », *Pouvoirs*, 1983, n°25, pp. 79-87.
- Dobry, M., *Sociologie des crises politiques*, Paris, PFNSP, 1992.
- Eboussi Boulaga, F., *La démocratie de transit au Cameroun*, Paris, L'Harmattan, 1997.
- Eyafa, J-M. B., *RDPC : fleuron du Renouveau (histoire électorale et perspectives)*, Yaoundé, Edition Action, 2011.
- Garrigou, A., *Histoire sociale du suffrage universel en France*, Paris, Seuil, 2002.
- Giovanni Carbone, M., « Comprendre les partis et les systèmes de partis africains. Entre modèles et recherches empiriques », *Politique africaine*, n°104, 2006, pp. 18-37.
- Girardet, R., « Autour de la notion de tradition politique. Essai de problématique », *Pouvoirs*, n°42, 1987, pp. 5-14.
- Goran Hyden et Bratton, M., *Gouverner l'Afrique. Vers un partage des rôles*, Colorado, Lynne Rieder Publshers, 1992.
- Guorgui, C., et Talla, J-B., « Les alliances et forces progressistes. Facteurs du succès », Talla, J-B.,(dir) *L'impératif des alliances en démocratie*, Yaoundé, Friedrich Ebert Schiftung, 2013.
- Habermas, J., *Droit et démocratie. Entre faits et normes*, Paris, Gallimard, 1992.
- Hermet et al. (dir), *Des élections pas comme les autres*, Paris, Presses de la FNSP, 1978.
- Houngnikpo, M., *L'illusion démocratique en Afrique*, Paris, L'Harmattan, 2004.
- Ihl, O., *Le vote*, Paris, Montchrestien, 2000.
- Kamto, M., *L'urgence de la pensée*, Yaoundé, Mandara, 1993.
- Kamto, M., « Quelques réflexions sur la transition vers le pluralisme politique au Cameroun », Gérard Conac (dir), *L'Afrique en transition vers le pluralisme politique*, Paris, Economica, 1993, pp. 209-236.
- Lagroye, J., (dir), *La politisation*, Paris, Belin, 2003.
- Laurent, A. et Villaba, B., *Les petits partis. De la petitesse en politique*, Paris, L'Harmattan, 1997.
- Lavroff, G., *Les partis politiques en Afrique noire*, Paris, Puf, 1970.
- Mbembe, A., « Une économie de prédation. Les rapports entre la rareté matérielle et la démocratie en Afrique subsaharienne », *Foi et développement*, n°241, 1996, pp. 1-8.
- Médard, J-F., « Spécificités des pouvoirs africains », *Pouvoirs* n°25, pp. 5-22.
- Médard, J-F., « Les démocratisations africaines », André Guichaoua (dir), *Questions de développement. Nouvelles approches et enjeux*, Paris, L'Harmattan, 1996, pp. 95-114.
- Mfoulou, J., « Les non-dits de la démocratisation en Afrique », *Revue camerounaise des relations internationales*, Vol. IV, n°12, 1997, pp. 37-50.
- Mehler, A., « Cameroun : une transition qui n'a pas eu lieu », Jean-Pascal Dalloz et Patrick Quantin (dir), *Transitions démocratiques africaines,* Paris, Karthala, 1997, pp. 95-138.

- Michels, R., *Les partis politiques. Essai sur les tendances oligarchiques des démocraties*, Bruxelles, Editions de l'Université de Bruxelles, 2009.
- Mouiche, I., « Ethnicité et multipartisme au nord-Cameroun », *Revue africaine de science politique*, Vol. 5, n°1, pp. 46-91.
- Naomi, C., et al, *Politics and society in contemporary Africa*, Colorado, Lynne Rienner Publishers, 1992.
- Nkainfon Pefura, S., *Le Cameroun. Du multipartisme au multipartisme*, Paris, L'Harmattan, 1996.
- Offerlé, M., *Les partis politiques*, Paris, Puf, 2002 (4ème édition).
- Petithomme, M., *Les élites postcoloniales et le pouvoir politique en Afrique subsaharienne. La politique contre le développement*, Paris, L'Harmattan, 2009.
- Quantin, P., « Compétition imparfaite et résultats imprévus : expériences africaines », Olivier Dabène, Michel Hasting et Julie Massal (dir), *La surprise électorale. Paradoxes du suffrage universel*, Paris, Karthala, 2007, pp. 65-80.
- Sindjoun, L., « Identité nationale et « révision constitutionnelle » du 18 janvier 1996 : comment constitutionnalise-t-on le « nous » au Cameroun dans l'Etat post-unitaire », *Polis. Revue camerounaise de science politique*, Vol. 1, 1996, pp. 10-24.
- Sindjoun, L., « Elections et politique au Cameroun : concurrence déloyale, coalitions de stabilité hégémonique et politique d'affection », *African association of political science*, vol. 2, n°1, 1997, pp. 89-121.
- Sindjoun, L., « Le paradigme de la compétition électorale dans la vie politique : entre tradition de monopole politique, Etat parlementaire et Etat seigneurial », Luc Sindjoun (dir), *La révolution passive au Cameroun. Etat, société et changement*, Dakar, CODESRIA, 1999, pp. 269-330.
- Talla, J-B., *L'impératif des alliances en démocratie*, Yaoundé, Friedrich Ebert Schiftung, 2013.
- Van de Walle, N. et Smiddy, K., « Partis politiques et systèmes de partis dans les démocraties 'non libérales' africaines », *L'Afrique politique*, 2000, pp. 41-57.
- Zambo Belinga, J-M, « Le militantisme est-il un objet scientifiquement pertinent en Afrique. Réflexions à partir du Cameroun », *Annales de la FALSH*, vol. 2, n°14, 2012, pp. 267-300.
- Zang-Atangana, J-M., *Les forces politiques au Cameroun réunifié*, Paris, L'Harmattan, 1989.
- Ziemer, K., « Le phénomène du parti unique », Daniel Bach et Anthony Kirk-Greene (dir), *Etats et sociétés en Afrique francophone*, Paris, Economica, 1993, pp. 108-117.

CHAPITRE 2

Environnement social et partis politiques au Cameroun depuis 1990

Erick Sourna Loumtouang

« *La politique a besoin d'organisations qui réunissent et regroupent les intérêts de la société pour les défendre face aux institutions politiques et étatiques* ».[1] Ce rôle de défense des intérêts sociaux en contexte démocratique est dévolu en partie aux partis politiques, d'où une relation symbiotique entre parti politique et société. A la pensée contenue dans les programmes de campagnes électorales et les professions de foi des candidats, doivent suivre des actions concrètes, ayant pour principal objectif le changement social sur le plan qualitatif. Pour Arendt, l'homme politique doit agir sur le monde et laisser quelque chose de positif à la postérité.[2] Mais, dans un contexte camerounais où les conditions sociales des populations sont de plus en plus difficiles, le constat de la désaffection de la chose politique par celles-ci pose le problème de la relation entre classe politique, parti politique et environnement social. En effet, cette problématique n'est pas nouvelle, elle est commune à plusieurs pays. Les partis politiques, «*partout dans le monde, sont en crise, sont impopulaires et sont de plus en plus discrédités. Le nombre de leurs membres, est en chute, les pratiques internes de gestion sont souvent faibles et peu démocratique* ».[3] Cet état, dont l'étiologie peut se situer dans ce que Bayart appelle *« la politique du ventre »* se résume à la conception de l'appareil d'État comme lieu d'accès aux richesses, aux privilèges, au pouvoir et au prestige pour soi et pour les membres de son clan. Les hommes politiques ou les dirigeants de partis politiques « oublient » parfois le référent principal de l'action politique qui est le bien-être des populations en adéquation avec les projets de société déroulés lors des campagnes électorales.[4]

Ainsi, le concept d'environnement social est une notion complexe qu'il n'est pas aisé de définir. Il est utilisé dans plusieurs domaines et disciplines (économie, psychologie sociale, politique, urbanisme, etc.). De façon générale, « l'environnement social » est une notion qui renvoie à la fois aux groupes auxquels nous appartenons (groupe d'âge, groupe ethnique,

---

[1] Wilhelm Hofmeister et Karsten Grabow, « les partis politiques et la démocratie », Konrad-Adenauer-Stiftung, 2013, p. 5.
[2] Hannah Arendt, *L'action et la parole* (*Condition de l'homme moderne*), trad. Fr. G Fradier, Paris, Calmann-Lévy, 1983, p. 232.
[3] Said Adejumobi, *Partis politiques en Afrique de l'Ouest*, Rapport préparé par International IDEA, Stockholm, 2007, p.5.
[4] Jean François Bayart, *L'Etat en Afrique. La politique du ventre*, Paris, Fayard, 1989.

classe socio-économique) et à ceux dont nous sommes entourés ».[5] Il est constitué de l'ensemble des individus qui peuplent effectivement ou virtuellement un lieu donné.[6] Pour un individu, l'environnement social *« est formé de ses conditions de vie et de travail, des études qu'il a poursuivies, de son niveau de revenus et de la communauté dont il fait partie ».*[7] Ainsi, de façon générale, ce concept pourrait se résumer par le niveau de vie d'une société à travers quelques indicateurs comme la qualité de l'emploi, le niveau de la couverture sanitaire, le logement, l'éducation, etc. De ce fait, la présente réflexion ambitionne donc d'examiner l'interaction entre parti politique et société à travers le concept d'environnement social.

Vu sous cet angle, le rôle des partis politiques dans l'amélioration de ces indicateurs sociaux est une donnée cruciale dans un contexte démocratique. Ainsi, en analysant de près l'influence de la pratique politique sur l'environnement social dans le contexte camerounais, il est aisé de dégager quelques constantes : Premièrement, depuis 1990, période du retour du multipartisme, les indicateurs macroéconomiques et microéconomiques sont en berne lorsqu'ils ne sont pas en régression. Deuxièmement, les indicateurs sociaux en termes de santé, de chômage des jeunes, d'habitat social et d'éducation ne sont guère reluisants. Sur le plan sociologique, le retour du multipartisme a remis au goût du jour les maladies infantiles d'un État au tissu ethnique complexe. Les maux tels que le tribalisme, le népotisme et le clientélisme apparaissent comme des réalités prégnantes au Cameroun.

De manière générale, on se rend compte que depuis le retour du multipartisme, les indicateurs sociaux ne semblent s'être améliorés du moins dans les secteurs mentionnés ci-dessus. De ce fait, la thèse des thuriféraires de la démocratie qui présentent ce modèle de gouvernance comme une panacée pour relever les défis du développement semble battue en brèche au Cameroun malgré la multiplicité des formations politiques. Beaucoup de camerounais ressassent parfois dans un ton nostalgique une époque où la politique avait un impact visible sur l'environnement social des camerounais. La période à laquelle il est fait allusion est la période monolithique marquée par la prééminence du parti unique. Ce paradoxe permet ainsi de se poser la question suivante : Qu'est ce qui justifie la dégradation de l'environnement social malgré la multiplicité des formations politiques ? Comment les partis politiques entrent-ils en contact avec leur environnement social et quelle en est la finalité ?

---

[5] Laurence Cliche, « L'environnement urbain autour des résidences privées pour personne âgées : un milieu optimal pour vieux jours », Mémoire de maîtrise, Institut National de la Recherche Scientifique, 2009, p. 17.
[6] Gabriel Moser, « Psychologie environnementale : les relations hommes-environnement », Armando Editore, 2009, p. 247.
[7] http://lesdefinitions.fr/environnement-social

Ces questions sont structurantes et permettent d'avancer dans le processus de recherche en ce qui concerne la pratique de la démocratie et de son influence sur la société africaine en général et camerounaise en particulier. De ce fait, il est intéressant dans cette réflexion dont l'ancrage disciplinaire est l'histoire politique, de s'intéresser globalement à la relation qui existe entre parti politique et environnement social au Cameroun depuis le retour de la démocratie. Cette orientation découle du fait que l'étude des partis politiques a souvent été le parent pauvre de l'histoire politique.[8] De plus, l'étude de son interaction avec l'environnement social apparaît sous-étudiée. Or, celle-ci apparaît comme la matrice et l'essence de l'existence des partis politiques qu'ils soient au pouvoir, « proche du pouvoir » ou de « l'opposition ». Dans ce sens, la présente réflexion envisage selon une approche réaliste de dégager les stratégies de liaison, de représentation et d'influence réciproque entre partis politiques et environnement social dans le contexte Camerounais. La prédilection pour l'analyse réaliste dans le cadre de cette réflexion *« part de l'observation concrète des pratiques partisanes plutôt que de ce que les partis devraient être où des fonctions qu'ils sont censés remplir ».*[9] Mais, avant d'y arriver, il est important d'explorer la littérature consacrée à cette question.

La littérature traitant de la relation entre parti politique et environnement social au Cameroun est dense et variée. Celle-ci met en évidence une relation complexe qui peut être envisagée en termes de crise de confiance. Cette crise se manifeste par la désaffection de la population pour la chose politique et la classe politique *« du fait d'un déficit criard de culture politique démocratique et de l'inefficacité des politiques actuelles à transformer positivement les conditions de vie des populations, notamment en créant des emplois pour une population de jeunes en croissance rapide ».*[10] Devant la multiplicité des formations politiques, élément ou non de la vitalité démocratique ou d'une crise d'un choix alternatif face à *l'hégémon* RDPC d'aucuns estiment que ces partis politiques ne peuvent avoir une véritable influence sur l'environnement social qu'à travers la création d'une coalition capable d'imposer des choix politiques. Cet état donne ainsi l'image d'une opposition désorganisée, en panne d'inspiration programmatique et présentant une image ambiguë incarnant la figure de la duplicité sous la déclinaison ce « *rôle je le joue, je ne le suis pas ».*[11] L'imagerie populaire au Cameroun n'établit pas de manière précise une différence entre parti d'opposition et parti au pouvoir.

---

[8] François Audigier, « Vingtième Siècle », *Revue d'histoire*, n°98, Octobre 2007, pp. 210.
[9] Frederic Sawicki, « Découverte de la science politique », Cahiers Français, n°276, mai-juin, 1996, pp.51-59
[10] *Les jeunes et l'engagement politique*, Manuel d'information et de formation, Friedrich ErbertStiftung, 2014, p.3.
[11] Jean Paul Sartre, *L'être est le néant*, Gallimard, Paris,1946.

Antoine Socpa appréhende quant à lui cette relation sous le prisme du don. Le parti politique entrerait ainsi en contact avec l'environnement social à travers ce moyen. Il estime que la relation est essentiellement clientéliste. Le contexte social marqué par la pauvreté serait alors exploité par les partis politiques dans une liaison entre marchands politiques et clientèle électorale voir ethnique.[12] Cette pensée de Socpa permet ainsi d'opérer une critériologie des environnements sociaux dans le contexte camerounais. Dans ce sens, on peut parler d'un environnement social macroscopique qui projette le parti politique à l'échelle nationale avec pour objectifs la conquête du pouvoir et l'amélioration des conditions de vie des populations camerounaises en général. Cette définition de l'environnement social correspond aux partis politiques à tendance nationale comme le RDPC, le SDF, l'UNDP, etc. Dans un second temps on peut également parler d'un environnement social microscopique ou environnement sociologique, désignant ainsi l'espace géographique et social dans lequel nait un parti politique. Celui-ci en est son fief, l'espace dans lequel il engrange le plus de voix lors des échéances électorales. Ce type de parti politique a parfois de la peine à se projeter hors de cet espace pour plusieurs raisons. Dans la plupart des cas l'environnement social microscopique du parti politique se situe dans la région d'origine de son fondateur. Cette façon de concevoir l'environnement social correspond aux partis à tendance régionale ou tribale voir ethnique. Même s'il convient de relativiser cette manière de concevoir l'existence d'un environnement sociologique dans la mesure où le parti politique a pour objectif de conquérir le pouvoir au niveau national, la réalité camerounaise peut pousser à croire que la création des partis politiques à tendance régionale ou sociologique témoigne indubitablement d'une stratégie de survie des acteurs sur la scène politique dans un contexte camerounais où, l'instrumentalisation de la fibre minoritaire dans un contexte de pluralisme ethnique est un levier important pour bénéficier des prébendes.

Cette réalité est perceptible dans le contexte qui suit le retour du multipartisme au Cameroun avec la naissance de ce type de formation politique dans un environnement marqué par l'instrumentalisation de l'ethnicité[13]. La littérature consacrée à la relation entre parti politique et environnement social au Cameroun met également en exergue plusieurs stratégies de liaisons à l'instar des motions de soutien. Dans cette lignée on peut voir dans les *« appels du peuple »*,[14] une sorte de feedback de l'environnement social en ce qui concerne le maintien du RDPC au pouvoir.

---

[12] Antoine Socpa, « Les dons dans le jeu électoral au Cameroun (Gifts in Cameroonian Election Campaigns), *Cahiers d'Etudes Africaines*, Vol 40, Cahiers 157, 2000, pp. 91-108.
[13] FendjongueHouli, « la construction et la politisation de l'ethnicité « Kirdi » au Nord Cameroun », Polis/RCSP/CPSR, Vol.13, Numéros 1, 2006.
[14] Ici, référence est faite aux nombreux volumes d'appel du peuple édité par le RDPC pour appeler à la candidature de Paul Biya à l'élection présidentielle de 2011.

Si ces propos permettent de corroborer l'idée d'une instrumentalisation ou exploitation de l'environnement social par des opérateurs politiques pour des fins de positionnement, il apparait également que la relation entre environnement social et parti politique n'a pas toujours été clientéliste. En effet, aux premières lueurs de la démocratie cette relation a été fusionnelle lors d'événements politiques majeurs à l'instar du retour au multipartisme, lorsque les partis politiques de l'opposition drainèrent les foules dans le vaste programme de désobéissance civique que constituent les villes mortes. Belomo Essono quant à elle situe les origines de cette alchimie entre parti politique et environnement social dans le contexte colonial. Pour elle,

> *La constitution d'une alliance entre partis politiques et mouvement sociaux est tributaire de la collision coloniale. Elle s'effectue tout au long du processus d'étatisation avec pour phases majeures la guerre d'indépendance, la libéralisation politique des années 1990 et les émeutes contre la faim et la révision constitutionnelle orchestrées en février 2008.*[15]

Le parti politique se positionna en cette période de l'histoire politique du Cameroun comme un acteur de changement de l'environnement social. C'est pendant la colonisation que naquit le mouvement syndical qui conduisit à la constitution des partis politiques qui luttèrent pour l'indépendance du Cameroun. On note pendant cette période une réponse à une demande sociale forte qui est celle de bouter hors du territoire camerounais la puissance colonisatrice. L'Union des Populations du Cameroun (UPC) qui naît en 1948 se présente alors comme un parti national, organisé et opérant sur la base d'un substrat idéologique fort. Ceci justifie l'embarras qu'a l'administration coloniale à contrer son action de conquête du pouvoir. Elle est implantée sur toute l'étendue du territoire et se constitue à bien des égards comme un véritable parti à tendance nationale qui regroupe toutes les composantes sociologique et linguistique du Cameroun sous un credo commun à savoir l'indépendance et la réunification. S'il apparaît vrai que l'Union des populations du Cameroun fut durant cette période un parti qui trouva l'adhésion d'un bon nombre de camerounais, il convient néanmoins de préciser avec Levine que,

> *Ses cadres, quoique dispersés dans tout le pays, n'eurent au début qu'un succès limité dans leurs efforts pour recruter des membres,*

---

[15] Pélagie Chantal Belomo Essono, « Partis politiques et mouvements sociaux au Cameroun à l'épreuve de la protestation : alliance hégémonique ou alternative politique », communication présentée au Congrès AFSP sur « Partis politiques et mouvements sociaux à la croisée des approches : interdépendance, transformations, et traits communs », 2009, p.1.

> *presque exclusivement enrôlés dans le Sud-Ouest. Son programme, bien que portant sur des thèmes potentiellement irrésistibles, n'avait jusqu'à présent attiré ni l'attention, ni la compréhension qu'un corps électoral plus expérimenté aurait pu manifester. La plupart des camerounais ne comprenaient guère la nature de la tutelle, ni les implications de l'accord de tutelle, et rare étaient ceux intéressés à la question de l'unification aurait pu manifester.*[16]

Cette pensée permet ainsi de nuancer une relation fusionnelle entre l'UPC et l'environnement social camerounais à cette époque.

La réalisation de cette contribution se fonde sur une approche pluridisciplinaire ainsi que sur la pluralité des sources. Elle permet d'ordonnancer le raisonnement en plusieurs parties dont les logiques argumentatives sont construites autour de : l'impact de l'environnement social sur la création des partis politiques, les stratégies de liaison entre le parti politique et l'environnement social, la construction de l'hégémonie du RDPC et la rupture entre parti politique et environnement social, l'alternative d'une prise en main de la chose politique par la société ou le changement social au Cameroun sans les partis politiques.

I- L'environnement social comme catalyseur a la naissance des partis politiques a la veille du retour du multipartisme

L'environnement social exerce une influence sur le parti politique et vice versa. Le parti politique *« est un groupe de personnes qui essaie de prendre le contrôle de l'appareil du gouvernement en obtenant une fonction dans des élections tenues en bonne et dues forme ».*[17] L'une de ses principales caractéristiques est la durabilité car, le parti politique est une organisation dont l'espérance de vie est supérieure à celle de ses dirigeants.[18] En analysant la notion de durabilité, il faudrait constater que sur les 320 formations politiques légalisées en 2012,[19] seule une dizaine au plus joue un rôle d'animation sur la scène politique. Le deuxième élément qu'il faudrait souligner en guise de réflexion prospective est de s'interroger sur la survie des partis politiques de premier rang (RDPC, SDF, UNDP, UDC, etc.) tant

---

[16] Victor T. Levine, *Le Cameroun du mandat à l'indépendance*, Volume II, Paris, Nouveaux horizons, 1970, p.37.
[17] Antony Downs, *An Economic Theory of Democracy*, New York: Harper et Brothers,1957, p. 25.
[18] Issaka Souaré, « Les partis politiques de l'opposition en Afrique de l'Ouest et leur quête pour le pouvoir d'Etat : les cas du Bénin, du Ghana et de la Guinée », Thèse de doctorat en science politique, Université du Québec,2010 p.45.
[19] Bachelard. Koagne, « Jeux et enjeux des couleurs dans le champ sociopolitique camerounais : une lecture semio-critique des bannières des partis politiques, 2013.

est que depuis leur création ils n'ont eu à leur tête qu'un seul dirigeant ou président. Quoi qu'il en soit, dans le contexte camerounais, l'environnement social fut décisif en ce qui concerne la genèse des partis politiques. En effet, ils sont nés dans un contexte de bouillonnement social consécutif à l'avènement de la démocratie avatar de la fin de la guerre froide. Dans le contexte macroscopique, comme décrit plus haut, ce sont les mauvaises conditions sociales des populations camerounaises qui sont à l'origine de la naissance de plusieurs formations politiques à partir de 1990. La crise économique qui fait son lit dans le pays à partir du début des années 1980 a un effet néfaste sur la majorité des citoyens. Gel de recrutement dans la fonction publique, baisse des cours des matières premières, en sont les principaux indicateurs. Sur le plan social, l'exode rural entraine dans les villes une augmentation de la criminalité urbaine et une montée du chômage. La liquidation de certaines sociétés d'Etat pour cause de faillite contraint ces entreprises à se délester de la majorité de leur personnel. Cette situation est très bien résumée par Fanny Pigeaud qui estime qu'à partir des années 1986 :

> *La situation s'est brutalement détériorée : le Cameroun a plongé dans une crise économique d'une gravité sans précédent, provoquée par plusieurs facteurs. Le pays a d'abord été victime de la conjoncture économique internationale. Sur le marché mondial, la baisse de moitié du prix du pétrole en 1986 a en effet eu des conséquences désastreuses : le niveau des recettes d'exportation du Cameroun, qui était déjà en diminution en raison de la baisse de production des puits pétroliers a dégringolé. La dépréciation de 40% du dollar par rapport au franc CFA, intervenue au même moment, a aggravé cet effondrement des revenus, toutes les recettes d'exportation du Cameroun étant alors libellées en dollars. Les recettes pétrolières, qui se montaient à 722 milliards de FCFA lors de l'année fiscale 1984-1985, sont ainsi passées à 419 milliards de francs l'année suivante et à 233 milliards en 1987-1988. S'est ajoutée la dimunition (sic) des prix sur le marché mondial du cacao, du café, du coton et du caoutchouc. Pour l'État camerounais, les baisses des recettes liées au cacao et au café ont atteint -25%. En trois ans, les recettes totales du pays ont chuté de 29%. En deux ans, la baisse de ses termes de l'échange a été de près de 40% et de 50% pour certains biens. En 1987-1988, le pays a accusé un déficit fiscal représentant 6% de son PIB tandis que le déficit de sa balance des paiements*

> *est passé d'un excédent de 4% du PIB en 1984-1985 à un déficit de 8,8% en 1986-1987.*[20]

     Tous ces indicateurs ont créé sur le plan social un cocktail explosif que l'environnement international s'est chargé d'activer avec la fin de la guerre froide et le vent d'Est.

On assiste ainsi au Cameroun au déchainement des masses qui, jusqu'ici avaient vécu pendant plusieurs décennies le régime monolithique avec ses limites en matière des droits fondamentaux. La loi n° 90/053 du 19 décembre 1990 portant sur la liberté d'association est dans ce sens un catalyseur. Au niveau macroscopique, la naissance des partis politiques tels que le SDF, L'UDC, est significative à cet égard. Pour Belomo,

> *« Non seulement le processus de légalisation des partis est un moment de crise, mais aussi leurs activités en terme d'opposition se révèlent comme des variables de la rupture. Sans mettre en évidence une ligne de démarcation entre les forces qui opèrent dans le processus de changement, les opérateurs se fondent sur « Biya must go » comme élément constitutif du changement politique au Cameroun, vulgate du mouvement de contestation ».* [21]

Dans la mouvance des villes mortes, partis politiques d'opposition et société civile font corps et réclament le changement à travers des manifestations violentes qui ont pour but de chasser le Président Paul Biya du pouvoir. Les élections présidentielles de 1992 offrent ainsi une occasion de juger la proximité de la population avec les partis politiques. A l'issue de ce scrutin fort contesté par l'opposition, le RDPC remporte la victoire de En effet, le taux de participation au scrutin législatif du 1er mars 1992 est de 61%.[22] De façon générale, les partis d'opposition s'en tirent avec de bons scores. Ainsi,

> *« Malgré de nombreuses manipulations d'envergure limitée et malgré le boycottage par des partis importants (comme le SDF) les élections fournirent des résultats médiocres pour*

---

[20] Fanny. Pigeaud, *Au Cameroun de Paul Biya,* Paris, L'Harmattan, 2011, p.42.
[21]Pélagie Chantal Belomo Essono, « Partis politiques et mouvements sociaux au Cameroun à l'épreuve de la protestation : alliance hégémonique ou alternative politique », communication présentée au Congrès AFSP sur « Partis politiques et mouvements sociaux à la croisée des approches : interdépendance, transformations, et traits communs », 2009, p. 4.
[22]Jean Pascal Daloz, Patrick Quantin, « Transitions démocratiques africaines : dynamiques et contraintes (1990-1994), Paris, Karthala,1997.

> *l'ancien parti unique : 88 des 180 sièges, l'Union Nationale pour la Démocratie et le Progrès/UNDP en obtenant 68, l'Union des Populations du Cameroun /UPC : 18 et le mouvement pour la défense de la République / MDR : 6 ».*[23]

Dans le cadre du contexte microscopique, on assiste parallèlement à la naissance des formations politiques mais sur une autre base.

En effet, c'est la fibre ethnique voir ethno-religieuse qui apparaît comme le fondement de l'action politique dans le contexte démocratique. Dans le Nord-Cameroun marqué historiquement par une domination des islamo-peuhls pendant la période monolithique, le contexte démocratique offre aux *Kirdis* non musulman une occasion de s'émanciper de cette hégémonie multiforme. On assiste ainsi à la création des formations politiques comme le MDR, des associations ethniques voir régionales. Du côté des islamo-peuhls, la création de l'UNDP, répond également à ce schème de cristallisation de la vie politique autour d'un groupe ethnico-régional. Tous ces faits marquent l'expression d'une forme de libération dans l'espace public. Ainsi, l'avènement de la démocratie au Cameroun a fait ressurgir les différents particularismes ethnico-linguistiques du Cameroun. Il s'est constitué selon cette base, des partis politiques à tendance régionales ou locales. Surfant sur la vague de marginalisation de telle ou telle communauté, on assiste à une balkanisation de l'environnement social en environnement sociologique. Chaque parti représentant désormais sa région ou la région d'origine de son fondateur. Il apparait selon l'équation formulée plus haut que cette tendance à la création des partis politiques à tendance régionale subodore d'une stratégie de survie des différents acteurs politiques dans la mesure ou la gouvernance de l'État est fondée sur l'exploitation de la fibre ethno-régionale comme l'équilibre régionale observée aussi bien dans la superstructure administrative que dans la redistribution des pouvoirs au plan institutionnel. De même, l'on observe également que, cette tendance obéit au fait que la suprématie du RDPC oblige certains entrepreneurs politiques qui, résignés à conquérir l'espace national, se cantonne à l'espace local dans un contexte de vote de sang comme le souligne si bien Antoine Socpa.

II- Le parti politique dans sa relation avec l'environnement social (stratégies de contact et de liaison du parti politique d'avec l'environnement social

Cette séquence de l'analyse s'attelle à montrer comment le parti politique entre en contact avec l'environnement social au Cameroun. Dans ce sens, on note un caléidoscope varié de stratégies parmi lesquels le don, les meetings, les motions de soutien, etc.

---

[23] *Op. cit.*, p. 101.

- **Le don comme mode de communication entre parti politique et environnement social**

La notion de don désigne de façon générale, la remise d'un objet à titre gratuit et irrévocable. C'est un moyen privilégié à travers lequel les partis politiques où les hommes politiques entrent en contact avec l'environnement social au Cameroun. Le don « *dans la société traditionnelle africaine est un mécanisme fondamental de régulation des liens sociaux ordinaires et de ceux relatif à la parenté* ».[24]Dans le contexte politique, le don suppose un contre don. Pour Socpa, le « *jeu politique est un échange, mieux, un troc entre les populations et un parti politique* ».[25] Il est perceptible lors des campagnes électorales, lors des tournées de prise de contact des députés, des élites politiques, des maires, etc. Aussi, au quotidien n'est-il pas surprenant d'écouter ou de lire dans les médias. Remise d'un don de matériel agricole, remise d'un don de tables bancs, remise de denrées alimentaires, etc. Le don apparaît ainsi comme un moyen de communication privilégié entre le parti politique et la population. Le don dans ce contexte a plusieurs enjeux. Il a pour objectif de susciter un retour d'ascenseur c'est-à-dire un contre don en période électorale. La deuxième fonction du don est d'ordre marketing dans un contexte où l'élite politique apparaît au Cameroun comme la courroie de transmission entre l'État et la population dans un contexte « prébandale ». Le don constitue également un moyen privilégié de positionnement et sert d'outil de visibilité. En effet, tel ou tel élite voudra être le favori de la population par rapport à d'autres.

- **Les motions de soutien comme réponse de l'environnement social au parti politique : le cas du RDPC**

« *Nous, militants, élites et sympathisants du RDPC du Nyong et Kellé Centre, réunis le 24 mars 2009 au cercle municipal de Makak, adressons à SEM Paul Biya, président de la république la motion de soutien et de déférence dont la teneur suit* ».[26] Ces textes d'allégeance sont communs à la scène politique Camerounaise. Les motions de soutien apparaissent dans le contexte camerounais actuel comme un mode de communication privilégié entre l'environnement social et le parti politique. A travers cette méthode, le peuple ou du moins une partie de celui-ci exprime son soutien au président de son parti politique et l'encourage dans l'implémentation d'une politique publique. Cette méthode communication rappelle d'une certaine manière l'allégeance d'une population à son chef. Les motions de soutien n'émanent pas toujours des personnes dont on dit qu'elles sont les signataires. Les élites politiques sont les initiateurs des motions de soutien puisqu'elles se sont faites les portes parole de leurs communautés

---

[24] ibid.p.93.
[25] idem.p.93
[26] Motions de soutien adressé au chef de l'Etat, *Cameroon Tribune*, Avril 2009

respectives. Motion de soutien des populations du Nord, motions de soutien des populations de la Lékié au chef de l'Etat, etc.

- **L'abstentionnisme comme moyen de communication de l'environnement social à l'égard des partis politiques**

« On va faire comment » ? Cette phrase est omniprésente dans l'essentiel de la population camerounaise. Elle traduit une sorte de défaitisme et de résignation par rapport à la maîtrise de son destin. Dans un régime démocratique, le peuple est censé avoir son destin en main par le moyen des urnes. L'abstentionnisme apparait ainsi comme un acte de langage que l'environnement social envoie aux partis politiques. La réalité de l'abstention pendant les échéances électorales est expliquée par Tala Wakeu qui estime que, même le parti au pouvoir *« ne semble plus convaincre, l'opposition ne constitue plus un éventuel gouvernement de rechange. Ce qui a tendance à construire un comportement abstentionniste, entraînant dès lors la disparition de l'espoir de changer les choses par les urnes et donc l'apathie des Camerounais »*.[27]

- **L'instabilité sociopolitique comme réponse de l'environnement social à l'action des partis politiques**

La notion d'instabilité politique est protéiforme. Selon Fosu, l'instabilité politique désigne le changement de pouvoir politique par la violence et aussi les changements respectant les formes légales.[28] Hudson et Gupta vont plus loin en établissant une typologie d'instabilités sociopolitique. Premièrement, il existe l'instabilité de l'élite ou de l'exécutif qui englobe, coups d'État, changements et crises de gouvernement. Deuxièmement il existe l'instabilité de masse qui correspond aux mouvements sociaux tels que les grèves, les manifestations ou les émeutes. Enfin l'instabilité armée ou violente qui prend en compte la guerre civile et les guérillas et toute action politique violente. A travers cette critériologie, il apparaît que depuis le retour du multipartisme, l'environnement social à travers la population aura réagi à l'action inefficace des partis politiques à travers les émeutes, les grèves et les manifestations publiques. A cet égard, les grèves d'étudiants, des chômeurs dans le cadre des villes mortes et des émeutes de février 2008 démontrent à suffisance que l'instabilité sociopolitique apparaît comme une réaction à l'action moribonde des partis politiques sur la scène politique.

---

[27] Augustin. Tala Wakeu, « L'abstentionnisme électoral au Cameroun a l'ère du retour au multipartisme », Master en Science politique, Université de Dschang, 2012, www.memoireonline.com

[28] Augustin KwasiFosu, "Political instability and Economic Growth: implication of coup event in sub-Saharan Africa", The *American journal of economics and sociology*, Vol 61, N°1, 1992.

III- Construction de l'hégémonie du RDPC, decrédibilisation de l'opposition et rupture entre le parti politique et l'environnement social

L'hégémonie du RDPC sur la scène politique camerounaise a conduit progressivement à un effacement des autres partis politiques nés dans la mouvance démocratique. Cette situation a contribué à refroidir la relation entre parti politique et environnement social dans un contexte où l'alternative du changement devint au fur et à mesure une réalité reléguée aux calendes grecques. En effet, l'hégémonie du RDPC s'est construite autour de plusieurs stratégies. L'utilisation de la superstructure administrative à travers les hauts fonctionnaires contribua à légitimer l'accaparement et la prise en otage de l'appareil étatique par ce parti politique appelé par certains spécialistes « parti-État ». Une autre stratégie du RDPC fut de phagocyter les formations politiques de moindre importance à travers les processus d'alliance et de coalition dans le contexte électoral ou dans le cadre de la formation du gouvernement. La première expérience dans ce sens fut faite au lendemain des premières élections organisées après le retour du multipartisme. Les partis politiques à l'instar du MDR de DakoléDaissala et l'UPC de Augustin Fréderic Kodock. La même stratégie fut implémentée dans le cadre de l'aménagement des plates formes avec l'UNDP de Bello BoubaMaigari et L'ANDP de Ahmadou Moustapha. Aujourd'hui, l'alliance du FSNC de Issa Tchiroma Bakari, actuel ministre de la communication s'inscrit dans cette même dynamique. En effet plusieurs leaders de parti politique seront ainsi membre de gouvernement pendant plusieurs années. Cette action a contribué à décrédibiliser leur discours au sein des populations qui n'arrivent plus aujourd'hui à faire la différence sur le plan factuel entre le RDPC et les différents partis de l'opposition. Si certains partis politiques de l'opposition à l'instar du SDF ont jusqu'ici refusé d'accéder au gouvernement, plusieurs faits ont contribué à décrédibiliser cette formation politique auprès de populations camerounaises. Aujourd'hui, qu'ils soient de l'opposition ou du parti dirigeant, l'élite politique est rangé dans le même placard par les populations qui votent aujourd'hui par défaut, faute d'alternative de changement. Ceci étant, on constate après les élections de 1997 qui marquent le début d'une ère de suprématie du RDPC, une rupture entre parti politique et société. Le taux d'abstention aux élections traduit fortement cette réalité. Les populations rechignent désormais à accomplir un acte qui dans des conditions normales et transparentes d'organisation des élections est susceptible de changer leurs conditions de vie. La raison ainsi évoquée découle du fait que beaucoup de camerounais estiment que le système électoral est verrouillé et ne consacre pas une concurrence saine entre les différentes formations politiques.

Néanmoins, si l'hégémonie du RDPC est un élément certain de la désaffection des populations camerounaises pour la chose politique, il est également vrai que la rupture des partis politiques d'avec l'environnement social découle également d'absence d'une opposition crédible dont le projet de société pourrait attirer les masses paupérisées. En effet, il apparait claire que, les partis politiques d'opposition présentent des programmes de campagne moins attrayant. Cette situation peut s'expliquer par le fait que ceux-ci sont battis sur l'idée de faire partir le RDPC et son chef, le Président Paul Biya du pouvoir. Cette situation fait en sorte que population trouve la gouvernance du RDPC au Cameroun comme un mal nécessaire faute d'alternative crédible.

Dans la foulée, la désaffection de la population pour la chose politique, se pose également au Cameroun en terme générationnel. En effet, depuis les années 1990, les différentes formations politiques présentent la même architecture mais également les mêmes dirigeants. On a l'impression que, le processus démocratique ne s'est pas accompagné d'une intériorisation et d'une application du principe d'alternance au sein des formations politiques. Les jeunes qui représentent l'essentiel de la population camerounaise sont ainsi exclus des formations politiques ou occupent des fonctions subalternes au nom de l'inexpérience et de l'immaturité. En réalité, ce que les formations politique de l'opposition reprochent au RDPC il l'appliquent également. Ainsi, les populations camerounaises n'éprouvent plus le désir de s'investir au sein des partis politiques occasionnant ainsi un langage de sourd entre parti politiques et environnement social. Cet état qui s'apparente parfois au désespoir d'une amélioration des conditions de vie des camerounais est véhiculé par une phrase qui chez les camerounais est devenue le leitmotiv. *« On va faire comment ? ».* Cette phrase traduit à elle seule l'échec de la pratique politique envers la société depuis le retour du multipartisme. Or, dans un État démocratique, l'espoir de l'amélioration des conditions de vie des citoyens repose sur l'implémentation d'un projet de société sur la base duquel le peuple choisit de confier son destin à un candidat représenté par un parti politique. Raison pour laquelle lorsque ce candidat est incapable d'apporter des solutions probantes à ces problèmes et que les populations estiment qu'elles ne maitrisent plus leur destin dont elles sont pourtant les maitres dans un véritable régime démocratique, elles se résignent à travers cette expression. Mais, le sentiment de résignation pourrait aboutir à une volonté de se réinventer un futur dans la violence comme c'est le cas en Tunisie et en Égypte.

IV- Vers une nouvelle alternative : le changement social au Cameroun sans les partis politiques ?

Les changements géopolitiques à l'échelle internationale à travers les événements comme le printemps arabe, le départ du pouvoir du Président Compaoré démontrent à suffisance que la société à travers les mouvements de masse peut influencer de façon durable l'évolution de la politique. En ce qui concerne le Cameroun, à travers les villes mortes, les grèves d'étudiants, les événements de février 2008 que beaucoup ont qualifié d'émeute de la faim ont démontré que les populations pouvaient descendre dans la rue sans que les partis politiques soient nécessairement concernés ; ceux-ci ayant perdu toute crédibilité au sein de la population. Cette situation de révolte sociale que Fosu qualifie d'instabilité de masse peut-être rendu possible au sein de la société camerounaise par le sentiment de frustration et de privation relative. En effet, ce sont les exclus de la société, les marginaux, les chômeurs qui sont à la base de cette situation qui peut entraîner au sein d'un État, le désordre pouvant aboutir à une instabilité politique. Le Cameroun présente les indicateurs pouvant aboutir à ce genre de scénario. En effet, la proportion des chômeurs y est très élevée et ce mal touche beaucoup de jeunes. Ceux-ci peuvent rejoindre des organisations terroristes pouvant déstabiliser leur pays. Pour Marc Pérouse de Montclos, le recrutement des éléments de la secte islamiste Boko Haram parmi les exclus de la croissance au Nigéria est un élément probant.[29] Aujourd'hui, la déstabilisation du Nord du Cameroun par ce groupe armé permet de corroborer la thèse d'un recrutement des fils des régions attaquées. Dans une autre perspective, si une catégorie de camerounais travaillant dans la fonction publique peut être considérée comme privilégiée, ceux-ci se plaignent régulièrement des salaires très bas en relation avec le niveau de vie.

Conclusion

Le propos de cette contribution était d'établir la relation qui existe entre parti politique et environnement social au Cameroun depuis 1990. L'analyse de cette question nous a permis de réaliser chemin faisant que ces deux composantes de la société politique au Cameroun s'influencent mutuellement. Celles-ci ont développé selon les circonstances une relation soit fusionnelle ou antagoniste. En effet dès, le retour du multipartisme, les partis politiques et les composantes de l'environnement social ont fait équipe à travers le slogan « *Biya must go* ». L'échec de cette coalition a consacré l'hégémonie du RDPC à travers diverses stratégies comme les coalitions et l'exploitation de la superstructure administrative. L'hégémonie du RDPC et la décrédibilisation des partis politiques de l'opposition a créé une rupture entre les partis politiques et l'environnement. Cette désaffection est matérialisée par l'abstentionnisme lors des échéances électorales et la tentative des éléments de l'environnement social à prendre en charge son destin à travers l'instabilité. Ce fut le cas lors des émeutes de février 2008. Au regard des divers développements de l'actualité internationale avec les mouvements de masse comme le printemps arabe, nous présupposons l'hypothèse d'un changement social au Cameroun sans les partis politiques.

---

[29]Marc Antoine Pérouse de Montclos, « Boko Haram et le terrorisme islamiste au Nigeria : insurrection religieuse, contestation politique ou protestation sociale ? », Question de recherche, n 40, Centre d'étude et de recherche internationale, sciences Po, 2012, p. 10

Bibliographie

- Arendt, H., *L'action et la parole* (*Condition de l'homme moderne*, trad. Fr. G Fradier, Paris, Calmann-Lévy, 1983,195p.
- Audigier, F., « Vingtième Siècle *», Revue d'histoire »*, n°98, Octobre 2007,
- BayartJ. F., *L'État en Afrique. La politique du ventre*, Paris, Fayard, 1989, 439p.
- Belomo Essono, P. C., 2009, « Partis politiques et mouvements sociaux au Cameroun à l'épreuve de la protestation : alliance hégémonique ou alternative politique », communication présentée au Congrès AFSP sur « Partis politiques et mouvements sociaux à la croisée des approches : interdépendance, transformations, et traits communs », 13p.
- Cliche, L., « L'environnement urbain autour des résidences privées pour personne âgées : un milieu optimal pour vieux jours », Mémoire de maîtrise, Institut National de la Recherche Scientifique, 2009, 168p.
- Daloz J. P., Quantin P., *Transitions démocratiques africaines : dynamiques et contraintes* (1990-1994), Paris, Karthala, 1997, 313p.
- Fendjongue Houli, « la construction et la politisation de l'ethnicité « Kirdi » au Nord Cameroun », Polis/RCSP/CPSR, Vol.13, Numéros 1, 2006, pp.81-102.
- Hofmeister W. Et GrabowK., « les partis politiques et la démocratie », Konrad-Adenauer-Stiftung, 2013, 88 p.
- Fabien Eboussi Boulaga (ed), *Les jeunes et l'engagement politique*, Manuel d'information et de formation, Friedrich Erbert Stiftung, 2014.
- Levine V. T, *Le Cameroun du mandat à l'indépendance*, Volume II, Paris, Nouveaux horizons, 1970, 417p.
- Moser G., *Psychologie environnementale : les relations hommes-environnement*, Armando Editore, 2009.
- Pérouse de Montclos M. A., « Boko Haram et le terrorisme islamiste au Nigeria : insurrection religieuse, contestation politique ou protestation sociale ? », Question de recherche, n 40, Centre d'étude et de recherche internationale, sciences Po, 2012.
- Sartre J. P., *L'être est le néant*, Gallimard, Paris, 1946, 698p.
- Sawicki F., « Découverte de la science politique », Cahiers Français, n°276, mai-juin, 1996, pp.51-59.
- Socpa A., « Les dons dans le jeu électoral au Cameroun (Gifts in Cameroonian Election Campaigns), Cahiers d'Études Africaines, Vol 40, Cahiers 157, 2000, pp. 91-108.

CHAPITRE 3

La trajectoire incertaine de la démocratisation dans le jeu de pouvoir entre la majorité et l'opposition au Cameroun

ASSANA

La configuration des interactions entre la majorité et l'opposition, c'est-à-dire entre « *les acteurs et opérateurs formant l'opposition comme pôle distinct de celui de majorité gouvernante avec les institutions étatiques régulatrices autour desquelles le système politique camerounais est centré*[1] », est un précieux baromètre de mesure d'ancrage de la démocratie pluraliste dans le questionnement des États africains en espoir de consolidation démocratique. En effet, la « *consolidation démocratique* » est indissociable de la « *consolidation de l'opposition* », qui est généralement considérée comme étant intégrée à la première[2]. Il ne saurait donc avoir de consolidation démocratique sans une opposition se prêtant au jeu de la démocratie, d'où l'intérêt de l'opposition dans la théorie de la démocratisation[3]. Cependant, s'il est vrai que l'opposition est intrinsèquement liée à la démocratie, il est autant vrai que son acceptation dans le jeu politique n'est pas naturelle et ne va pas de soi. L'expérience autoritariste révèle la centralité de la figure de l'ennemi dans le jeu de pouvoir entre la majorité et l'opposition au Cameroun. Néanmoins, la restauration du pluralisme politique au Cameroun à la faveur du processus de démocratisation et de libéralisation dans les années 90, a opéré une mutation fondamentale dans la vie politique. Elle semble non seulement consacrer la compétition politique entre les partis politiques pour la conquête ou la conservation du pouvoir étatique, mais aussi et surtout l'institutionnalisation de la figure de l'adversaire dans le jeu de pouvoir entre majorité/opposition. Dès lors, si l'on veut comprendre et cerner la trajectoire locale de la démocratisation, il est important de questionner les dynamiques de type transactionnel entre la majorité et l'opposition.

Aussi convient-il de se demander : Comment la trajectoire incertaine de démocratisation se traduit-elle dans le jeu de pouvoir entre la majorité et

---

[1] Eric Mathias Owona Nguini, « Le rapport des groupes d'opposition aux institutions politiques de l'État camerounais : un analyseur de la crédibilité de la démocratie comme *political process* souverain », Eboussi Boulaga et *al* (dir), *Repenser et reconstruire l'opposition* camerounaise. *Questions sur la quête de sens et la subjectivation politique*, Yaoundé éd. terroirs, 2014, p. 101.
[2] Philippe C. Schmitter, « Some basic assumptions about the consolidation of democracy », *The Changing Nature of Democracy,* Tokyo, United Nations University Press, 1998, pp. 23-26.
[3] Alfred Stepan, «Democratic Opposition and Democratization theory», *Government and Opposition,* vol. 32, n° 4, 1997, pp. 657-673.

l'opposition au Cameroun? En d'autres termes, comment comprendre la dialectique entre la reconnaissance de l'opposition sur les plans normatif et institutionnel comme un adversaire et/ou un partenaire à travers les jeux de coalition et son traitement sur le terrain politique comme un ennemi, impliquant l'hostilité et le recours à la violence physique et verbale ? Les réflexions qui vont s'enclencher et, qui essaient d'apporter les éléments de réponse à ces interrogations, puisent leur substrat heuristique dans une tradition intellectuelle dont Adam Przeworski[4] fait figure de pionnier. Celui-ci fait de l'institutionnalisation de l'incertitude, l'élément central de sa théorie sur la démocratisation. L'incertitude est désormais introduite comme un paramètre structurant des transitions démocratiques. L'expérience des nouvelles démocraties permet de démontrer qu'il n'y a pas nécessairement évolution du passage linéaire de la transition à la consolidation.

Apportant un bémol au paradigme transitologique[5], il s'agit dans le cadre de cette étude, de penser la trajectoire incertaine de la démocratisation au Cameroun à partir des dynamiques interactionnelles complexes et sinueuses entre la majorité et l'opposition. C'est ce que tentera de faire cette brève réflexion, en inscrivant notre démarche dans deux figures distinctes : l'ennemi et l'adversaire, incarnant deux configurations différentes des rapports entre la majorité et l'opposition : une régulation brutale du rapport entre la majorité et l'opposition (I); et une relation de domestication de l'hostilité à travers les normes contraignantes de civilité démocratique. Toutefois, ces deux catégories de désignation des groupes d'opposition n'en sont pas moins imbriquées sur le terrain politique au Cameroun (II).

---

[4] Adam Przeworski, *Democracy and the Market. Political and Economic Reforms in Eastern Europe and Latin America*, Cambridge, Cambridge University Press, 1991.

[5] La transitologie en tant que paradigme méthodologique a privilégié des postures inspirées des théories de l'action stratégique et de l'individualisme méthodologique revisitées par Schelling et Goffman par exemple. Posture qui, ne s'intéressant qu'au temps immédiat, négligeaient le passé en tenant comme un impondérable (Elle fait également penser aux théories du chaos, en ce sens les jeux d'acteurs indéterminés d'avance. Par ailleurs, focalisés qu'ils étaient sur les processus à court terme, les transitologues ont adopté une vision très minimaliste de la démocratie en tant que telle : plus précisément celle d'une démocratie procédurale caractérisée par la nature codifiée et prévisible de son fonctionnement (Voir Guy Hermet, « Les démocratisations au vingtième siècle : une comparaison Américaine latine/Europe de l'Est », *Revue Internationale de Politique Comparée. La consolidation de la démocratie : nouveaux questionnements*, Vol. 2, 2001, pp.285-304.

I- L'État post-colonial de la première génération et l'obsession de la destruction de l'opposition au Cameroun

Durant l'État post-colonial de la première génération (1960-1990)[6], le jeu de pouvoir entre la majorité/opposition au Cameroun est profondément marqué par l'institutionnalisation d'un régime de violence physique et symbolique à l'égard de la figure de l'opposition dans la mesure où Ahmadou Ahidjo arrive au pouvoir en pleine guerre civile[7]. L'Union de la Population du Cameroun (UPC) avait déclenché l'insurrection en pays bassa, puis en pays Bamiléké[8]. En même temps, il obtient l'indépendance dès 1960 et réunifié au sein d'une république fédérale, les parties ex-britanniques et françaises du pays, afin de couper l'herbe sous les pieds de l'UPC. Il instaure alors une dictature personnelle très dure et gère le Cameroun avec une main de fer[9]. Le refus de l'opposition se traduit d'une part par l'imposition du parti unique (A), et la criminalisation de l'opposition d'autre part (B).

A- L'institution du parti unique

L'institution du parti unique se fait suivant deux formes : l'institution de droit(1) et l'institution de facto (2).

1. L'institution du parti unique de *jure*

L'imposition de *jure* ou de droit s'opère dans le cadre du dispositif normatif. De manière générale, c'est la maîtrise des ressources étatiques qui permet au président Ahmadou Ahidjo d'imposer la parti unique dans le champ politique. Le levier normatif et institutionnel sont activés par le président[10] Ahmadou Ahidjo pour éluder subtilement la concurrence dans le jeu politique au Cameroun. En réalité, il s'agit d'une compétition électorale déloyale dans la mesure où elle est structurée par un joueur, qui s'est arrogé le monopole de la définition des règles de jeu, qui a plus de ressources que

---

[6] Luc Sindjoun, « La politique d'affection en Afrique Noire Société de parenté, '' Société D'état '' et libéralisation politique au Cameroun », GRAPS / Université de Yaoundé II, Number 1 Volume 2, 1998.
[7] Voir Richard Joseph, *Le mouvement nationaliste au Cameroun,* Paris, Karthala, 1986.
[8] (voir Jean-François Médard, « Les Eglises protestantes au Cameroun, entre tradition autoritaire et ethnicité », François Constantin et Christian Coulon (dir.), *Religion et transition démocratique en Afrique*, 1997, pp.189-220.
[9] Jean François Bayart, *L'État au Cameroun*, Paris, Presse de la fondation nationale de sciences politiques (2 è édition), 1985.
[10] Sindjoun, 1994 :292 -293 cité par Luc Sindjoun, « « Le paradigme de la compétition électorale dans la vie électorale : entre tradition de monopole politique, Etat parlementaire et État seigneurial », *Révolution passive au Cameroun : État, société et changement*, Dakar, CODESRIA, 1999, p.277.

ses adversaires[11]. La loi n°59-56 du 31 octobre 1959 accordant au gouvernement du 19 février 1958 « le pouvoir de légiférer et de préparer la constitution camerounaise, constitue « *une ressource normative dont la mobilisation confère aux acteurs politiques dominants, le monopole de la formulation des règles du nouveau jeu politique* »[12]. Ce monopole renforcé par l'usage de la légalité d'exception se traduit par la stigmatisation officielle des principaux lieux d'activité politique des partis politiques d'opposition placés sous l'état d'alerte entre juin 1959 et janvier 1960. Il s'agit des départements du Wouri, du Nyong et Sanaga, de la Sanaga Maritime et du Nkam, etc.[13]. La codification implicite du parti unique se traduit, en janvier 1962, par la dispersion d'une réunification du congrès de l'UPC légale par les forces de l'ordre au nom du « *maintien de l'ordre public* »[14]. En mars 1962, elle est renforcée par l'ordonnance n°62-01-18 du 11mars portant répression de la subversion. Suivant l'article 3 de ladite ordonnance, est subversif « *Quiconque aura émis, propagé des bruits, nouvelles, rumeurs ou commentaires susceptibles de nuire aux autorités publiques* ». Ce texte qui a priori ne concerne pas le multipartisme, élimine en fait, le droit à l'opposition[15].

2. L'institution du parti unique de *facto*

L'imposition de *facto* quant à elle s'effectue à travers la manipulation de l'argument de la construction de l'unité nationale. Dans le cadre du discours officiel de l'unité nationale, le multipartisme est présenté comme l'expression politique des antagonismes ethniques et de désordre national. Le parti unique depuis 1966 s'était assigné la mission de réaliser l'unité nationale et le développement[16]. C'est ainsi que suite aux manifestations tenues le 26 mai à Bamenda et à l'université de Yaoundé en faveur du pluralisme politique, l'appel de la section Rassemblement Démocratique du Peuple Camerounais (RDPC), alors parti unique du Mfoundi demande aux militants de faire preuve de vigilance, car l'ennemi est dans la maison[17]. Dès lors, initier un mouvement d'opposition, c'est

---

[11] F-G. Bailey, *Les règles du jeu politique*, Paris, PUF.
[12] Luc Sindjoun (dir.), « Le paradigme de la compétition électorale dans la vie électorale : entre tradition de monopole politique, État parlementaire et État seigneurial », *op.cit*, 1999, pp.274-275.
[13] Luc Sindjoun (dir.), « Le paradigme de la compétition électorale dans la vie électorale : entre tradition de monopole politique, État parlementaire et État seigneurial », *op.cit*, 1999, p.275.
[14] Luc Sindjoun, « La politique d'affection en Afrique Noire Société de parenté, '' Société D'état '' et libéralisation politique au Cameroun », *op.cit*, 1998, p.276.
[15] Adolphe Minkoa She, *Droits de l'homme et droit pénal au Cameroun*, Paris, *Economica*, 1999, p.469.
[16] Dimitri Georges Lavroff, *Les partis politiques en Afrique noire*, Paris, PUF, 1970.
[17] Luc Sindjoun, « La politique d'affection en Afrique Noire Société de parenté, '' Société D'état '' et libéralisation politique au Cameroun », *op.cit*,1998, p.15.

ramer à contre courant de la vérité idéologique officielle établie. C'est notamment dans ce sens qu'on peut comprendre le concept de violence structurelle mobilisé par Johan Galtung (1971)[18] pour traduire l'impérialisme professionnel, qui n'a pas besoin de violence armée.

L'imposition du parti unique de *facto* s'opère également à travers les usages politiques de la complexité ethnique du Cameroun. En 1983, le successeur de Ahmadou Ahidjo, le président Paul Biya faisait déjà remarquer que : « *l'unité nationale est trop récente pour permettre une telle évolution ''vers le pluripartisme''. Le Cameroun est composé de plus de deux cents ethnies,...presque aussitôt crées, les nouveaux partis risqueraient d'épouser les contours des principaux groupes ethniques...* »[19], en s'appuyant sur l'expérience multipartisane de 1960 à 1966. Par ailleurs, la démocratie est généralement présentée comme relevant de « *la culture et de l'histoire de l'Occident* »[20] l'expérience démocratique en dehors de l'Occident étant plus ou moins exotique[21]. En fait, le positionnement de la démocratie comme marque déposée de l'Occident, comme produit de sa culture se nourrit de l'enjeu de l'identité et de la différence dans les relations internationales[22]. Dans cette perspective, le multipartisme relèverait de la culture de l'Occident, et par conséquent inadapté aux réalités culturelles africaines en général et camerounaises en particulier. Dès lors, le rejet du multipartisme est présenté comme un gage de la stabilité politique et de cohésion ethnique. On assiste donc à une assimilation stratégique du multipartisme à un luxe et à l'Occidentalisation. La démocratisation étant présentée comme une forme d'expansion des valeurs occidentales dans un contexte où la « *mémoire coloniale demeure vive* »[23], le rejet du multipartisme devient un refus de l'occidentalisation. Au demeurant, le rejet du multipartisme participe d'un stratagème politique subtile de maîtrise et de monopolisation de l'espace politique au profit de la figure de l'un. Le refus de la figure de l'opposition est voilé. Quelque soit le paradigme utilisé, l'imposition du monopartisme relève de l'obsession de l'un. Cette démarche obéit bien évidemment à la logique machiavélienne selon laquelle il faut persuader ceux qu'on veut gagner à une idéologie par tous les moyens « *il*

---

[18] Johan Galtung, « A Structural Theory of Imperialism », *Journal of Peace Research*, 8 (2), 1971, pp.81-117.
[19] Luc Sindjoun, « La politique d'affection en Afrique Noire Société de parenté, '' Société D'état '' et libéralisation politique au Cameroun », *op.cit* : 8.
[20] Bertrand Badie et Guy Hermet, *La politique comparée*, Paris, Armand Colin, 2001.
[21] Christophe Jaffrelot (dir.), «Comment expliquer la démocratie hors d'Occident », *Démocraties d'ailleurs,* Paris, Karthala, 2000.
[22] Luc Sindjoun, 2001, « La loyauté démocratique dans les relations internationales : sociologie des normes de civilité internationale », *Etudes internationales,* vol. 32, n°1,2001, p.48-49, https://www.erudit.org.sargasses.biblio.msh.paris.fr/...
[23] Luc Sindjoun, 2001, « La loyauté démocratique dans les relations internationales : sociologie des normes de civilité internationale », *op.cit* : 2001, pp.49-50.

faut donc que les choses soient disposées de manière que, lorsqu'ils ne croient (pas), on puisse les faire croire par force »[24].

B- La criminalisation de l'opposition

La criminalisation de l'opposition se manifeste à travers la construction de la dichotomie ami/ennemi (1) et sa répression(2).

1. La construction de la dichotomie ami/ennemi

Le théoricien politique Carl Schmitt situe la violence dans les relations politiques à partir de la distinction ami/ennemi[25]. De manière générale, les figures de l'ennemi et de l'adversaire peuvent être mobilisées pour rendre compte des dynamiques interactionnistes entre la majorité et l'opposition au Cameroun. Ici et maintenant, il s'agit de privilégier la figure de l'ennemi, étant entendu que, selon Carl Schmitt, le concept d'ennemi implique la conflictualité, et l'obsession de la destruction physique de l'autre. Dans le contexte du monopartisme, l'opposant est assimilé à l'ennemi intérieur. C'est celui ou celle qui refuse d'adhérer ou de se conformer à l'idéologie du parti unique. Pour exister politiquement, il faut absolument se conformer à l'idéologie du parti unique. L'opposant devint une hérésie, car il s'oppose à la vérité établie par le régime du parti unique. Dans ce contexte de monolithisme politique au Cameroun, la compétition électorale renvoie aux luttes à l'intérieur du parti unique en vue de l'investiture de la candidature. C'est le parti unique qui maîtrise le droit de jouer, de parler et d'exister dans le champ politique[26].

2. La répression de l'opposition

La répression de l'opposition est le pendant de la construction de la dichotomie ami/ennemi. Elle se manifeste à travers l'invention de la catégorie de subversif, le refus des élections compétitives remplacées par les élections plébiscites à candidat unique, les brutalisations des rapports socio-politiques, l'institutionnalisation d'un régime violence physique sur des personnes, et les emprisonnements. Ici, la destruction de l'autre est un principe actif de politique car, la concurrence est réprimée, et la répression de la non-conformité de l'idéologique du parti unique atteint une intensité tout à fait exceptionnelle en situation autoritaire. La répression du

---

[24] Nicholas Machiavel, *Le prince et autres textes*, Paris, Union générale d'Editions, 1515 ; 1962, p.29.
[25] Carl Schmitt, *Notion de politique. Théorie du partisan*, Paris, Flammarion, 1982.
[26] Daniel Gaxie et Pierre Lehingue, *Enjeux municipaux politique dans une élection municipale*, Paris, PUF, 1998 (publication du centre universitaire de recherchs administratives politiques de Picardie.

multipartisme et de l'opposition s'inscrit dans le cadre de la monopolisation de la vie politique par le parti de l'Union Camerounaise. Si le parti unique voit le jour en 1966, dans la réalité, dès 1962 les conditions légales de domestication de l'opposition étaient remplies. En effet, l'opposant est étiqueté comme un ennemi de la nation *à travers l'ordonnance N° 62/OF/18 du 12 mars 1962 portant répression de la subversion. L'ordonnance de mars 1962 va par conséquent permettre de criminaliser l'opposition et de réprimer les opposants par le biais du recours* à « *la technique des incriminations de type ouvert*». Sur la base de ladite ordonnance, seront condamnés, pour avoir refusé d'adhérer à l'idéologie d' un parti national unifié dans le cadre d'une lettre ouverte publiée le 23 juin 1962, André-Marie Mbida (ancien premier ministre et chef des démocrates camerounais), René Guy Okala (ancien ministre des Affaires étrangères et chef du parti socialiste camerounais), Théodore Mayi Matip (président du groupe parlementaire de l'Union des Populations Camerounaise (UPC) légale) et Beybey Eyidi furent accusés de subversion et condamnés à 30 mois d'emprisonnement et à 250 000 F CFA d'amende[27]. Dans le même ordre d'idées, en 1970, par exemple, Eyinga Abel avait présenté sa candidature aux élections présidentielles prévues cette année-là au Cameroun. Le président Ahidjo, dans un discours présenté le 14 mars 1970 à ce sujet qualifiait cette candidature de « *raté* » et traitait le candidat « *d'obsédé du pouvoir* ». Finalement, Abel Eyinga fut accusé de subversion pour avoir voulu présenter sa candidature à l'élection présidentielle de 1970[28]. Dans ce contexte de monolithisme politique marqué par la confusion entre le parti et l'État, tous les fonctionnaires sont membres de fait de l'Union Nationale Camerounaise, dénommée UNC. Ce qui caractérise le mieux un régime autoritaire, c'est l'existence d'un contrôle social rigide des individus et leurs activités, laquelle permet de repérer les foyers de résistance ou d'anticonformisme. Mais, la politique de libéralisation du parti unique, traduite lors des élections municipales de 1987 et législatives de 1988 par la concurrence entre plusieurs listes ayant reçu l'investiture du parti unique, renvoie au référentiel monopartisan souple de politique électorale[29] lequel ne sera possible que dans les années 1990.

Toutefois, la dynamique interactionnelle entre majorité/opposition n'est pas figée. Le dualisme entre la majorité n'est pas absolu et intégral. Les relations entre le parti gouvernant et les groupes d'opposition impliquent également que les bornes entre les deux entités sont flexibles et peuvent être

---

[27] Luc Sindjoun (dir.) « Le paradigme de la compétition électorale dans la vie électorale : entre tradition de monopole politique, Etat parlementaire et Etat seigneurial », *Révolution passive au Cameroun : Etat, société et changement*, Dakar, CODESRIA, 1999, pp.274-275.
[28] Abel Eyinga, *L'introduction à la politique camerounaise,* Paris, Harmattan, 1984, pp.77-78.
[29] Bakary, 1986 cité par Luc Sindjoun, (dir), « Le paradigme de la compétition électorale dans la vie électorale : entre tradition de monopole politique, Etat parlementaire et Etat seigneurial », *op.cit*, 1999 , p.278.

l'objet des négociations et de cohabitation. Les interactions entre le parti proche du pouvoir et les groupes d'opposition peuvent aussi prendre des formes diverses dans des contextes politiques variables. Bien que l'on puisse observer et relever une certaine dose d'incertitude inhérente dans la trajectoire de la démocratisation à travers l'épistémologie de l'enchevêtrement des figures de l'ennemi et de l'adversaire dans le jeu de pouvoir entre la majorité et l'opposition dans le contexte pluraliste au Cameroun.

II- L'épistémologie de l'enchevêtrement des figures de l'ennemi et de l'adversaire dans les dynamiques interactionnelles entre majorité/opposition dans le contexte démocratique au Cameroun

A partir de l'épistémologie de l'enchevêtrement, penser la dynamique interactionnelle entre la majorité/opposition dans le contexte démocratique revient à mettre en exergue la dialectique entre l'institutionnalisation de l'opposition sur les plans normatif et institutionnel comme un adversaire et/ou un partenaire à travers les jeux de coalition (A) et la crise des paradigmes politiques au Cameroun qui révèle l'émergence d'une trajectoire démocratique qui demeure problématique, incertaine (B).

A- La démocratisation : un mécanisme d'institutionnalisation de la figure de l'opposition comme un adversaire sur les plans normatif et institutionnel

Le passage du régime monopartisan au régime pluripartisan n'est pas naturel. A contrario, Il peut résulter d'une mutation normative définissant au préalable des conditions normatives, organiques, matérielles et financières d'existence et d'épanouissement des partis politiques d'opposition (1) et favorisant les jeux de coalition politique (2).

1. Les conditions normatives d'existence et d'émergence de l'opposition au Cameroun

L'évolution normative est la traduction du changement politique. En effet, le Cameroun, en adoptant dans les années 1990 une série de normes établissant les conditions de restauration du pluralisme politique[30], ne restera pas en marge du processus de démocratisation. Alors que la majorité des États d'Afrique noire francophone organisent des « conférences nationales »,

---

[30] Il est judicieux de parler de réinstauration du multipartisme dans les années 90, dans la mesure où le Cameroun a connu le multipartisme avant les indépendances, mais interrompu en 1966 par Ahmadou Ahidjo en raison du projet de construction de l'unité nationale.

le Cameroun opte pour la tripartite [31]. Plusieurs résolutions vont être adoptées. L'une d'elles est la décision de doter le Cameroun d'une nouvelle constitution. C'est ainsi qu'une commission technique est créée pour débattre des questions constitutionnelles. L'un des points majeurs en débat porte sur le statut juridique de l'opposition politique à l'effet de sécuriser le multipartisme nouvellement acquis. Le premier projet de constitution que le comité technique, désigné par la commission de débats, va élaborer contiendra un « titre XII », intitulé le statut de l'opposition[32].

La constitution du 18 janvier 1996 jette les bases des conditions d'existence d'un statut juridique de l'opposition politique au Cameroun en instituant un régime pluraliste qui consacre l' opposition politique comme l'un des éléments clés du système politique camerounais. Elle s'est énoncée sur le mode de l'acceptation institutionnelle de la figure de l'opposition à partir de décembre 1990-janvier 1991, avec la réinstauration légale et administrative de la liberté de création des partis politiques. Cette restauration de la liberté de création et de déclaration des partis politiques s'est immédiatement traduite par la prolifération sans précédent des partis politiques au Cameroun. Suite à ces mesures d'assouplissement de la vie politique, la prolifération des partis politiques tels que l'Union des Populations du Cameroun (UPC), le *Social Democratic Front* (SDF), et l'Union Nationale pour la Démocratie et le Progrès (UNDP), respectivement légalisés le 12 février, le 1er et le 25 mars 1991, devient une réalité. Dès lors, la concurrence politique ne devrait plus souffrir en principe de la criminalisation ou de l'invention de la catégorie de subversif. Dans un dossier consacré aux partis politiques, *Cameroon tribune* en identifie 282 qui restent toutefois marqués par une trajectoire fortement différenciée *Cameroon tribune*, n°10195 du 09 octobre 2012[33].L'inflation des partis politiques est appréhendée comme « *un phénomène administratif et alimentaire* »[34] dans un contexte où l'activité politique est devenue une

---

[31] Le Cameroun opte pour une « tripartite ». Celle-ci se tient du 30 octobre au 17 novembre 1991, réunissant quelques 200 personnalités représentant l'administration, les partis politiques et la société civile (Voir Luc Sindjoun , (dir), *Révolution passive au Cameroun : État, société et changement, op.cit*, 1999, pp.282-283.
[32] Bernard Raymond Guimdo Dongmo, « Fondements constitutionnels et statut juridique de l'opposition politique », Eboussi Boulaga et *al* (dir), *Repenser et reconstruire l'opposition camerounaise. Questions sur la quête de sens et la subjectivation politique*, Yaoundé éd. Terroirs, 2014, p.85.
[33] *Cameroon tribune*, n°10195 du 09 octobre 2012 cité par Zelao Alawadi, « Opposition politique au Cameroun et responsabilité du corps électoral », Fabien Eboussi Boulaga et *al* (dir), *Repenser et reconstruire l'opposition camerounaise. Questions sur la quête de sens et la subjectivation politique*, Yaoundé éd. Terroirs, 2014, p. 342.
[34] Voir Fabien Eboussi Boulaga, *La démocratie de transit au Cameroun*, Paris, L'Harmattan, 1997 : p.319.

véritable économie de captation des ressources de l'État, une autre manière de survivre et d'échapper à la dictature de la rareté matérielle[35].

- **Les conditions organiques et matérielles d'épanouissement de l'opposition au Cameroun**

L'organisation du parlement telle que consacrée par la constitution crée les conditions d'émergence et d'épanouissement de l'opposition politique au Cameroun. D'une part, la constitution reconnait l'existence des groupes parlementaires et des commissions[36]. Ainsi, l'article 18 alinéa 1 consacre l'existence des groupes parlementaires au sein de la conférence des présidents. Ces derniers comprennent « les présidents des groupes parlementaires, les présidents des commissions et membres du bureau de l'Assemblée nationale ». Des prescriptions analogues se retrouvent dans l'article 23 pour ce qui est du sénat. La reconnaissance de l'existence de ces groupes est favorable à la formation d'un statut de l'opposition au Cameroun en ce sens que « *chaque groupe peut être envisagé comme un centre de représentation de l'opposition auquel on peut reconnaitre des droits et des obligations* »[37]. Au Cameroun, l'on pourrait aussi se servir de l'existence des groupes parlementaires pour envisager la reconnaissance d'un statut juridique à l'opposition politique. Il pourrait en être de même des commissions parlementaires. Il en découle une liberté de ton considérable de la part des parlementaires de l'opposition. L'attitude de l'opposition lors de la visite de Guillaume Soro au Cameroun en est une parfaite illustration. En effet, lors de sa visite à l'Assemblée nationale, l'opposition n'a pas hésité à faire publiquement ses réserves et à désavouer le président de l'Assemblée nationale de la Côte d'Ivoire, considéré comme l'incarnation de la figure de la rébellion dans son pays.

- **Les conditions financières d'existence et d'émergence de l'opposition**

Après l'adoption de la loi restaurant le multipartisme, le Cameroun, à l'instar d'autres démocraties pluralistes, s'est doté d'un « *dispositif législatif destiné à réglementer le domaine du financement des partis politiques et campagnes électorales* »[38]. La loi de 1990 qui réinstaure le multipartisme au Cameroun a été adoptée le 19 décembre de cette année là.

---

[35] Achille Mbembe, *Afriques indociles, christianisme, pouvoir et État en société postcoloniale,* Karthala : Paris, 1998.
[36] Bernard Raymond Guimdo Dongmo, « Fondements constitutionnels et statut juridique de l'opposition politique », Eboussi Boulaga et al (dir), *Repenser et reconstruire l'opposition camerounaise. Questions sur la quête de sens et la subjectivation politique,* Yaoundé éd. Terroirs, 2014, p.90.
[37] *Op.cit,*
[38] Marcel Nsizoa, « Le financement des partis politiques et des campagnes électorales au Cameroun : Quelques réflexions sur la loi du 19 décembre 2000 au regard de réglementations étrangères », *Revue Africaine d'Etudes Politiques et stratégiques,* N°2, 2002, p.35.

Cette loi relative au financement des partis politiques et des campagnes électorales intervenant dix ans plus tard a été votée également le 19 décembre 1990. En réalité, pour le régime du président Paul Biya, l'octroi d'une législation sur le financement de la vie politique doit permettre d'abord d'extraire les modalités de préservation et d'ajustement du système de domination dans l'optique de la crédibilisation du « *mythe de l'antériorité de l'offre présidentielle de démocratisation* »[39]

2. Les jeux de coalition entre le parti au pouvoir et les partis d'opposition

Les coalitions sont définies comme des alliances temporaires dont les préoccupations portent sur les moyens entre des individus ou des groupes qui ont des fins différentes[40]. Deux temps forts de l'histoire du pluralisme politique au Cameroun retiennent notre attention: la période de 1990-1997 qui est le temps de l'enthousiasme et de l'illusion révolutionnaire. Le deuxième temps fort qui couvre la période allant de 1997 à 2004, correspond à la flexibilité politique de l'opposition. Ce qui est frappant, c'est d'observer que le Cameroun a connu plusieurs formes de coalition: La « *coalition de la première génération (1992-1997) qui se matérialise à travers les formes d'alliances opportunistes et clientélistes* »[41]. Il s'agit des alliances RDPC-UNDP, RDPC-MDR, RDPC-UPC-Kodock, RDPC-UCP-Hogbe Nlend, RDPC-ANDP, RDPC-FSNC. C'est une coalition stratégique qui permet d'amortir la crise de légitimité du régime[42]. Le RDPC n'avait pas pu obtenir la majorité absolue des sièges à l'Assemblée nationale. La « *coalition de seconde génération* »[43] qui correspond au cycle électoral de 1997 (élections législatives de mai-août 1997, élection présidentielle d'octobre 1997). Il s'agit d'une coalition à visée symbolique, car, le RDPC suite aux élections législatives de mai-août 1997, dispose d'une majorité absolue à l'Assemblée nationale (116 sièges sur 180). A l'élection présidentielle d'octobre 1997, le président sortant a été élu avec une majorité plébiscitaire. Malgré cela, le

---

[39] Luc Sindjoun, 1994 cité par Marcel Nsizoa, « Le financement des partis politiques et des campagnes électorales au Cameroun : Quelques réflexions sur la loi du 19 décembre 2000 au regard de réglementations étrangères », *op.cit*, 2002, p.35.
[40] Voir William. A. Gamson, « A Theory of Coalition Formation", *American Sociological Review* 26, 1961, pp. 335-753.
[41] Luc Sindjoun (dir.), « Ce que s'opposer veut dire : L'économie des échanges politiques », *Comment peut-on être opposant au Cameroun ? Politique parlementaire et politique autoritaire*, Dakar, CODESRIA, 2004, p33.
[42] Lors de la présidentielle du 11 octobre 1992, le candidat du parti proche du pouvoir, Paul Biya remportera avec une courte marge (39,676%) face à Ni John Fru Ndi (35,968%) ; Bello Bouba Maïgari (UNDP) :19,21% ; Adamou Ndam Njoya(UDC) :3, 622% ; Ekindi Jean-Jacques (MP) :0,793% et Ema Ottou (RFP) :0,432%.
[43] Luc Sindjoun (dir.), « Ce que s'opposer veut dire : L'économie des échanges politiques », *Comment peut-on être opposant au Cameroun ? Politique parlementaire et politique autoritaire*, 2004, *op.cit*.

RDPC coalise avec l'UNDP. La présence de l'UNDP dans le gouvernement est alors interprétée comme gage de l'ouverture du régime à l'opposition. A ces coalitions ouvertes entre les partis politiques, s'ajoutent des « *coalitions implicites ou semi-coalitions* »[44] traduites par la cooptation dans le gouvernement de certains leaders de l'opposition contre le gré de la hiérarchie de leur parti, ainsi que de leur électorat. C'est le cas d'Issa Tchiroma et d'Amadou Mustapha de l'UNDP nommés dans le gouvernement en 1992.

    Contrairement à Jean François Bayart qui appréhende la cooptation de l'opposition dans les instances gouvernementales sous le prisme de la continuité entre l'autoritarisme et la démocratisation, à travers les catégories de « *révolution passive* » ou de « *modernisation conservatrice* »[45], il est constant que la politique des coalitions, entendue comme la figure expressive de l'apprentissage de la cohabitation institutionnelle est incontestable. C'est une variante de la démocratie consociationnelle ou consensuelle[46], adaptée à une société plurale. En d'autres termes, en s'appuyant sur les travaux de Norbert Elias, les transactions coalitives entre le parti au pouvoir et l'opposition peuvent être interprétées au sens de Norbert Elias, comme un vecteur de « *parlementarisation* » ou de « *sportisation* » de la politique[47], entendue, comme un processus de maîtrise de la violence et de refoulement des pulsions. La cooptation de l'opposition dans le gouvernement participe de l'ouverture du jeu politique, de l'institutionnalisation du multipartisme et de la reconnaissance des droits fondamentaux, l'opposition devenant alors légitime[48]. Néanmoins, exclusion doit être faite à certains partis politiques en l'occurrence le *Social Democratic Front* (SDF) qui envisage une posture de refus radical de coaliser avec le régime en place comme une stratégie politique possible. En dépit de son statut de premier parti d'opposition, nonobstant des résultats électoraux jusqu'ici engrangés en 1992, le SDF n'a pas encore intégré le gouvernement. Ce qui fait qu'il est considéré comme faisant partie de la figure charismatique de l'opposition. A côté du SDF, on peut dans une moindre mesure citer l'Union Démocratique du Cameroun (UDC) d'Adamou Ndam Njoya et le Mouvement Progressiste (MP) de Jean

---

[44] *Op.cit*, p.33.
[45] Jean François Bayart, *L'Etat en Afrique*, Paris, Fayard, 1989, pp.226-254.
[46] Généralement, une approche consociative est basée sur l'abandon du principe majoritaire, sur la base duquel une simple majorité politique suffit pour contrôler la prise de décision politique. Le gouvernement de coalition, la représentation proportionnelle, le bicamérisme et le fédéralisme, sont autant de traits de la « démocratie consensuelle» qui ont cours légal dans les régimes de démocratie dite majoritaire (voir Arendt Lijphart, *Democracy in plural Societies*, New Haven, Yale University Press, 1987.
[47] Norbert Elias et Eric Duning, *Sport et civilisation. La violence maîtrisée*, Paris, Fayard, 1994.
[48] Michael Bratton et Nicolas Van De Walle, *Democratic experiments in Africa,* Cambridge, Cambridge University Press, 1997.

Jacques Ekindi[49] etc. Au demeurant, en s'appuyant sur les analyses de Robert Fatton(1987)[50], on peut observer que la politique coalitive participerait subtilement d'un stratagème politique douce de la classe dirigeante, consistant à échanger la force autoritaire contre la dynamique de fragilisation de l'opposition. La politique de coalition, bien que réelle, révèle quelque chose de paradoxal, dans la mesure où, elle contribue à étouffer le développement du potentiel de captation de l'électorat par la figure oppositionnelle. Les réflexes autoritaires subsistent, même s'ils ont du mal à dessiner totalement les contours de la vie politique camerounaise. Si la politique de la coalition répond à une volonté de maîtrise du jeu politique par le parti gouvernant, alors la transition démocratique semble dévoyée dès le départ. La crise des paradigmes politiques au Cameroun révèle la trajectoire démocratique qui demeure pour le moins incertaine.

B- La crise des paradigmes politiques au Cameroun comme la traduction d'une trajectoire démocratique incertaine et non linéaire.

En quoi la trajectoire de la démocratisation est-elle incertaine et non linéaire ? Vu sous cet angle, l'hypothèse de la réversibilité de la démocratisation (1) se traduit par « la permanence des réflexes autoritaires » dans la dynamique interactionnelle entre majorité/opposition (2).

1. L'hypothèse de la réversibilité de la démocratisation dans la dynamique interactionnelle entre majorité/opposition.

L'expérience des nouvelles démocraties a démenti le schéma simpliste du passage linéaire de la figure de l'ennemi à la figure de l'adversaire, du régime autoritaire au régime démocratique ou du couple transition-consolidation. En fait, on ne passe pas de manière linéaire d'un régime à un autre. Vu sous cet angle, la démocratisation cesse d'être regardée comme un processus linéaire et irréversible[51]. Bien au contraire, elle est associée à la possibilité de trajectoires multiformes et non tracées d'avance. L'idée que l'incertitude serait inhérente à tout processus de démocratisation est partagée par bon nombre d'auteurs. Selon Adam Przeworki[52] le fait que l'incertitude soit inhérente à la démocratie ne signifie

---
[49] Bien qu'étant influents au niveau municipal et parlementaire n'ont pas intégré la coalition gouvernementale.
[50] Robert Fatton, *The making of a liberal democracy: Senegal Passive Revolution, 1975-1985*, Boulder, Lynne Rienner, 1987.
[51] Assana, « Conflit post-guerre froide, réversibilité de la démocratisation et ingénierie de réconciliation », *Revue Africaine de Droit et de Science Politique*, Yaoundé éd. Le Kilimandjaro, vol. II, N°3 juin 2014, pp.205-233.
[52] Adam Przeworski, *Democracy and the Market. Political and Economic Reforms in Eastern Europe and Latin America*, Cambridge, Cambridge University Press, 1991.

cependant pas que tout est possible ou que rien n'est prédictible. Ce qui est inconnu à l'avance, c'est le résultat précis auquel le jeu aboutit. Guillermo O'Donnell parle, quant à lui, de la transition de l'autoritarisme qui a une issue incertaine qui peut être la démocratie, voire, la restauration d'une forme sévère d'autoritarisme ou encore la confusion[53]. La lecture incrémentale dans la dynamique interactionnelle entre majorité/opposition s'impose d'autant plus que la restauration du pluralisme n'exclut pas l'hypothèse de la résurgence des réflexes autoritaires.

2. La restauration du pluralisme et la résurgence des réflexes autoritaires dans les habitudes et mœurs politiques au Cameroun

Depuis la réinstauration du pluralisme politique, la résurgence des réflexes autoritaires dans le rapport majorité/opposition sur le terrain politique est une réalité prégnante au Cameroun. Ainsi qu'on l'observe Francis A. Fogue Kate et Christelle Amina Djouldé : « *les mentalités sociales et politiques sont marquées du sceau* du *régime autoritaire* »[54] Ceci est d'autant plus prégnant que la restauration du multipartisme survient après vingt-deux ans d'autoritarisme politique rigide (1960-1982). Il n'est pas rare que l'on passe d'une concurrence pacifique à une concurrence conflictuelle ou que les deux formes de concurrence cohabitent, comme le montrent les traitements infligés à l'opposition au Cameroun. En effet, « *l'opposition pourtant acceptée au plan normatif et institutionnel comme un adversaire et/ou un partenaire* »[55] à travers les jeux de coalition, est souvent traitée au plan pragmatique comme un ennemi. Aussi paradoxal que cela puisse paraître, nous constatons que la socialisation dans le cadre du régime autoritariste produit un « *horizon représentationnel* »[56] de croyances, et de pratiques qui ne sauraient disparaître du jour au lendemain, fut-il dans le contexte démocratique. Le lamidat de Rey Bouba qui épouse les contours du département du Mayo-Rey dans la région du Nord-Cameroun en est une illustration emblématique de la criminalisation de l'opposition dans le contexte démocratique. En fait, depuis l'avènement du multipartisme, les partis d'opposition et plus précisément l'UNDP sont interdits dans ce

---

[53] Guillermo O'Donnell, *Transitions from Autoritarian Rule, Tentative Conclusions About Uncertain Democracies*, the john Hopkins University Press, Baltimore and London, 1986.

[54] Francis A. Fogue Kate et Christelle Amina Djouldé, « Analyse historique de la presse satirique francophone au Cameroun de la période coloniale au début du XIXe siècle », *La presse satirique dans le monde*, Ridiculosa hors série, 2013, p.415.

[55] Luc Sindjoun., « L'Afrique », Antonin Cohen (dir.), *Nouveau Manuel de science politique*, la Découverte, 2009, p.205.

[56] Dénis Jodelet, *Les représentations sociales*, Paris, PUF, 1998.

lamidat. Les députés de l'opposition sont contraints à l'exil pour échapper à l'oppression du lamido de Rey[57].

Dans la même perspective, c'est à travers une projection médiatique des catégories péjoratives, que certains responsables du RDPC qualifient l'opposition : « *apprentis sorciers, oiseaux de mauvaise augure, hiboux de la politique qui ne doivent pas nous berner* »[58]. Durant le deuxième congrès extraordinaire du RDPC, son Président National n'a pas ménagé l'opposition, d'où l'interrogation selon laquelle : « Qui sont ces démagogues qui n'ont rien construit, qui ne peuvent s'entendre que pour détruire et dont l'ambition personnelle est le seul programme politique ? », qui l'amène à énoncer la position de son parti en ces termes : « *Nous ne laisserons pas les spécialistes de la diffamation, de la désinformation, de la division et de l'agitation précipiter notre pays dans le désordre et remettre en cause les acquis de notre jeune démocratie* »[59]. Cependant, le recours au répertoire de dénigrement n'est pas l'apanage des militants et les cadres du parti gouvernant (le RDPC). Il transparait également dans le discours et le comportement politiques de l'opposition, et se matérialise à travers la construction d'une « *lexicologie d'étiquetage, de dénigrement et de délégitimation* »[60] de la classe politique dirigeante, à travers des expressions évocatrices et indécente telles que : Ceux d'une classe politique qui excelle dans « *le vol et la mauvaise gestion du patrimoine national(...) Ils les considèrent comme les membres d'une classe de « pilleurs » ou de « voleurs » (...) les gouvernants sont ainsi perçus au sein des sphères de l'opposition comme des « rapaces » et « dictateurs » incompétents, corrompus qui entretiennent la paupérisation du Cameroun* »[61].

Un examen de ces pratiques met effectivement en exergue la permanence des reflexes autoritaires dans les habitudes et mœurs des acteurs politiques locaux et nationaux au Cameroun, à travers l'intensité du discours de stigmatisation et du dénigrement mutuel en contradiction avec toute logique de civilité démocratique. En outre, le comportement des acteurs politiques est d'une brutalité verbale sous une forme à peine voilée et atténuée. L'implication émotionnelle que les acteurs politiques camerounais

---

[57] Ibrahim Mouiche, « Autorités traditionnelles, multipartisme et gouvernance démocratique au Cameroun », *Afrique et Développement*, N°4, vol.xxx, 2005, p. 230.

[58] Jan Marie Zambo, Belinga, « L'opprobre dans le discours politique au Cameroun : De la période coloniale à nos jours », *Annales de la FALSH de l'Université de Ngaoundéré*, 1998, Vol. III., pp. pp.77-97.

[59] Jan Marie Zambo, Belinga, « L'opprobre dans le discours politique au Cameroun : De la période coloniale à nos jours », *op.cit*, 1998:81.

[60] Gilbert L. Taguem Fah, « Opposition et parti au pouvoir : une rivalité aux racines (néo) coloniales », Eboussi Boulaga et *al* (dir), *Repenser et reconstruire l'opposition camerounaise. Questions sur la quête de sens et la subjectivation politique*, Yaoundé éd. Terroirs, 2014, p.186.

[61] Jean-Marie Zambo, Belinga, « L'opprobre dans le discours politique au Cameroun : De la période coloniale à nos jours », *op.cit*.

extériorisent est une variable importante dans le champ politique camerounais. Or, la socialisation politique de type démocratique vise précisément dans les États africains en espoir de consolidation démocratique, à la mise en place d'un dispositif institutionnel et normatif en vue de la maîtrise de l'émotion politique.

Certes, il peut paraître surprenant pour les esprits libéraux dans un contexte démocratique de constater que, les dynamiques interactionnelles entre la majorité/opposition continuent d'être teintées par la prégnance de la figure de l'ennemi. Au Cameroun comme partout en Afrique, l'activité politique est régie en grande partie par la figure de l'ennemi. ''L'habitus de l'ennemi'' reste une donnée importante. En effet, la conscience et la pratique de l'acteur politique ne conservent pas une virginité immaculée à l'issue de l'expérience autoritaire. Les contraintes de civilité démocratique n'annulent pas totalement la marge de manœuvre des acteurs politiques notamment dans l'usage de la violence verbale, voire physique. Les contraintes de civilité démocratique n'entraînent pas la disparition des réflexes autoritaires du jour au lendemain, car, l'apprentissage démocratique s'opère par tâtonnement et par balbutiement. C'est la raison pour laquelle, le recours au répertoire de dénigrement demeure encore une règle pragmatique du jeu politique au Cameroun. Au point où, on peut même envisager la figure de l'ennemi comme la matrice de perception, d'action et du rapport à l'autre dans le contexte de démocratie pluraliste au Cameroun. Dès lors, c'est par et dans les reflexes autoritaires que la politique est pensée, sentie et vécue. Les reflexes autoritaires influencent encore la pratique politique des acteurs politiques au Cameroun. Il réactualise l'habitus du commandement arbitraire, violent et irresponsable. C'est donc à juste titre qu'Adam Przeworski définit la démocratie comme « *un régime d'incertitude organisée* »[62].

Conclusion

En définitive, la trajectoire incertaine de la démocratisation dans le jeu de pouvoir entre la majorité et l'opposition au Cameroun est une réalité et non une fiction. Toutefois, la sociologie de configuration à même de conduire avec succès un travail d'objectivation de la trajectoire incertaine de la démocratisation dans les dynamiques interactionnelles entre la majorité/opposition au Cameroun doit prendre au préalable « *le soin de distinguer les modèles des expériences. Les premiers sont normatifs et exposent ce que devrait être une démocratie ; les secondes décrivent ce qui*

---

[62] Adam Przeworski, *op.cit*, 1991 :13.

se passe réellement dans l'instauration et la pratique d'un régime démocratique »[63].

A l'analyse, l'expérience démocratique au Cameroun révèle une certaine dose d'incertitude inhérente à toute entreprise de démocratisation. Il convient de relever, qu'il n'ya pas nécessairement une évolution linéaire du régime autoritaire, au régime démocratique, de la transition à la consolidation. Il peut arriver que le cheminement s'inverse ou qu'il soit imbriqué dans la réalité, à travers les jeux de coalition et la permanence des reflexes autoritaires. L'hypothèse de l'incertitude de la trajectoire de la démocratisation est illustrée par la permanence des réflexes autoritaires sur le terrain politique. La permanence des réflexes autoritaristes prouve tout simplement que la démocratie n'a pas encore monopolisé le jeu politique.

L'objection de ce qui précède permet de conclure que, le discours sur la trajectoire locale de la démocratisation dans les pays africains en général et au Cameroun en particulier, ne doit pas être appréhendé sous le prisme de la dichotomie entre l'universalisme démocratique et le relativisme culturel, mais en termes d'imbrication ou de réinvention locale de la démocratie libérale. En d'autres termes, il doit s'inscrire dans une prise en compte objective des circonstances historiques, et socio-politiques des mutations politiques. De même, une lecture incrémentale de la trajectoire locale de la démocratisation s'impose, dans la mesure où, l'issue de la sortie de l'autoritarisme reste incertaine et non connue d'avance.

Bibliographie

Alawadi Z., « Opposition politique au Cameroun et responsabilité du corps électoral », Eboussi Boulaga et *al* (dir), *Repenser et reconstruire l'opposition camerounaise. Questions sur la quête de sens et la subjectivation politique*, Yaoundé éd. Terroirs, 2014, pp. 353-379.

Alawadi Z., « Parti politique régional et coalition hégémonique », Eboussi Boulaga et *al* (dir), *Repenser et reconstruire l'opposition camerounaise. Questions sur la quête de sens et la subjectivation politique*, Yaoundé, éd. Terroirs, 2014, pp.505-516.

Assana, « Conflit post guerre froide, réversibilité de la démocratisation et ingénierie de réconciliation », *Revue Africaine de Droit et de Science Politique*, vol. II, n°3 juin 2014, pp. 205-233.

Badie B. et Hermet G., *La politique comparée*, Paris, Armand Colin, 2001.

Bailey F.G., *Les règles du jeu politique*, Paris, Puf, 1971.

Bayart J-F., « L'Union nationale Camerounaise », revue française de science politique,20ᵉannée,pp.681718.http://www.persee.fr/web/revues/home/prescript/article/rfsp_0035-2950_1970_num_20_4_393245.

Bayart J.F., *L'Etat en Afrique*, Paris, Fayard, 1989.

Bayart J-F., « La démocratie à l'épreuve de la tradition en Afrique subsaharienne », *pouvoirs 2009/2*, n° 129, p.27-44.

---

[63] Jean-François Bayart, « La démocratie à l'épreuve de la tradition en Afrique subsaharienne », *pouvoirs*, n° 129, 2009, p.65.

Bayart J-F., *L'Etat au Cameroun*, Paris, PNFSP (2 è édition), 1985.

Bratton M. et Van De Walle (N.), *Democratic experiments in Africa,* Cambridge, Cambridge University Press, 1997.

Dahl R., *Polyarchy, Participation and Opposition,* New Haven, Yale University Press, 1971.

Eboussi Boulaga F., *La démocratie de transit au Cameroun*, Paris, L'Harmattan, 1997.

Elias N., Duning E., *Sport et civilisation. La violence maîtrisée*, Paris, Fayard, 1994.

Eyinga A., *L'introduction à la politique camerounaise,* Paris, Harmattan, 1984.

Fatton R., *The making of a liberal democracy: Senegal Passive Revolution, 1975-1985*, Boulder, Lynne Rienner, 1987.

Foucault M., « La technologie politique des individus », *Foucault, Michel, Dits et écrits*, tome IV, Paris: Gallimard, 1994, pp.813-828.

Fogue Kate F.A. et Amina Djouldé C. « Analyse historique de la presse satirique francophone au Cameroun de la période coloniale au début du XIXe siècle », *La presse satirique dans le monde*, Ridiculosa hors série, 2013, pp.407-429.

Galtung J., « A Structural Theory of Imperialism », *Journal of Peace Research*, 8 (2), 1971, pp.81-117.

Gamson W. A., « A Theory of Coalition Formation", *American Sociological Review*, 26, 1961, pp. 335-753.

Gaxie D. et Lehingue P., *Enjeux municipaux politique dans une élection municipale*, Paris, PUF, 1998.

Guimdo Dongmo B-R., « Fondements constitutionnels et statut juridique de l'opposition politique », Eboussi Boulaga et *al* (dir), *Repenser et reconstruire l'opposition camerounaise. Questions sur la quête de sens et la subjectivation politique*, Yaoundé éd. Terroirs, 2014, pp.85-99.

Hermet G., « Les démocratisations au vingtième siècle : une comparaison Américaine latine/Europe de l'Est », *Revue Internationale de Politique Comparée. La consolidation de la démocratie : nouveaux questionnements*, Vol. 2, 2001, pp.285-304.

Jaffrelot C. (dir.), «Comment expliquer la démocratie hors d'Occident », *Démocraties d'ailleurs,* Paris, Karthala, 2000.

Jodelet D., *Les représentations sociales*, Paris, PUF, 1998.

Joseph R., *Le mouvement nationaliste au Cameroun,* Paris, Karthala, 1986.

Lavroff D-G., *Les partis politiques en Afrique noire*, Paris, PUF, 1970.

Leka Essomba A., « Les relations Opposition-Majorité au Cameroun. Brèves considérations sur la construction inachevée d'un face à face démocratique », Eboussi Boulaga et *al* (dir), *Repenser et reconstruire l'opposition camerounaise. Questions sur la quête de sens et la subjectivation politique*, Yaoundé éd. Terroirs, 2014, pp.209-214.

Lijphart A., *Democracy in plural Societies*, New Haven, Yale University Press, 1987.

Machiavel N., *Le prince et autres textes*, Paris, Union générale d'Éditions, 1515 ; 1962.

Mbembe A., *Afriques indociles, christianisme, pouvoir et État en société postcoloniale,* Karthala : Paris, 1998.

Médard J-F., « Les Églises protestantes au Cameroun, entre tradition autoritaire et ethnicité », François Constantin et Christian Coulon (dir.), *Religion et transition démocratique en Afrique*, 1997, pp.189-220.

Minkoa She A., *Droits de l'homme et droit pénal au Cameroun*, Paris, Economica, 1999.

Mouiche I., « Autorités traditionnelles, multipartisme et gouvernance démocratique au Cameroun », *Afrique et Développement*, n°4, vol.xxx, 2005, pp. 221-249.

Nsizoa M., « Le financement des partis politiques et des campagnes électorales au Cameroun : Quelques réflexions sur la loi du 19 décembre 2000 au regard de réglementations étrangères », *Revue Africaine d'Études Politiques et stratégiques*, n°2, 2002, pp.35-67.

O'Donnell G., Schmitter P., Whitehead L., *Transitions from Authoritarian Rule: Comparative Perspectives*, John Hopkins University Press, Baltimore et London, 1986.

O'Donnell G., *Transitions from Autoritarian Rule, Tentative Conclusions About Uncertain Democracies*, the john Hopkins University Press, Baltimore and London, 1986.

Owona Nguini, M. E., « Le rapport des groupes d'opposition aux institutions politiques de l'Etat camerounais : un analyseur de la crédibilité de la démocratie comme *political process* souverain », Eboussi Boulaga et *al* (dir), *Repenser et reconstruire l'opposition camerounaise. Questions sur la quête de sens et la subjectivation politique*, Yaoundé éd. terroirs, 2014, pp.101-116.

Przeworski A., *Democracy and the Market. Political and Economic Reforms in Eastern Europe and Latin America*, Cambridge, Cambridge University Press, 1991.

Schmitt C., *Notion de politique. Théorie du partisan*, Paris, Flammarion, 1982.

Schmitter P. C., « Some basic assumptions about the consolidation of democracy », *The Changing Nature of Democracy,* Tokyo, United Nations University Press, 1998, pp. 23-26.

Sindjoun L., « La politique d'affection en Afrique Noire Société de parenté, '' Société D'état '' et libéralisation politique au Cameroun », GRAPS / Université de Yaoundé II, Number 1 Volume 2, 1998.

Sindjoun L., 2001, « La loyauté démocratique dans les relations internationales : sociologie des normes de civilité internationale », *Études internationales,* vol. 32, n°1,2001, p.31-50, https://www.erudit.org.sargasses.biblio.msh.paris.fr/...

Sindjoun L., « Ce que s'opposer veut dire : L'économie des échanges politiques », Luc Sindjoun (dir.), *Comment peut-on être opposant au Cameroun ? Politique parlementaire et politique autoritaire*, Dakar, CODESRIA, 2004, pp.8-43.

Sindjoun L, « Le paradigme de la compétition électorale dans la vie électorale : entre tradition de monopole politique, Etat parlementaire et État seigneurial », Luc Sindjoun (dir.), *Révolution passive au Cameroun : État, société et changement*, Dakar, CODESRIA, 1999, pp.274-275.

Sindjoun L., « L'Afrique », Antonin Cohen et al. (dir*.), Nouveau Manuel de science politique,* la Découverte, 2009, 201-209.

Stepan A., «Democratic Opposition and Democratization theory», *Government and Opposition,* vol. 32, n° 4, 1997, pp. 657-673.

Taguem Fah G. L., « Opposition et parti au pouvoir : une rivalité aux racines (néo) coloniales », Eboussi Boulaga et *al* (dir), *Repenser et reconstruire l'opposition camerounaise. Questions sur la quête de sens et la subjectivation politique*, Yaoundé éd. Terroirs, 2014, pp.181-208.

Zambo, Belinga J. M., 1998, « L'opprobre dans le discours politique au Cameroun : De la période coloniale à nos jours », *Annales de la FALSH de l'Université de Ngaoundéré*, vol. III, 1998, pp.77-97.

CHAPITRE 4

« Transhumance politique », alliance de stabilité hégémonique et démocratie de rentes au Cameroun

Alawadi Zelao

> *« La faiblesse des oppositions est connue. Pouvoir et opposition opèrent en fonction d'un temps court marqué par l'improvisation, les arrangements ponctuels et informels, les compromis et les compromissions divers, les impératifs de conquête immédiate du pouvoir ou la nécessité de le conserver à tout prix. Les alliances se nouent et se dénouent constamment »*[1]

Cette réflexion propose de scruter la place du phénomène de la « transhumance politique »[2] dans l'arène de l'espace politique camerounais à l'aune de la conjoncture de démocratisation saillante des années 1990. Déclinaison d'une interaction politique singulière, la « transhumance politique » en tant que conduite d'un corps d'acteurs en quête de trophées divers, renseigne sur la fabrique « identitaire » du processus de démocratisation en territoire post-monolithique. En s'ouvrant aux vannes de la libéralisation politique[3], la plupart des pays africains ont tourné le dos au

---

[1] Achille Mbembe, *Sortir de la grande nuit*, Paris, La Découverte, 2010, p. 25.
[2] Si la pratique de « transhumance politique » structure le champ politique camerounais depuis la démocratisation des années 1990 et connaît des fortunes diverses selon les acteurs, elle n'a pas cependant bénéficié d'une attention assidue de la part des analystes. Dans ce cas, les rares travaux y consacrés constituent au mieux des pistes de réflexion enrichissantes qui peuvent inspirer d'autres études plus systématiques. Lire Caroline Ngamchara Mbouemboue, « Mobilité des élites politiques et démocratie au Cameroun. Les logiques des démissions, transfuges et dissidences et leur impact sur la vie partisane », Mémoire de Maîtrise en sociologie politique, Université de Yaoundé I, 2001 ; *Les Cahiers de Mutations* : « Ces leaders qui ont changé de camp. Profil et trajectoires de la transhumance politique au Cameroun », n°071, 2011. Forme d'entrisme institutionnel achevé, la « transhumance politique » trouve sa raison d'ancrage dans un contexte conjoncturel mondial qui a consacré la chute du « mur de Berlin » et la fin des idéologies duales rigides, à savoir le communisme et le libéralisme. La consécration de la démocratie libérale institue également une vision plus économique et matérielle de l'activité politique où l'on voit des acteurs faire preuve du pragmatisme et n'affichent plus qu'accessoirement des convictions fondées sur des programmes politiques formels ou des idéologies toutes formulées. Désormais donc, « *tous les moyens sont bons pour approcher les cercles de décision ou s'intégrer dans les rouages de l'Etat afin d'engranger le maximum de profits matériels et symboliques. Dans ces conditions, la transhumance apparaît comme un moyen au service d'une cause* » (Diop, 2011 : 181). Du coup la « transhumance politique » renseigne sur une technologie politique à l'aune de la démocratisation dont les États africains font l'expérience ces dernières décennies.
[3] L'ouverture au pluralisme politique fut différentiellement qualifiée par les analystes. Si pour certains il s'agit de « transitions démocratiques », de « démocratisation » ou de « démocratie de transit », pour d'autres il importe plutôt de parler de « libéralisation politique ». Toujours

système du monopartisme en créditant le multipartisme d'une certaine plus-value de légitimité[4]. Et pourtant ce serait passer à côté de l'essentiel que de prendre le pluralisme partisan comme équivalence et valence de la démocratie[5]. D'évidence, plus de deux décennies après l'entrée en scène d'ouverture démocratique, les régimes politiques africains sont encore largement marqués par des travers qui traduisent une certaine rémanence des pratiques et des normes ayant eu droit de cité sous la période du parti unique[6]. L'invocation de la norme démocratique sert ici comme vernis et fonctionne à l'occultation des habitus et pratiques politiques propres au système mono-partisan[7].

Au vrai le multipartisme est loin de ratifier le caractère démocratique des systèmes politiques africains autant qu'il est illusoire d'apprécier la rupture dans l'ordre de la gouvernance à l'épreuve des élections

---

est-il qu'au finish, les pays africains se sont arrimés à une dynamique qui est tendanciellement en décalage avec celle de l'époque mono-partisane. Seulement, l'issue de ces mouvements de mutation sociopolitique entamés vers les années 1990 est loin d'avoir révélé tous les ressorts de sa « subjectivité ». Voir Fabien Ebousi Boulaga, *La démocratie de transit au Cameroun*, Paris, L'Harmattan, 1997 ; Jean-Pascal Dalloz et Patrick Quantin (dir), *Transitions démocratiques*, Paris, Karthala, 1997 ; Gérard Conac (dir), *L'Afrique en transition vers le pluralisme politique*, Paris, Economica, 1993 ; Momar-Coumba et Mamadou Diouf (dir), *Les figures du politiques en Afriques*, Paris/Dakar, Karthala/CODESRIA, 1999 ; Luc Sindjoun (dir), *Révolution passive au Cameroun. Etat, société et changement*, Dakar, CODESRIA, 1999 ; Goran Hyden et Michael Bratton eds), *Gouverner l'Afrique. Vers le partage des rôles*, Lynne Rienner Publishers, 1992 ; Mamadou Diouf, *Libéralisations politiques ou démocratisation*, Dakar, CODESRIA, 1998 ; Chole Eschetu et Ibrahim Jibrin (eds), *Processus de démocratisation en Afrique. Problèmes et perspectives*, Dakard, CODESRIA, 1995 ; Nicolas van de Walle, « Démocratisation en Afrique. Un bilan critique », Mamadou Gazibo Céline Thiriot (dir), *Le politique en Afrique. Etats des débats et pistes de recherche*, Paris, Karthala, 2009, pp. 135-163 ; Patrick Quantin « La difficile consolidation des transitions démocratiques africaines des années 1990 », Christophe Jaffrelot (dir), *Démocraties d'ailleurs*, Paris, Karthala, 2000, pp. 479-507 ; Nicolas van de Walle, « The democratization of political clientelism in sub-saharian Africa », *Third European Conference on African Studies*, Leipzig, june 4-7, 2009 ; *Politique africaine* « Les chemins de la démocratie », n°43, 1991.

[4] En tout état de cause, l'institutionnalisation du multipartisme renoue avec une certaine tradition du « pluralisme » qui était au cœur des pratiques politiques des sociétés africaines vers les années 1950-1960. En cela donc, son retour en 1990 n'est pas en voir un phénomène inédit. Son renouveau se dévoile toutefois à l'aune d'une conjoncture globale où la démocratie constitue une valeur tendanciellement consacrée dans l'ordre de la politique mondiale. Les régimes politiques sont désormais appréciés en raison de leur ouverture ou non à la donne multi-partisane. Même sir par ailleurs on compte encore des pays qui font de la résistance à cette orientation politique. En Afrique il faut citer l'Ouganda, l'Erythrée…

[5] Jean Mfoulou, « Les non-dits de la démocratisation en Afrique noire », *Revue camerounaise des relations internationales*, 1997, pp. 37-50 ; Alawadi Zelao, « Démocratisation passive et gouvernance politique dans les Etats de l'Afrique centrale », *Revue internationale des sciences sociales et humaines*, 2013, pp. 151-172.

[6] Mathurin Hungninkpo, *L'illusion démocratique en Afrique*, Paris, L'Harmattan, 2004.

[7] Nicolas van de Walle, « The path from neopatrimonialism: democracy and clientelism in Africa today", *Center for International Studies*, n°3, 2007.

« concurrentielles » dites de seconde génération[8]. La démocratisation en situations africaines aura alors fait émerger des régimes hybrides, constellés et saturés par des valeurs et des normes qui relèvent en effet d'une combinaison des épisodes historiques pluriels[9]. Dans ce sens, l'analyse de la « transhumance politique » dans un contexte d'incubation à la démocratie peut être source de plus d'un enseignement tant ses implications sur la démocratisation de la société politique sont plurivoques à plus d'un titre[10]. Il faut surtout s'empêcher de s'enfermer dans des analyses normatives et déductives qui ne sont pas aptes à restituer la complexité et l'ambivalence des réalités politiques toujours en mouvement[11]. D'ores et déjà, il convient de le souligner : la transhumance politique à l'ère post-monolithique sous sa forme tropicale n'est ni proprement africaine ni spécifique au Cameroun[12].

---

[8] Luc Sindjoun, « Le paradigme de la compétition électorale dans la vie politique : entre tradition de monopole politique, Etat parlementaire et Etat seigneurial », Luc Sindjoun (dir), *La révolution passive au Cameroun. Etat société et changement*, Dakar, CODESRIA, 1999, pp. 269-330.

[9] Jean François Bayart, « « La démocratie à l'épreuve de la tradition en Afrique subsaharienne », *Pouvoirs*, n°129, 2009, pp. 27-44.

[10] Dans ce cas donc, il vaut mieux se garder de toute lecture évaluative, car la « transhumance politique » peut aussi être un marqueur de la construction d'un marché politique dans un contexte du pluralisme politico-idéologique en émergence. Aux yeux des acteurs politiques notamment, une telle conduite est synonyme d'une rationalité stratégique ajustée au moment propre qu'est celui de la démocratisation caractéristique des rapports transactionnels et coalitionnels entre les partis politiques. Certes en d'autres contrées africaines, des dispositifs normatifs (constitutionnels) ont été élaborés afin de trouver un terme à ces comportements d'élite politique, mais cela n'aura été finalement qu'une preuve inlassable, sans résultats escomptés (cas de la RDC, du Sénégal, du Congo Brazzaville, de la Namibie, du Rwanda, du Niger, etc). Lire à ce sujet André Cabanis et Michel Louis Martin, *Les constitutions d'Afrique francophone. Evolutions récentes*, Paris, Karthala, 1999.

[11] Il peut être alors enchantant- notamment chez certains analystes africanistes néo-institutionnalistes - de voir que depuis l'époque qui identifie la démocratisation, beaucoup des pays africains se sont parés d'un dispositif institutionnel et constitutionnel en phase avec le pluralisme sociopolitique. Un tel ajustement, du reste conjoncturel, est accessoirement révélateur d'une accoutumance aux valeurs de la démocratie libérale et au système électoral ouvert et pluraliste. Cf. pour quelques exemples, Goran Hyden et Denis Venter (ed.), *Constitution-making and democratisation in Africa*, Pretoria, Africa Institute of South Africa, 2001.

[12] Coulibaly, Abdou Latif, *Une démocratie prise en otage par ses élites*, Dakar, Les Editions Sentinelles, 2006 ; Diop, El Hadji Omar, *Partis politiques, démocratie et réalités sociales au Sénégal. Essai critique pour une étude réaliste du multipartisme*, Dakar, CREDILA, 2011.

I- Démocratisation chaotique, transactions collusives et rencontres des rationalités plurielles

Le Cameroun comme la plupart des pays africains subsahariens a fait l'expérience de démocratisation vers les années 1990[13]. Moment de grandes utopies et marqueur de mobilisation multisectorielle, la démocratisation apparaît à maints égards comme une période qui charrie plusieurs rationalités chez les acteurs et groupes d'acteurs engagés dans sa mise en matérialité[14]. Appréhendé dans une perspective de transformation des sociétés politiques postcoloniales africaines[15], l'avènement de la démocratie sous sa forme du multipartisme apparaît tendanciellement comme une opportunité d'ouverture à d'autres possibles[16]. A maints égards la démocratisation s'énonce comme une dynamique de « transformations d'état » parce que justement, elle est introductrice de nouvelles valeurs, de nouveaux angles d'approches et de nouvelles ressources de mobilisation dans la sphère sociale que représente ici la société politique en tant que site de rencontre d'utilités portées par des acteurs politiques eux-mêmes engagés dans une configuration de procès. Dans ce sens la démocratisation n'est pas retour à l'ancien ordre mais aussi ajustement, et peut-être même tendanciellement recréation d'un régime d'historicité politique avec ses entours d'incertitudes et ses tours d'imprévus[17]. Le retour de la société sous

---

[13] Jean-Pascal Dalloz et Patrick Quantin (dir), *Transitions démocratiques africaines, op. cit.* ; Luc Sinjoun (dir), *Comment peut-on être opposant au Cameroun ? Politique parlementaire et politique autoritaire*, Dakar, CODESRIA, 2004.

[14] Fabien Eboussi Boulaga, *Les conférences nationales en Afrique*, Paris, Karthala, 1993 ; Célestin Monga, *Anthropologie de la colère*, Paris, L'Harmattan, 1994.

[15] Luc Sindjoun (dir), *La révolution passive au Cameroun*, op. cit. ; Eschetu Chole et Jibrin Ibrahim (dir), *Processus de démocratisation en Afrique*, op. cit.

[16] Michel Dobry, « Valeurs, croyances et transactions collusives. Notes pour une réorientation de l'analyse de légitimation des systèmes démocratiques », Javier Santiso, (dir), *A la recherche de la démocratie. Mélanges offerts à Guy Hermet*, Paris, Karthala, 2002, pp. 103-120.

[17] Dans ce sens on devra désormais convenir que le paradigme de la « révolution passive » re-contextualisée dans le cadre africain ne résume pas exclusivement des situations déjà vues ou des expériences déjà vécues ; mais plutôt elle souligne toute la temporalité sociopolitique advenue dans le cadre d'une démocratisation singulière dont les contrariétés et les lourdeurs désignent l'historicité des pays africains. En cela la « révolution passive » est aussi transformation, certes relative, des structures politiques bâties par d'autres acteurs dans un contexte historique autre (ici le régime à parti unique). Les luttes de puissance articulées par les groupes politiques dans les mouvements sociaux ayant rythmé la démocratisation soulignent alors les angles de désaccord et les tours de discordance dans la « négociation » d'un nouveau régime d'action et d'activités politiques. La victoire d'un groupe d'acteurs sur l'autre ne signifie pas qu'il y a ici reconduction automatique des valeurs du principe ou qu'il n'y a eu pas de luttes de tout. La révolution passive advient en effet dans un champ de conflictualité et d'adversité idéologique. La révolution passive n'est pas surtout une conjoncture froide ni mouvement lisse. Lire Maurice Kamto, « Quelques réflexions sur la transition vers le pluralisme politique au Cameroun », Gérard Conac (dir), *L'Afrique en*

sa configuration protéiforme, la crise subie par les régimes à parti unique et par conséquent l'avènement du pluripartisme dans le champ politique à l'ère post-monolithique sont des indicateurs d'une transmutation qui s'est désormais saisie de l'histoire politique africaine ces deux dernières décennies. Sculptés dans le contexte historique des luttes d'indépendances et de la décolonisation, les régimes politiques ont longtemps fonctionné sur le modèle de la symphonie idéologique, du monopartisme et de la contraction des sociétés et des régimes d'action et d'imagination[18].

Au détour des années 1990, sous la pression d'une double conjoncture, internationale d'abord (vent de l'Europe de l'Est, écroulement du mur de Berlin, triomphe de la démocratie libérale) et ensuite continentale (fin de l'apartheid en Afrique du Sud et irruption des mouvements sociaux dans plusieurs pays africains), les régimes politiques alors mono-partisans ont progressivement envisagé de s'arrimer à cette nouvelle dynamique créatrice d'une effervescence dans l'ordre de la pratique politique, de la production idéologique et de la constellation sociale. Au demeurant la démocratisation s'est à maints égards révélée comme une occasion de luttes et de conflictualités entre des groupes d'acteurs engagés dans le tourbillon des mutations en cours d'effectuation[19]. Il faut d'ores et déjà se garder d'avoir une vision irénique et angélique de l'avènement de la démocratie comme si les acteurs sociopolitiques- eux-mêmes -en avaient esquissé une appréhension identique et finalement idyllique. Qui plus est, la démocratisation, ici ou ailleurs, a mis en relief des logiques entrecroisées, complexes, contradictoires et difficilement conciliables. En raison justement des enjeux dont elle était productrice, la démocratisation s'est modulée finalement en véritable arène de procès notamment à l'endroit des anciens régimes très peu portés aux valeurs démocratiques et de projection vers des lendemains empreints des délices de libertés, des droits de l'homme et de la pluralité sociopolitique (multipartisme, opposition) et socio idéologique (société civile, corporation, syndicat)[20]. Alors que les anciennes équipes au pouvoir travaillaient à conserver leurs positions et manifester fiévreusement

---

transition vers le pluralisme politique, op. cit., pp. 209-236 ; Janvier Onana, « Le Cameroun et la transition à la démocratie : entre raisons constituées et pratiques instauratrices de sens », *International Journal of Francophone Studies*, vol. 4, n°2, 2001.

[18] Achille Mbembe, *De la postcolonie. Essai sur l'imagination politique dans l'Afrique contemporaine*, Paris, Karthala, 2005 ; Daniel Bourmaud, *La politique en Afrique*, Paris, Montchrestien, 1997.

[19] Toutefois, cette temporalité survenue dans l'histoire africaine dans le cadre de démocratisation aura également dévoilé ses contradictions intrinsèques, car très peu furent les forces de changement qui se sont révélées aux yeux des populations comme de véritables porteurs des valeurs démocratiques. C'est dire que la volonté populaire de rupture n'a pas rencontré des leaders véritablement destinés à lui réserver un écho concret. D'où « l'illusion démocratique » dont parle Hungnikpo (2004) ou la « révolution passive » théorisée par Luc Sindjoun (1999).

[20] Albert Bourgi, *Le printemps de l'Afrique*, Paris, Nathan, 1990.

une hostilité à toute perspective de diffraction, une nouvelle catégorie d'acteurs (société civile, opposition) portaient quant à eux des valeurs de changement.

Dans ce registre notamment, le champ sociopolitique camerounais fourmille de moult expériences. C'est qu'ici, peut-être plus qu'ailleurs, l'ouverture démocratique aura mis en procès des forces diamétralement opposées à cette dynamique historique. Alors que les partisans de l'ordre politique institué prônaient un « multipartisme réfléchi » qui devrait prendre corps de façon graduelle et progressive ; les « forces du changement » cherchaient plutôt à instaurer une « conférence nationale souveraine », sorte de grand-messe devant permettre aux forces vives de la nation de discuter des sujets d'intérêt républicain et des enjeux de la démocratisation sans concession et sans faux-fuyants. Très tôt cette « conférence nationale souveraine» a été déboutée et considérée comme « sans objet » par le président de la République qui va à *contrario* imposer la tenue de la « Tripartite » (tenue du 30 octobre au 18 novembre 1991) regroupant le bloc au pouvoir, les forces de l'opposition et les membres de la société civile. Dès ses débuts, la démocratisation, dans le contexte camerounais, subit le poids de l'hégémonie des tenants de pouvoir. Progressivement les forces de changement sont confinées à des portions congrues de contestations et de revendications sans prise sur la réalité politique et la dynamique de changement enclenchée[21]. Tant les réformes institutionnelles (retour du poste de premier ministre en 1991[22]), constitutionnelles (celle du 18 janvier 1996) que la reconnaissance constitutionnelle des formations politiques (voir article 3 de la Constitution du 18 janvier 1996) sont alors à considérer ici comme des innovations cosmétiques advenant dans un contexte sociopolitique de mutation mais où le bloc gouvernant continue de garder une main mise sur le cours des événements. Dans ce sens les premières élections organisées à l'ère du pluralisme politique n'ont pas emporté un réel consensus dans les rangs des formations politiques, d'où alors le flot de boycotts des élections orchestrés par certaines d'entre elles (*Social democratic front* et l'Union démocratique du Cameroun pour les législatives de 1992 ; le Sdf, l'UNDP et l'UDC les élections présidentielles de 1997). Ces boycotts manifestés par les principaux partis de l'opposition mettent nettement en lumière le désaccord né d'une transition heurtée et dont le déroulement reste largement dominé et contrôlé par le camp présidentiel.

Depuis lors, les élections, loin d'être des occasions d'une saine émulation entre les principaux protagonistes de la scène politique nationale, offrent au mieux le théâtre de contestations interminables, au pire le champ

---

[21] Sur cette tranche de l'histoire politique du Cameroun et pour une saisie narrative des mutations en cours, lire Pierre Flambeau Ngayap, *L'opposition au Cameroun. Les années de braise*, Paris, L'Harmattan, 1999.

[22] Ce poste avait été supprimé dans la mouvance de tentative de coup d'État manqué en 1984.

d'intrigues malsaines et de querelles byzantines entre des acteurs politiques encore superbement attachés aux racines autoritaires des régimes à parti unique[23]. Plus de deux décennies après le retour au pluralisme politique, il reste difficile d'attester d'une véritable démocratisation de la société politique camerounaise[24]. Fortement émasculée par l'hégémonie au pouvoir et dont le Rassemblement démocratique du peuple Camerounais (RDPC) sert de porte étendard idéologique, l'opposition constitue aujourd'hui un force atomisée et défigurée[25], socialement décrochée et idéologiquement informe. Ni ses leaders « historiques »[26], ni ses défenseurs invétérés d'hier ni encore l'adhésion spontanée des couches populaires à sa cause aux premières heures de son avènement ne sont encore animées par la verve et la même ferveur de contestation et de proposition d'une quelconque alternative. Au fil des ans et à l'épreuve des luttes politiques dont le principal et l'exclusif victorieux est manifestement le RDPC du président Paul Biya, l'opposition ne représente

---

[23] Jean-François Bayart, « La problématique de la démocratie en Afrique noire. La Baule, et puis après ? », *Politique africaine*, n°43, 1991, pp. 5-20 ; Jean-François Médard, « Autoritarismes et démocratie en Afrique noire », *Politique africaine*, n°43, 1991, pp. 92-104.

[24] Le marché politique national incline davantage à une véritable hégémonie du RDPC, parti au pouvoir, dont les dirigeants résistent à concéder des opportunités à organiser le consensus sur les règles devant favoriser une compétition électorale libre, transparente et démocratique. Ni l'avènement de l'organe en charge des élections, Elections Cameroon (ELECAM) en 2006, ni la venue du code électoral unique en 2012, n'ont été le résultat d'un compromis des acteurs sociopolitiques (partis politiques, société civile, leaders d'opinion…). Tant l'ordonnancement du timing électoral que la mobilisation des ressources matérielles et financières échappent totalement aux forces de l'opposition. Ce qui l'installe désormais dans une récurrente contestation et remise en cause des résultats électoraux jusqu'ici organisés. En dépit de la venue de la biométrie, les élections continuent de faire l'objet de moult manipulations et tripatouillages, comme il a été constaté lors des élections législatives et municipales du 30 septembre 2013. Voir *Mutations*, n°3507, 18 octobre 2013. Il y est mentionné que : « *…comme leurs devancières, les élections du 30 septembre 2013 ont charrié leur lot d'urnes bourrées, de votants non-inscrits, de charters électoraux, d'intimidations des électeurs, d'achat de votes et de procès-verbaux, d'aliénation de moyens de l'Etat au profit des candidats, d'aberrations juridiques observées lors de différents contentieux* », p. 7.

[25] Une somme de réflexions vient d'être conduites sous la direction du professeur Fabien Eboussi Boulaga sur les forces de l'opposition au Cameroun. Plus de deux décennies après son avènement, cette opposition-là brille plutôt par un ensemble s'infirmités stratégiques, d'incohérence organisationnelle et d'informe idéologique. Cf. Fabien Eboussi Boulaga (dir), *Repenser et reconstruire l'opposition camerounaise. Questions sur la quête de sens et la subjectivation politique*, Yaoundé, Editions Terroirs, 2014. Pour une perspective évaluative voir Ahmadou Séhou, *L'opposition en panne. Autopsie critique et propositions d'une relance*, Yaoundé, LUPEPPO, 2012.

[26] « Leader historique » renvoie à la position quasi perpétuelle de celles et ou ceux qui président aux destinées des partis politiques depuis leur légalisation. Le champ politique camerounais se distingue par une présence perpétuelle de ces leaders à la tête des formations politiques qu'ils gèrent désormais comme des biens patrimoniaux. Il s'agit du SDF, UNDP, ADD, UDC, MDR…et bien sûr le RDPC dont le président est Paul Biya depuis 1985, date de naissance de cette formation politique.

plus que l'ombre d'elle-même, bêlant et attendant dans un désespoir consommé l'alternance au sommet de l'État. Entretemps, la désaffection politique a gagné les différentes strates de la société en raison de ce que, notamment le jeu politique est désormais sans enjeux[27] et enregistre des résultats quasi automatiques, comme on le constate depuis 1997, avec en prime une infortune électorale progressive des partis de l'opposition[28].

II- Les alliances politiques comme forme d'attestation de la « transhumance politique »

En soi, dans un régime politique codifié et ajusté aux normes démocratiques, l'alliance ou la coalition ne constitue pas un élément dépréciatif du jeu politique ni de l'interaction partisane. Bien au contraire, les transactions inter-partisanes peuvent tendanciellement attester de ce que le marché politique pluraliste repose sur la possibilité de commerce, d'échanges et de dialogue entre les formations politiques. Cela est à l'œuvre dans les vieilles démocraties comme la France, la Grande Bretagne, l'Allemagne ou encore les USA. La dynamique d'alliance ou de coalition atteste de ce que les partis politiques ne sont pas simplement arc-boutés à des positions d'enfermement sur eux-mêmes, empêtrés dans des situations de rupture dans le dialogue ou mieux encore confinés à des conflits idéologiques radicaux[29]. La démocratie sous sa forme multi-partisane offre

---

[27] Au-delà de ce que l'opposition est aujourd'hui confinée à jouer au figurant dans la compétition politique, c'est en effet la désactivation du ressort de la participation politique qui semble la chose la plus largement partagée. Cela se manifeste par la faible inscription sur les listes électorales malgré les appels incessants lancés par les différentes formations politiques et l'abstention de plus en plus massive des populations aux élections tant locales que nationales.

[28] Dans le sillage des élections législatives et municipales du 30 septembre 2013, le Mouvement pour la renaissance du Cameroun (MRC), qui avait moins d'un an d'existence et qui participait pour la première à une élection, a pu disposer d'un (01) député à l'Assemblée nationale et de quelques conseillers dans plusieurs communes (Douala I, Douala III, Douala IV, Douala V et Bafoussam I). Une telle moisson n'a été possible que grâce au 'professionnalisme' qui a accompagné la mise en publicité de ce parti dans la société et la mobilisation des citoyens autour de ses idéaux. Cette formation politique est aujourd'hui l'unique parti de l'opposition qui dispose d'un organe d'information au même titre que le RDPC. Il s'agit de : *Renaissance*, n°00000028/RDDJ/J06/BASC.

[29] Ainsi, s'agissant de sociétés politiques occidentales Lipset et Rokkan mettent en exergue les facteurs qui construisent les clivages. Ces facteurs sont de plusieurs ordres : culturel, territorial, historique, religieux, linguistique et politiques. Mais ces facteurs n'agissent pas comme des déterminants exclusifs dans les comportements des électeurs qui procèdent à de réajustement dans leur militantisme en fonction de la conjoncture contextuelle ou des crises (sociale, économique ou culturelle) qui traversent la société politique à un moment. Lire Seymour Lipset et Stein Rokkan, *Structure de clivages, systèmes de partis et alignement des électeurs*, Bruxelles, ULB, 2008 ; Stefano Bartolini, « Les formations des clivages », *Revue internationale de politique comparée*, n°1, Vol. 12, 2005, pp. 9-34. Cet auteur note : « *Etant*

l'occasion aux formations politiques de s'allier ou de coaliser dans une perspective de dégager des plates-formes gouvernementales, d'élaborer des stratégies communes lors des élections locales ou nationales ou encore d'envisager des projets de sociétés convergents sur des sujets d'intérêt national ou partisan. Ainsi, l'alliance est un facteur décisif de la pacification du jeu politique pluraliste autant qu'elle contribue au rapprochement des tendances partisanes sans pour autant niveler les lignes idéologiques et les offres programmatiques.

Figure de la transhumance politique au Cameroun

Leaders	Parti d'origine	Partis créés ou d'adoption
Gabriel Charly Mbock	SDF	UPC
Helé Pierre	UNDP	RDPC
Sadou Maidadi	SDF	AFP/UNDP
Issa Tchiroma Bakary	UNDP	ANDP/FSNC
Ahmadou Moustapha	UNDP	ANDP
Muna Bernard	SDF	AFP
Yimgo Moyo	UDC	MOCI
Albert Dzongang	RDPC	La Dynamique

Source : Alawadi Zelao (2014 : 371)

---

donné la relation qui lie le système de stratification sociale aux systèmes normatif et comportemental, les clivages sont une forme de 'structuration politique' des systèmes d'autorité appliqués à un territoire, c'est-à-dire, des arènes d'autorités (authority arenas) », p. 12. L'avènement de clivages dans le champ politique est possible si notamment les organisations, c'est-à-dire les partis politiques qui sont censés les produire et les activer, disposent des référents et de ressources idéologiques et stratégiques pertinentes ; sinon il est difficile que la société politique soit vraiment structurée sur la base des identités idéologiques nettes. L'expérience est vécue dans beaucoup de pays africains ces deux dernières décennies où l'on assiste plutôt à une sorte de confusion idéologique et où l'interaction partisane ne repose pas sur des critères définis sur la base des idéologies des partis politiques qui en manquent cruellement.

En démocratie consacrée, c'est à cette mission que les alliances entre formations politiques sont destinées et confèrent une certaine plus-value aux relations entre les acteurs et les forces partisanes. Dans les sociétés en cours d'apprentissage démocratique et où les normes démocratiques sont loin d'être enracinées, les alliances revêtent d'autres significations et visent d'autres objectifs autres que ceux que lui confèrent les protagonistes du jeu politique (fraction au pouvoir ou celle de l'opposition). En effet, lorsqu'on observe avec une certaine minutie le jeu des alliances au Cameroun à l'ère post-monolithique, l'on se rend bien à l'évidence que celles-ci auront répondu à des logiques stratégiques d'encapsulation de la compétition électorale à un moment où l'opposition avait alors acquis une sorte de noblesse notamment dans sa capacité de subversion de l'ordre politique et de mobilisation des forces sociales contestataires. Loin s'en faut, les alliances, nouées essentiellement au profit du RDPC, parti au pouvoir, n'auront manifesté l'expression de la civilisation des mœurs politiques, si tant il reste patent que c'est plutôt la fraction gouvernante qui aura toujours été à la manœuvre pour inciter les forces politiques de l'opposition à rejoindre ses rangs, bien évidemment, au prix d'une certaine rémission dans leurs convictions idéologiques et de leurs capacités de contre-pouvoirs. Les alliances, à l'aune d'une telle rémission, participe largement de l'enracinement monopoliste du régime politique et coince toute opportunité de dynamique pluraliste de la scène politique. Le jeu politique se décline alors comme une véritable mise en intrigue du monopole du parti au pouvoir sur l'opposition dont les acteurs essentiels s'étripent dans une visée lilliputienne de querelle de clocher et de guerre des chefs.

Dès lors, pour endiguer toute dynamique unitaire au sein de l'opposition et afin de s'aliéner leur potentiel de liquidation du régime politique incarné par Paul Biya depuis 1982, le bloc gouvernant a entrepris dès 1992, la construction des alliances avec certaines formations politiques. En 1992, ce fut avec le Mouvement démocratique pour la défense de la République (MDR) de Dakolé Daissala et l'Union des populations du Cameroun (UPC), tendance Augustin Frederick Kodock ; en 1997 c'est l'Union nationale pour la démocratie et le progrès (UNDP) qui signe une plate-forme gouvernementale avec le RDPC de Paul Biya. En 2004 c'est le leader de l'Alliance nationale pour la démocratie et le progrès (ANDP) de Ahmadou Moustapha qui fait son entrée au gouvernement comme ministre chargé de mission à la Présidence de la République, et depuis 2009, Issa Tchiroma Bakary président du Front national pour le salut du Cameroun (FNSC), est ministre de la communication. En 2013, dans la mouvance des élections sénatoriales, exploitant une disposition constitutionnelle (Article 20, Alinéa 2) et usant de son pouvoir discrétionnaire le président de la République a nommé quelques sénateurs issus des partis alliés. Il s'agit de Pierre Flambeau Ngayap pour le compte de l'UNDP, Dakolé Daissala pour le MDR, Georziane Marlyse Aboui pour l'ANDP et Hamadou Abbo pour le

FNSC. De fait, les alliances sont largement actionnées par le RDPC, parti au pouvoir qui en récolte aussi des dividendes subséquents. Principalement il s'agit de s'adjuger de quelques forces politiques de l'opposition dans la perspective de tordre le coup à sa capacité de nuisance et surtout à lui plier l'échine pour que celle-ci rompe avec un certain radicalisme qui l'a caractérisée au début des années, en pleine conjoncture sociopolitique[30].

De son côté, cette opposition alliée a rarement réussi à garder une certaine ligne idéologique distincte vis-à-vis du bloc gouvernant. Cette opposition-là a plutôt tourné le dos à sa mission de contre-pouvoir pour servir au mieux de marchepied au RDPC. Cela se manifeste principalement lors des élections présidentielles, durant lesquelles les partis alliés, plutôt que de faire acte de candidature, s'alignent derrière le candidat « naturel » du RDPC et lancent des appels de ralliement autour de cette candidature. Aussi bien lors des présidentielles de 2004 que celles de 2011, les partis alliés firent chorus derrière le président Paul Biya. Les partis alliés prennent également des positions en faveur du régime lorsque celui ou son chef fait l'objet des attaques à l'extérieur, se trouve sous les feux nourris des facteurs de déstabilisation[31]. Ils sont aussi favorables à toutes les initiatives prises par le régime et agissent au même titre que le RDPC. Fondamentalement donc, rien ne distingue le parti au pouvoir de ces formations alliées qui revêtent formellement le statut de l'opposition. C'est un déni d'identité qu'ils s'affublent eux-mêmes et qui montre désormais que l'alliance politique en territoire démocratique camerounais induit un changement d'identité, un rejet des valeurs incarnées, une torsion du statut affiché. Ce qui fait alors office de la transhumance politique des partis politiques qui ne seraient plus fidèles à leur idéologie ou à ce qui en tient lieu. De ce point de vue, les alliances inter-partisanes ne peuvent contribuer à l'ancrage démocratique. Elles sont modulées pour des raisons d'endiguement de l'opposition qui,

---

[30] Il faut surtout évoquer le cas du SDF qui, depuis quelques années développe plutôt des relations conciliantes avec le bloc au pouvoir. Or cette formation politique a jadis fait preuve d'un certain extrémisme en s'opposant radicalement au régime de Paul Biya et en refusant tout dialogue avec les cadres de son parti. Le SDF aura ainsi incarné la figure de ce que l'opinion camerounaise appelle « l'opposition radicale », notamment au début des années 1990. L'attitude de ce parti a longtemps vogué entre boycott des élections (législatives de 1992 et présidentielles de 1997) et refus de coalition gouvernementale. L'essoufflement semble avoir rogné, aujourd'hui le potentiel subversif de cette formation politique et l'incline tendanciellement à établir des relations plus cordiales avec le pouvoir.

[31] Récemment encore, dans le cadre de la guerre déclarée le 17 mai 2014 à Paris contre la secte islamique Boko-Haram par le Président de la République, l'élite du Grand Nord a organisé une série de réunions en vue de leur implication et de la mobilisation des populations des régions septentrionales. Initialement coordonnées par les cadres du RDPC, ces rencontres ont vu également la participation des partis tels l'UNDP de Bouba Bello Maigari et du FNSC de Issa Tchiroma Bakary. Et l'on voit qu'entre le parti au pouvoir et l'opposition alliée, il n'y a plus une démarcation nette à établir.

progressivement perd de sa capacité à incarner le changement et une alternative dans la direction des affaires de l'État.

A l'évidence, les alliances traduisent un travestissement idéologique des formations politiques et met en relief leur inféodation à la fraction gouvernante. Les partis alliés sont ainsi devenus des suppôts à la solde du parti installé au pouvoir qui est plutôt porté vers l'élan conservateur. Dans le sillage des élections présidentielles du 09 octobre 2011, des partis dits de la « majorité » ont adressé une motion de soutien et appelé le président de la République, Paul Biya, à se présenter à ces élections, pour « parachever sa mission à la tête de l'État » parce qu'il « incarne les valeurs de paix et de stabilité »[32].Aux côtés de l'opposition non alliée, les partis alliés vicient davantage le jeu de la compétition politique et brouillent les lignes de rapport de force dans un contexte du pluralisme politique restauré. Ils rendent caduc le démarquage idéologique et dénaturent la vitalité démocratique dont les élections concurrentielles en portent le trait marqueur.

III- Transhumance politique, politique néo-patrimoniale et démocratie de rentes

La scène politique apparaît dès lors comme un vaste marché où les acteurs établissent des rapports fondés sur les échanges des capitaux. Fortement activée par le bloc détenteur et prestataire des positions de pouvoir, l'alliance partisane exprime ici un régime de commerce qui a désormais cours dans la société politique pluraliste. A y regarder de près, et en se fondant sur l'expérience camerounaise à l'aune des premières élections dites concurrentielles, la configuration d'alliance inter-partisane atteste d'une dynamique de patrimonialisation du jeu politique[33]. En effet, alors même que le régime en place a toujours mis en avant sa propension à promouvoir la « démocratie apaisée » en associant les partis de l'opposition à la gestion des affaires de la cité, il est constant d'observer que les leaders des partis alliés ont plutôt cherché à récolter des dividendes d'ordre matériel, symbolique ou institutionnel. De par les positions institutionnelles (poste ministériel) que ces leaders occupent désormais, ils éprouvent d'énormes difficultés à faire acte de leur capacité de critique à l'endroit de la gouvernance à l'œuvre. Comme si leur association à la gestion des affaires publiques ajoutait un certain crédit à la qualité de gouvernance. Une fois que ces leaders sont devenus ministres dans un système qu'ils n'ont arrêté de dénoncer par le passé, ils cessent de jouer leur rôle de contre-pouvoir et s'enlisent plutôt dans une dynamique d'accumulation des rentes et des prébendes au même titre que l'élite dirigeante appartenant au parti au

---

[32] Voir *Paul Biya. Appel du peuple*, Yaoundé, SOPECAM, Vol. 1, 2009, p. 210.
[33] Jean-François Médard, « Autoritarismes et démocraties en Afrique », op. cit.

pouvoir. C'est le syndrome du « bigmanisme »[34] qui caractérise en effet les alliances en contexte politique africain à l'ère pluraliste. Lesquelles alliances ne sont soumises à aucune délibération ni sollicitation de l'opinion du corps social qui constitue les militants d'une formation politique. Le « bigmanisme » est l'expression manifeste des logiques d'incursion de « grands hommes politiques », ces *big men*, dans la gestion des charges publiques. L'alliance politique entre le MDR et le RDPC au lendemain des législatives de 1992 qui permit à Paul Biya de se constituer une majorité pour gouverner semble s'expliquer par cette prévalence des besoins primaires sur les intérêts supérieurs des militants du MDR et de ceux de l'ensemble de l'opposition camerounaise.

Opposition et coalition gouvernementale

Partis politiques	Leaders	Année de coalition
RDPC/MDR	Paul Biya/Dakolé Daissala	1992
RDPC/UPC	Paul Biya/Augustin Frederik Kodock	1992
RDPC/UNDP	Paul Biya/Bouba Bello Maigari	1997
RDPC/ANDP	Paul Biya/Ahmadou Moustapha	2004
RDPC/FSNC	Paul Biya/Issa Tchiroma Bakary	2009

Source: Alawadi Zelao (2014: 356)

Dans des régimes politiques longtemps enracinés dans le « néo-patrimonialisme »[35], les hommes politiques ont de tout temps manifesté un regain d'intérêt à l'accumulation privative des affaires publiques. En contexte démocratique, une telle logique va se diversifier et s'accroître. Face à la puissance hégémonique de ceux qui dirigent et qui sont hostiles à toute alternance au sommet de l'État, les opposants ont aussi imaginé des formules

---

[34] Ibrahim Mouiché, « Multipartisme, « bigmanisme » politique et démocratisation au Cameroun », *Revue africaine d'études politiques et stratégiques*, n°5, 2008, pp. 19-46.
[35] Jean-François Médard, « La spécificité des pouvoirs africains », *Pouvoirs*, n°25, 1993, pp. 5-22.

visant à prendre part ce que Bayart appelle la « politique de ventre »[36], ce régime de gouvernementalité qui confond « affaires publiques » et « affaires privées », qui soumet le fonctionnement des institutions à une forte personnalisation. Les classes dirigeantes ont plutôt mis en œuvre des stratégies de « manducation » des affaires de l'État ; d'où la prospérité des pratiques telles que la corruption, le népotisme, le favoritisme, le tribalisme, l'ethno-régionalisme, toutes choses qui malmènent tout horizon d'une bonne gouvernance, celle portée vers le développement et le progrès socio-économique du pays. C'est que : « *Parce que le parti politique africain n'a pas de programme national précis, il devient un creuset d'opportunistes qui tentent leur chance afin d'avoir une position privilégiée autour de la table politique* »[37]. Dans cette perspective, les alliances en situation post-monolithique relèvent d'une imagination des acteurs politiques qui s'accordent sur les modalités de « partage » des « choses » de l'État, dans une logique distributive. En cela, les alliances ne sont pas des marqueurs de la civilité démocratique, ni des facteurs de civilisation des mœurs politiques[38]. La preuve c'est que, chaque fois que le régime rompt l'alliance avec un parti de l'opposition, ce dernier reprend aussitôt sa trompette de critique et de contestation puérile. Également, rares sont les partis alliés qui ont gardé une certaine performance notamment sur le terrain de la compétition électorale.

Ainsi le MDR qui disposait de 06 députés à l'Assemblée nationale en 1992 n'en dispose que d'un (01) aujourd'hui. L'UNDP est passée de 68 députés en 1992 à 4 en 2013. En 1992 l'UPC avait 18 députés et de nos jours elle ne dispose que de 03 députés à l'Assemblée. Dans le cadre des élections sénatoriales du 14 avril 2013, c'est grâce à la « magnanimité » du Président de la République que les partis alliés ont pu disposer des représentants au Sénat. Il s'agit notamment de l'Undp (01), Mdr (01), Andp (01) et Fsnc (01)[39]. Les alliances sont des conditionnalités à un repositionnement dans

---

[36] Jean-François Bayart, *L'Etat en Afrique. La politique de ventre*, Paris, Fayard, 1989.
[37] Mathurin Hungnikpo, *L'illusion démocratique en Afrique*, op. cit. p. 143.
[38] Cependant, il ne faut pas en faire une plaie béante de tout processus de démocratisation en territoire africain. En d'autre contexte, il peut même s'avérer nécessaire d'engager des relations inter-partisanes sous la forme d'alliance ; tout dépend maintenant des logiques qui la sous-tendent et des objectifs qui la conditionnent. C'est que, à l'observation de l'expérience camerounaise, l'alliance politique se module comme un véritable jeu de cirque, visant, à émasculer les forces de l'opposition afin de construire un jeu politique sans contradiction majeure. Sur le bien-fondé de l'alliance au moment d'apprentissage démocratique lire Jean-Bosco Talla, *L'impératif des alliances en démocratie*, Friedrich Ebert Stiftung, Yaoundé, 2013.
[39] Il faut surtout souligner que dans le cadre de ces élections sénatoriales, l'Undp, parti allié au Rdpc depuis 1997 n'a pas bénéficié de son soutien ; plutôt le parti au pouvoir a demandé à ses militants (conseillers municipaux) de voter en faveur du Sdf, principal parti de l'opposition et non allié au régime. Une telle attitude a été considérée par les cadres de l'Undp comme une « trahison » à l'esprit de la plate-forme gouvernementale signée en 1997.Et finalement le SDF battit l'UNDP même dans ce qui peut être considéré comme relevant de

l'espace institutionnel d'où les partis alliés tirent de ressources importantes dont l'État constitue alors le principal allocataire. Ce qui incite Kamto à noter : « *L'espace politique de l'opposition est accaparé par quelques leaders (...) de partis qui se sont pour ainsi dire « fonctionnarisés » dans une sorte d'opposition bureaucratique, gérant des positions de rente politique acquises au cours des années dites de braises ; Ceux qui se risquent dans ce champ de mines le feront à leurs risques et périls ; car les praticiens de la politique camerounaise se méfient des nouveaux venus. Ils revendiquent un titre de propriété sur l'opposition que leur conférerait une longue présence sur la scène* »[40]. Dans ce cas, être allié ne vise pas à créditer la démocratisation d'une plus-value d'efficacité, de crédibilité et de légitimité, ni matérialiser le principe de dialogue et d'échange dans un jeu de compétition électorale pluraliste ; il s'agit ni moins ni plus que d'une véritable acrobatie d'entrisme étatique. Les partis politiques alliés sont ainsi parvenus à se mettre à l'abri de la disette matérielle pour gagner de l'embonpoint contrairement à leurs homologues de l'opposition qui végètent dans l'indigence et la pauvreté. Les partis alliés ne s'offusquent plus de prendre allègrement part au braconnage des ressources de l'État et à ériger leurs positions institutionnelles en postes d'enrichissement.

A la manière de ceux qui tiennent les rênes du pouvoir, ils sont acteurs de la gouvernance néo-patrimoniale et comptables de détournements des deniers publics. Ils ont tourné le dos à la bonne gouvernance qu'ils appelaient de leurs vœux lorsqu'ils étaient en dehors du système. Les alliances politiques compromettent allègrement les possibilités d'une véritable compétition entre les protagonistes du champ politique et sèment les germes d'une démocratie des rentes. Parce qu'elles reposent sur une dynamique d'enrôlement des partis de l'opposition dans le système, les alliances ouvrent difficilement les opportunités à une conflictualité de facture idéologique. L'on assiste au demeurant à une confusion des rôles entre le parti au pouvoir et les partis alliés qui sont pourtant conviés à assumer une mission de discordance en rappelant le bloc au pouvoir sur le projet de société à mettre en œuvre et qui doit être en convergence avec les attentes du peuple.

---

son « fief naturel », l'Adamaoua. A tout point de vue, cela révèle que le Rdpc reste l'acteur exclusif de jeu des alliances et qu'il est aussi le seul qui en anime la dynamique et la configuration.
[40] Maurice Kamto, « L'opposition camerounaise et la crise du leadership », Fabien Eboussi Boulaga et al. (dir), *Repenser et reconstruire l'opposition camerounaise. Questions sur la quête du sens et la subjectivation politique*, Yaoundé, Editions Terroirs, 2014, p. 324.

IV- L'institutionnalisation des principes démocratiques et sortie de la transhumance politique

Le rythme de démocratisation est loin de dégager des lignes de visibilité en ce qu'il s'agit de l'enracinement et de la maîtrise des règles du jeu politique dans le contexte de compétition ouverte[41]. Dans ce cas, le tableau à l'échelle continentale paraît plutôt pluriel et parfois contrasté. Des pays qui avaient à l'entame donné les signes avant-coureurs d'une démocratisation réussie sont aujourd'hui happés par des relents de crispation autoritaire et de tendance au verrouillage de la scène politique. Après le départ sous les coups de boutoir des contestations populaires du président Moussa Traoré en 1991, le Mali a renoué avec les élections libres et tendanciellement transparentes. Ce qui a permis l'arrivée au pouvoir en 2002 du président Amani Toumani Touré (considéré comme le soldat de la démocratie), avant même que ce dernier ne soit chassé de pouvoir en 2012 par une junte militaire. Le Niger a expérimenté la même aventure démocratique où les élections ont également alterné avec les coups de force militaire notamment avec l'assassinat du président Ibrahim Baré Mainassara en 1999. Au Sénégal, pays longtemps nourri à la sève du pluralisme politique, qui a certes connu l'alternance au sommet de l'État, a été récemment piqué par le virus de la dévolution monarchique de pouvoir. Le président Abdoulaye Wade, après avoir modifié la constitution, a trahi le vœu du *sopi* (changement), en tentant de positionner son fils Karim Wade, comme héritier présomptif, dans un pays où la culture du pluralisme semble être encrée dans les mœurs politiques[42]. Pour endiguer de telles velléités de monarchisation, une coalition des partis de l'opposition s'est constituée derrière le candidat Macky Sall qui a fini par battre le président sortant Abdoulaye Wade aux élections présidentielles de 2012. En Guinée Conakry, malgré la mort de l'ancien dictateur Lansana Conté et l'élection de l'ancien opposant Alpha Condé, ce pays vit depuis quelques années une véritable crispation en raison notamment du désaccord sur les règles du jeu électoral et une forte dose de tribalisation de la société politique par les acteurs politiques eux-mêmes.

En Afrique centrale, des pays comme la Guinée Équatoriale, le Tchad et le Cameroun n'ont pas jusqu'ici enregistré de séquence d'alternance au pouvoir. Au Gabon, à la suite du décès du président Omar Bongo en 2009, c'est à un scénario de transmission successorale (père à fils)

---

[41] Marc-Antoine Pérouse de Montclos, *Vers un nouveau régime politique en Afrique subsaharienne ? Des transitions démocratiques dans l'impasse*, Paris, IFRI, 2010.
[42] Abdou Latif Coulibaly, *Une démocratie prise en otage par les élites. Essai politique sur la pratique de la démocratie au Sénégal*, Dakar, Les Editions Sentinelles, 2006. *Politique africaine*, « Sénégal 2000-2004, l'alternance et ses contradictions », n°96, 2004.

que le peuple gabonais a assisté, dans un contexte de forte tension entre les différentes factions ethno-tribales. La République centrafricaine, quant à elle, offre un tableau politique plus sombre encore, où malgré une décennie de pouvoir tenu par un président élu, Ange Félix Patassé, (1993-2003), le pays a basculé dans une théâtralité de secousses sociopolitiques et végète depuis quelques années dans une série d'instabilité chronique due à des coups de force politico-militaires portés par des groupes armés et des rebelles à la solde des intérêts complexes. Ces quelques cas de figures montrent que l'Afrique peine jusqu'ici à intégrer les principes et les pratiques démocratiques dans son ethos politique.

En l'absence d'une culture démocratique et d'un jeu politique ouvert et d'une compétition électorale sincère et juste, les forces politiques dévoilent des comportements qui tendent à ignorer allègrement les normes qui organisent la scène politique. Tant du côté des groupes au pouvoir que du côté des forces de l'opposition, les règles de jeu déjà élaborées dans un contexte de crise ou de déficit de consensus, sont foulées au pied, et par conséquent, les élections deviennent des moments de forte tension, d'éclosion de fortes polarités et de cristallisation de conflits politiques. D'évidence, qu'il s'agisse de l'absence des règles de jeu politique consensuelles ou de non respect des règles élaborées dans un cadre de dialogue politique, la démocratisation bute aujourd'hui à une véritable entropie qui a amené certains analystes, de tradition anglo-saxonne notamment, à parler de : « *anocratie* »[43], sorte de régime politique fantôme qui fonctionnerait davantage sur la base de violation des normes, de violence et de corruption élevées, des pouvoirs mal légitimés et contestés, d'une conscience ethno-régionale aiguë et la manipulation constance des résultats électoraux. Dans un tel régime politique généralement incarné par un « *État failli* », « *État fragile* »[44], *l'Etat effondré*[45] ou « *Etat en quête de légitimité* »[46], l'invocation de la démocratie ou de toutes les pièces qui la composent (élections, multipartisme, organe électoral, État de droit, société civile…) sert de vernis et fonctionne comme un masque à la réalité matérielle de la politique africaine. Dans la plupart des cas, les partis au pouvoir continuent de tenir le monopole dans l'organisation du jeu politique, dans l'élaboration des règles, dans le financement des formations politiques,

---

[43] Weart, Spencer, *Never at war: why democracies will not fight one another*, New Haven, Yale university, 1998, cité par Marc-Antoine Pérouse de Montclos, *Vers un nouveau régime politique en Afrique subsaharienne ? Des transitions démocratiques dans l'impasse*, op. cit., p. 4.
44 Jean-Marc Châtaigner et Hervé Magro (dir), *Etats et sociétés fragiles. Entre conflit, reconstruction et développement*, Paris, Karthala, 2007.
[45] William Zartman, *L'effondrement de l'Etat. Désintégration et restauration du pouvoir légitime*, Colorado, Lynne Rienners Publishers, 1995.
[46] Séverine Bellina, Dominique Darbon et al. (dir), *L'Etat en quête de légitimité. Sortir collectivement des situations de fragilité*, Paris, Editions Charles Léopold Mayer, 2010.

dans le cadrage temporel de la compétition électorale et parfois même dans la définition du régime d'interaction partisane. Du coup, dans un système accessoirement ouvert à la valeur démocratique, la transhumance politique, c'est-à-dire l'infidélité dans l'engagement, l'adhésion et l'installation pérenne dans une formation politique demeure une voie de raccourci dans la quête de trophées et de mannes dont l'État sert de symbole de grenier et de prestataire patenté. Si en Afrique des pays comme le Burkina Faso, le Mali et le Ghana ont mis en place des normes législatives visant à l'endiguement de la transhumance politique, il faut relever que le phénomène connaît plutôt un succès étonnant à l'échelle continentale[47]. Les ralliements des partis au pouvoir par des leaders des partis de l'opposition relèvent désormais de la saison permanente surtout en période des élections locales ou nationales, ou encore en contexte des problématiques nourrissant des enjeux névralgiques (modification constitutionnelle, réforme institutionnelle, réaménagement du code électoral ou changement du calendrier politique, formation du gouvernement d'union nationale...). Ce qui se passe en cette période est une véritable mise en berne des pratiques et principes démocratiques alors même que les partis politiques entretiennent plutôt des relations de configuration asymétrique. Les partis au pouvoir, qui disposent des ressources importantes et ont plus souvent la primeur du calendrier électoral, regardent avec commisération et condescendance les formations politiques de l'opposition. Par conséquent, ces dernières lassées par plusieurs années de combat sans issue et sans victoire, finissent par développer des attitudes de démission et de défaitisme. Et du coup, la voie de la transhumance politique, du reniement et de retournement partisan deviennent les chemins les mieux fréquentés par beaucoup de leaders de l'opposition en Afrique post-monolithique ces dernières années. Ces conduites, pour le moins révélatrices d'un certain décrochage dans la quête d'une société démocratiquement civilisée, tendent plutôt à structurer les comportements d'une frange importante des leaders de l'opposition. Ces mobilités politique tendanciellement rentières trahissent un manque d'habitus démocratiques chez beaucoup d'entrepreneurs politiques qui, évoluant dans un contexte de « démocratisation dans l'impasse »,

---

[47] Depuis l'entrée des pays africains en régime de démocratisation, c'est le paradigme des gouvernements de coalition ou d'union qui fait plutôt florès. Pour certains c'est une retraduction de la culture de partage dont les sociétés traditionnelles avaient le secret alors que pour d'autre c'est un moyen pour noyauter davantage les partis d'opposition qui mettent de plus en plus à mal la stabilité des régimes politiques longtemps installés. Il reste alors à relever que dans la constitution de telles équipes gouvernantes, c'est le parti qui continue de tenir la dragée haute et les forces de l'opposition sont confinés à des positions congrue, incapables de faire entendre désormais leur voix sur des questions d'intérêt général ou de priorité nationale. Au Cameroun par exemple, l'UNDP conteste de plus en plus la plate-forme gouvernementale qui la lie au RDPC, parti au pouvoir, en raison de ce que les termes d'un tel deal ne sont pas tout simplement respectés. En dépit de la surdité dont fait montre le RDPC, l'UNDP n'a pas jusqu'ici remis son tablier. Preuve que l'alliance peut répondre à une visée autre qu'idéologique ou programmatique.

développent plutôt des conduites de survie à la manière du petit peuple qui se désintéresse de la chose politiques alors même qu'il fut au-devant de la scène des mouvements démocratiques au début des années 1990[48]. La voie de sortie de la transhumance politique requiert en effet la réinstauration d'un environnement politique où les normes démocratiques s'érigent en code de conduite tant chez les tenants de pouvoir que chez les acteurs qui y aspirent. Il s'agit de renouer avec les valeurs et les principes qui donnent corps à la démocratie comme régime de structuration d'une société politique où les acteurs bénéficient des conditions d'accès aux ressources, aux règles et aux institutions de façon sensiblement égale. Il importe d'œuvrer à ce que la norme électorale devienne le viatique par lequel la société se réconcilie avec elle-même, et non se disloque. Car en somme, « l'élection véhicule aussi le mythe mobilisateur de l'égale contribution de tous à la gestion des affaires publiques, et notamment au choix des dirigeants et de la définition des enjeux politiques. À travers les multiples pratiques qu'elle met en jeu, l'élection contribue à la formation du citoyen, à la transformation des individus en acteurs politiques. Elle permet d'associer chacun, en dépit de ces différences, au projet commun, à des alliances éventuelles et au respect de la diversité d'opinions »[49]. Articulée autour d'un jeu de concurrence électorale juste et libre pour les formations politiques, la politique devient une activité à « somme positive », dans la mesure où les élections permettent à chaque « joueur politique » de tirer un certain gain en prenant part au jeu[50]. La conception de la politique comme une opération « à somme nulle » perd progressivement de sa pertinence et de sa valence dans les interactions partisanes. Un réaménagement de la culture politique s'impose chez les acteurs politiques tant du bloc au pouvoir qu'au sein des forces de l'opposition où règne plus souvent l'esprit de clocher et où s'innervent également les batailles de leadership autour des prébendes et des positions institutionnelles que miroitent à leur endroit des régimes politiques qui sont

---

[48] Jérome Lafargue, *Contestations démocratiques en Afrique*, Paris, Karthala, 1996. Au Cameroun une étude récente menée par Afrobaromètre indique que 56% des citoyens sont insatisfaits du fonctionnement de la démocratie pendant que 55% n'adhèrent pas aux partis politiques.
[49] IRG/LAM, *Elections et risques d'instabilité en Afrique : Quel appui pour des processus électoraux légitimes ?*, 2014, p. 14.
[50] Il est à souligner que dans un contexte de transition démocratique, l'entrée en scène politique s'inscrit dans un élan d'apprentissage et d'habituation aux règles du jeu et à la maîtrise des enjeux ; ce qui est toujours possible des ratés et des échecs. En cela, les moments de défaite ou de victoire méritent d'être vécus comme des « occasions » susceptibles d'être acquises ou plutôt remises en question lors des prochaines compétitions électorales. L'essentiel devant résider dans la maitrise des règles et des logiques du jeu politique dans un contexte de concurrence entre plusieurs acteurs et formations partisanes. Il faut dès lors tourner le dos à la conception « consumériste » de la compétition politique, comme moment de cristallisation et de polarisation des figures irréductiblement inconciliables de « l'ami » et de « l'ennemi ». Voir Marc Sadoun et Jean Marie Donégani, *Qu'est-ce que la politique ?*, Paris, Gallimard, 2007.

eux-mêmes habités par la logique d'éternisation au pouvoir et de patrimonialisation de ses ressources. Or, parce que la démocratie ne s'accommode pas, en tout cas, dans sa disposition principielle, d'une confiscation de pouvoir, il est dès lors important que s'instaure dans les rangs des entrepreneurs de l'activité politique, une culture politique arrimée à la norme démocratique, comme référentiel de guidage de leur comportement et de leur vision. Dans ce cas, l'activité politique va cesser d'être saisie comme une lutte à mort, une bataille des fauves dont l'issue débouche sur l'étranglement du perdant (opposition) et la jubilation outrancière du gagnant (majorité).

Conclusion

A maints égards, ériger la « transhumance politique » en focal analytique n'est pas une tâche aisée, et ce pour au moins trois raisons : 1) les transitions politiques engagées dans beaucoup des pays africains ces deux dernières décennies sont loin d'avoir dévoilé jusqu'ici leur richesse et leur complexité inhérente. Toute analyse finaliste est à éviter car c'est faire œuvre de devin que de dire avec exactitude vers quoi vont conduire les mouvements de démocratisation en cours, alors même que l'actualité présente des situations tant de transition avortée (Mali, Guinée Conakry, République centrafricaine…), tantôt de retour aux anciennes formules de monopoles (Cameroun, Tchad, Gabon, Togo, Rwanda…) tantôt des crispations autoritaires (Burundi, Congo Brazzaville, Rwanda…) ; 2) il est aussi bien stérile de faire de la « transhumance politique » une variable lourde du processus démocratique dans les pays africains et camerounais en particulier, alors même que depuis la fin des « idéologies », la politique subit une véritable brouille idéologique même dans les sociétés de vielles démocraties. Dans ces sociétés notamment, le pragmatisme gagne de plus en plus les comportements politiques, et il n'est pas exclu que des gouvernements de coalition se forme confusément avec un attelage des partisans de la Gauche ou de la Droite (comme France) ou les Démocrates ou les Républicains (comme aux Etats-Unis) ; 3) cependant, saisie à l'aune de l'historicité de la politique africaine à l'ère post-monolithique, la « transhumance politique » met en exergue- finalement alors- un régime de constellation qui inspire une gouvernance partagée mais largement adossée à la gouvernementalité néo-patrimoniale, ce trait caractéristique (sorte de tarte à la crème) des régimes politiques africains depuis leur accession aux indépendances.

Et, au demeurant, la « transhumance politique » nous installe dans un contexte de démocratisation à la fois hybride et ambigu, diffus et dévoyé, où les acteurs utilisent allègrement les ressources à leur portée pour construire une « communauté d'intérêts », une manière commune de faire la politique sous sa forme transactionnelle, faite de marchandage et d'échange rentier. Dans cette dynamique, il est à noter- et le terrain camerounais le prouve à suffisance- c'est la fraction au pouvoir qui actionne les alliances inter-partisanes, et que, *in fine*, il tient la manivelle d'inspiration et d'instigation aux formes de « transhumance politique » manifestées jusqu'ici. Dans les démocraties en construction comme c'est le cas dans beaucoup des pays africains, le phénomène de « transhumance politique » est un système de dévoiement des valeurs et normes devant consacrer l'assise démocratique dans le jeu politique. De ce point de vue, c'est une pratique qui est blâmable et répréhensible ; ce qui a poussé certains pays à légiférer à son encontre. Mais la mise acte de ces dispositifs normatifs n'a pas malheureusement mis fin à de telles pratiques. Ce qui amène à penser que la « transhumance politique », à défaut d'être appréhendée comme un trait des ratés de processus démocratique, doit être analysée comme une singularité de l'histoire politique africaine ces dernières décennies. Elle met à nu toutes les contrariétés historiques, systémiques et sociologiques des démocratisations subsahariennes, et pose au demeurant le défi de leur ancrage[51].

Bibliographie

- Alawadi Zelao, « Opposition politique au Cameroun et responsabilité du corps électoral », Fabien Eboussi Boulaga et al., (dir), *Repenser et reconstruire l'opposition camerounaise. Questions sur la quête de sens et la subjectivation politique*, Yaoundé, Editions Terroirs, 2014, pp. 353-379.
- Alawadi Zelao, « Démocratisation passive et gouvernance politique dans les Etats de l'Afrique centrale », *Revue internationale des sciences humaines et sociales*, Vol. 5, n°5, 2013, pp. 151-172.
- Bartolini, Stefano, « Les formations des clivages », *Revue internationale de politique comparée*, n°1, Vol. 12, 2005, pp. 9-34.
- Bayart, Jean-François, « La démocratie à l'épreuve de la tradition en Afrique subsaharienne », *Pouvoirs*, n°129, 2009, pp. 27-44.
- Bayart, Jean-François, « La problématique de la démocratie en Afrique. « La Baule », et puis après », *Politique africaine*, n° 43, 1991, pp. 5-20.

---

[51] Un tel défi est déjà au centre des analyses africanistes. Ainsi, analysant l'expérience camerounaise à l'aune de démocratisation, Zambo Belinga interroge les fondements socio-idéologiques du militantisme qui reste ici une construction (parfois factice) des leaders qui gardent plutôt une relation discontinue voire disjointe au corps social, et pourtant potentielle force de militantisme. Cet auteur écrit : « *Si le militantisme peine à s'enraciner dans l'univers des pratiques politiques locales, c'est en en partie eu égard à l'extrême distance qui existe entre les partis politiques et les populations. C'est parce qu'ils sont conscients de cette tare que les partis utilisent les leaders d'opinion lorsqu'ils sollicitent le soutien des populations. Cette stratégie procède en réalité du souci des entreprises politiques de pourvoir à l'exigence de créer une communauté de dessein avec les populations, bas de toute entreprise de militantisme* » (2012 :291). Dans ce contexte politique, du reste marqué par « *la vacuité de l'objet idéologie dans l'existence des partis politiques* » (op. cit. p. 269), le phénomène de transhumance et de mobilité partisanes trouve facilement à s'épanouir ; ce qui peut également contribuer à brouiller les identités des formations politiques et dérouter finalement les groupes sociaux dans leur choix politique, et par conséquent dans leur engagement militant.

- Bayart, Jean-François, *L'Etat en Afrique. La politique du ventre*, Paris, Fayard, 1989.
- Bourgi Albert, *Le printemps de l'Afrique*, Paris, Hachette, 1991.
- Bourmaud, Daniel, *La politique en Afrique*, Paris, Montchrestien, 1997.
- Cabanis, André et Martin, Michel Louis, *Les constitutions d'Afrique francophone. Evolutions récentes*, Paris, Karthala, 1999.
- Châtaigner, Jean-Marc et Magro, Hervé (dir), *Etats et sociétés fragiles. Entre conflit, reconstruction et développement*, Paris, Karthala, 2007.
- Chole, Eshu et Ibrahim, Djibrin (dir), *Processus de démocratisation en Afrique. Problèmes et perspectives*, Dakar, CODESRIA, 1995.
- Conac ; Gérard (dir), *L'Afrique en transition vers le pluralisme politique*, Paris, Economica, 1993.
- Coulibaly, Abdou Latif, *Une démocratie prise en otage par ses élites*, Dakar, Les Editions Sentinelles, 2006.
- Daloz, Jean-Pascal et Quantin, Patrick (dir), *Transitions démocratiques africaines*, Paris, Karthala, 1997.
- Diop, El Hadji Omar, *Partis politiques, démocratie et réalités sociales au Sénégal. Essai critique pour une étude réaliste du multipartisme*, Dakar, CREDILA, 2011.
- Dobry, « Valeurs, croyances et transactions collusives. Notes pour une réorientation de l'analyse de légitimation des systèmes démocratiques », Javier Santiso, (dir), *A la recherche de la démocratie. Mélanges offerts à Guy Hermet*, Paris, Karthala, 2002, pp. 103-120.
- Eboussi Boulaga, Fabien et al. (dir), *Repenser et reconstruire l'opposition camerounaise. Questions sur la quête de sens et la subjectivation politique*, Yaoundé, Editions Terroirs, 2014.
- Eboussi Boulaga, Fabien, *La démocratie de transit au Cameroun*, Paris, L'Harmattan, 1997.
- Eboussi Boulaga, Fabien, *Les conférences nationales en Afrique. Une Affaire à suivre...*, Paris, Karthala, 1993.
- Houngnikpo, Mathurin, *L'illusion démocratique*, Paris, L'Harmattan, 2004.
- Hyden, Goran et Denis Venter (ed.), *Constitution-making and democratisation in Africa*, Pretoria, Africa Institute of South Africa, 2001.
- Hyden Goran et Bratton, Michael (eds), *Gouverner l'Afrique. vers un partage des rôles*, Boulder, Lynne Rienner Publishers, 1992.
- IRG/LAM, *Elections et risques d'instabilité en Afrique : Quel appui pour des processus électoraux légitimes ?*, 2014.
- Kamto, Maurice, « L'opposition camerounaise et la crise du leadership », Fabien Eboussi Boulaga et al. (dir), *Repenser et reconstruire l'opposition camerounaise. Questions sur la quête de sens et la subjectivation politique*, Yaoundé, Éditions Terroirs, 2014, pp. 321-326.
- Kamto, Maurice, « Quelques réflexions sur la transition vers le pluralisme politique au Cameroun », Gérard Conac (dir), *L'Afrique en transition vers le pluralisme politique*, Paris, Economica, pp. 209-236.
- Lafargue, Jérôme, *Contestations démocratiques en Afrique*, Paris, Karthala, 1996.
- Lipset, Seymour et Stein Rokkan, *Structure de clivages, systèmes de partis et alignement des électeurs*, Bruxelles, ULB, 2008.
- Mamadou Diouf, *Libéralisations politiques ou transitions démocratiques : perspectives africaines*, Dakar, CODESRIA, 1997.
- Mamadou Gazibo et Céline Thiriot (dir), *Le politique en Afrique. Etat des débats et pistes de recherche*, Paris, Karthala, 2009.
- Mbembe, Achille, *Sortir de la grande nuit. Essai sur l'Afrique décolonisée*, Paris, La Découverte, 2010.

- Mbembe, Achille, *De la postcolonie. Essai sur l'imagination politique dans l'Afrique contemporaine*, Paris, Karthala, 2000.
- Médard, Jean-François, « Autoritarismes et démocratie en Afrique noire », *Politique africaine*, n°43, 1991, pp. 92-104.
- Médard, Jean-François, « La spécificité des pouvoirs africains », *Pouvoirs*, n°25, 1983, pp. 5-22.
- Mfoulou, Jean, « Les non-dits de la démocratisation en Afrique », *Revue camerounaise des relations internationales*, Vol. IV, n°1-2, 1997, pp. 37-50.
- Momar-Comba Diop et Mamadou Diouf (dir), *Les figures du politique en Afrique*, Paris/Dakar, Karthala/CODESRIA, 1999.
- Monga, Célestin, *L'anthropologie de la colère*, Paris, L'Harmattan, 1994.
- Mouiche, Ibrahim, « Multipartisme, « bigmanisme » politique et démocratisation au Cameroun », *Revue africaine d'études politiques et stratégiques*, n°5, 2008, pp. 19-46.
- Ngayap, Flambeau Pierre, *L'opposition au Cameroun. Les années de braise*, Paris, L'Harmattan, 1999.
- Onana, Janvier, « Le Cameroun et la transition à la démocratie : entre raisons constituées et pratiques instauratrices de sens », *International Journal of Francophone Studies*, vol. 4, n°2, 2001.
- Pérouse de Montclos, Marc-Antoine, *Vers un nouveau régime politique en Afrique subsaharienne ? Des transitions démocratiques dans l'impasse*, Paris, IFRI, 2010.
- Quantin, Patrick, « La difficile consolidation des transitions démocratiques africaines des années 1990 », Christophe Jaffrelot (dir), *Démocraties d'ailleurs*, Paris, Karthala, 2000, pp. 479-507.
- Sardoun, Marc et Donégani, Jean-Marie, *Qu'est-ce que la politique ?*, Paris, Gallimard, 2007.
- Sindjoun, Luc (dir), *Comment peut-on être opposant au Cameroun*, Dakar, CODESRIA, 2004.
- Sindjoun, Luc (dir), *La révolution passive au Cameroun. Etat, société et changement*, Dakar, CODESRIA, 1999.
- Talla, Jean-Bosco (dir), *L'impératif des alliances en démocratie*, Yaoundé, Friedrich Ebert Stiftung, 2013.
- Van de Walle, Nicolas, « The democratization of political clientelism in sub-saharian Africa », *Third European Conference on African Studies*, Leipzig, june 4-7, 2009
- Van de Walle, Nicolas, « Démocratisation en Afrique. Un bilan critique », Mamadou Gazibo Céline Thiriot (dir), *Le politique en Afrique. Etats des débats et pistes de recherche*, Paris, Karthala, 2009, pp. 135-163.
- Zambo Belinga, Joseph-Marie, « Le militantisme est-il un objet scientifiquement pertinent en Afrique ? Réflexion à partir de l'exemple du Cameroun », *Annales de la FALSH*, Université de Yaoundé I, 2012, pp. 267-300.

SECONDE PARTIE

Normes électorales et configuration du jeu politique

CHAPITRE 5

La réception des normes internationales relatives aux élections dans l'ordre juridique camerounais

Nouazi Kemkeng Carole Valérie

> *« Les normes internationales en matière d'élections constituent des critères de référence pour l'examen de la qualité d'une élection. L'évaluation des cadres et pratiques électorales à l'aide des normes internationales permet d'identifier clairement les points forts et les lacunes dans le domaine électoral, sur la base de critères qui sont formalisés et reconnus, ce qui réduit le risque de conclusions subjectives personnalisées ou politisées. La référence aux obligations contenues dans les traités et autres documents envers lesquels l'État concerné s'est explicitement engagé est particulièrement puissante ».* Commission européenne, *Recueil des normes internationales pour les élections,* 3ème édition, Bruxelles, novembre 2007, p. 1.

La scène politique internationale est régie par des standards internationaux en matière des règles électorales[1] en vue de garantir le droit fondamental du citoyen à la participation et à la gestion des affaires publiques. Cette participation, directe ou indirecte, se fait à travers la pratique des élections qui est généralisée dans la plupart des États du monde. Toutefois, malgré l'existence de tout cet arsenal juridique international[2], le contexte électoral est généralement caractérisé par des tensions qui engendrent des violences et des affrontements entre les acteurs politiques avec pour corollaire les violations des droits de l'homme. La « vague de démocratisation »,[3] des années 1990 a conduit les pays africains, dont le Cameroun, à s'arrimer à la nouvelle donne au regard des conditionnalités des

---

[1] Commission européenne, *Recueil des normes internationales pour les élections,* 3ème édition, Bruxelles, novembre 2007, 352 p.
[2] Haut-commissariat des Nations Unies aux droits de l'homme, *Principaux instruments internationaux relatifs aux droits de l'homme*, Nations Unies, New York et Genève, 2006, 242 p.
[3] Selon l'expression de Samuel Huntington, *in The Third Wave. Democratization in the Late Twentieth Century*,
Norman, University of Oklahoma Press, 1991. Pour rappel, la troisième vague de démocratisation a démarré au Portugal et s'est étendue en Amérique latine, puis en Europe de l'Est.

bailleurs de fonds qui deviennent de plus en plus regardant sur la gestion politico-économique des pays en voie de développement[4]. La démocratie étant perçue comme une valeur universelle essentielle au développement des peuples, le mérite de son instauration en Afrique est d'avoir solennellement affirmé le caractère universel des principes et règles qui fondent toute démocratie et qui s'articulent autour de la primauté du suffrage universel, de la séparation des pouvoirs, de l'indépendance de la justice, de la garantie des libertés d'expression et du respect des droits de l'homme[5].

Ainsi, dans le contexte politique africain depuis bientôt un demi-siècle, démocratie, élections et développement sont assurément les mots les plus utilisés. Comme le souligne Dodzi Kokoroko, « *les élections en Afrique noire francophone orientent la réflexion contemporaine sur les moyens de l'appropriation par les sociétés africaines des compétitions électorales, non pas comme un simple rituel conçu à partir de règles et de procédures relatives à la légitimation du pouvoir politique, mais comme une étape d'un jeu politique démocratique et pluraliste* »[6]. C'est la raison pour laquelle les instruments internationaux relatifs aux élections ont été domestiqués dans les ordres juridiques internes en général et au Cameroun en particulier. Il importe de souligner que l'ordre juridique constitue l'ensemble de l'appareil légal d'un État, et donc l'ensemble des droits et des devoirs des citoyens. Il renvoie à l'ordre public normatif que René-Jean Dupuy définit en se référant à l'ordonnancement juridique fondé sur le primat de normes essentielles auxquelles nul ne peut déroger, sauf à entrer dans un processus révolutionnaire[7]. Il le distingue ainsi de l'ordre public sécuritaire qui renvoie quant à lui à l'ordonnancement matériel (désordre et les ruptures de la paix)[8]. Ainsi entendu, il faut dire que la fixation des règles électorales doit donc être mue par la nécessité d'éviter l'exclusion de certains acteurs politiques. Dans l'ordre juridique camerounais, le pouvoir législatif est l'organisme qui est habituellement responsable de l'élaboration des lois, y compris les lois électorales. Celles-ci apparaissent alors à la fois comme l'instrument de justification du pouvoir, de son renforcement mais aussi de sa pérennisation[9]. Dès lors, l'on peut se demander comment est-ce que le Cameroun a internalisé les standards internationaux en matière d'élection dans son ordre

---

[4] Jean-Louis Atangana Amougou, « Conditionnalités juridiques des aides et respect des droits fondamentaux », *Afrilex* n° 02, Septembre 2001 ; voir également Magloire Ondoa, « Ajustement structurel et réforme du fondement théorique des droits africains postcoloniaux : l'exemple camerounais », *Revue africaine des sciences juridiques*, vol. 2, n° 1, 2001, pp. 75-118.

[5] Babacar Guèye, « La démocratie en Afrique : succès et résistances », *Pouvoirs* 2009/2, n° 129, pp. 5-26, p. 7.

[6] Dodzi Kokoroko, « Les élections disputées : réussites et échecs », *Pouvoirs* 2009/2, n° 129, pp. 115-125, p. 121.

[7] René-Jean Dupuy, « L'ordre public en droit international », *Acte de colloque, op.cit.* p.103.

[8] *Idem.*

[9] Dodzi Kokoroko, *op. cit.*

juridique interne ? Autrement dit, tous les engagements pris au niveau international sont-ils consacrés dans les textes électoraux camerounais et mis en pratique ? Le décryptage de cette problématique va permettre aux observateurs d'évaluer la conduite des élections en accord avec les normes internationales avec pour objectif fondamental de rechercher le degré d'avancement du processus de démocratisation au Cameroun. Le recours à la méthode juridique permet de vérifier, dans une approche critique, si le cadre juridique des élections au Cameroun traduit l'arsenal des normes juridiques internationales objectives ou tout autre texte contraignant qui encadre les élections. Étant donné que l'encadrement juridique des élections permet d'éviter les tensions, les violences et les violations des droits de l'homme, le Cameroun a dû adhérer aux normes internationales relatives aux élections (I) qui influencent fortement son droit électoral[10] en quête d'une adaptation progressive au contexte et aux réalités camerounaises en vue de l'amélioration du processus électoral (II).

I- La réception - adhésion

L'attachement aux principes et valeurs démocratiques énoncés au plan international se fait généralement par l'adhésion qui est l'aboutissement de la procédure d'approbation[11] et de ratification par un État en droit international. Le Cameroun a la particularité d'être un pays ayant formellement adhéré à la quasi-totalité des instruments internationaux concernant les élections qu'il s'agisse des textes onusiens ou des textes régionaux[12] (A). De la ratification de ces textes internationaux découlent un certain nombre d'obligations et principes relatifs aux consultations démocratiques imposées au Cameroun vis-à-vis de la communauté internationale (B).

---

[10] Voir Alain Didier Olinga, « Politique et droit électoral au Cameroun : analyse juridique de la politique électorale », *Polis / R.C.S.P. / C.P.S.R.,* Vol. 6, n° 2, 1998, pp. 31-52.

[11] L'approbation est une procédure d'engagement de l'État qui doit être distinguée aussi bien de la ratification que des accords en forme simplifiée. Elle implique une formalité postérieure à la signature et peut nécessiter une autorisation parlementaire. Elle se distingue alors de la ratification car elle émane non du Président de la République mais du gouvernement, et en pratique du ministre des affaires étrangères Raymond Guillien et Jean Vincent, Serge Guinchard et Gabriel Montagnier (Dir.), *Lexique des termes juridiques,* 17ème édition, Dalloz 2010, p. 55.

[12] Voir Nouveaux Droits de l'homme (NDH), Rapport d'observation de la situation des droits de l'homme en période électorale au Cameroun, année 2013, « Cameroun : mission d'observation de la société civile camerounaise, Droits de l'homme et processus électoral de 2013 », p. 13.

A- La ratification

La ratification est un acte par lequel l'organe compétent d'un État – généralement le Chef de l'État ou l'organe collégial- confirme la signature apposée sur un traité par un plénipotentiaire et marque ainsi son consentement à être lié par ce traité[13]. Ainsi, dans le souci de s'arrimer aux standards internationaux, le Cameroun a exprimé son consentement à être lié aux instruments juridiques internationaux à la fois universels et régionaux.

1. Les textes onusiens ratifiés

Les principes et valeurs en matière d'élection ont été universellement consacrés dans la Déclaration Universelle des Droits de l'Homme (DUDH) du 10 décembre 1948[14]. Par la suite, ils ont été conventionnalisés dans les deux Pactes internationaux de 1966[15]. Acceptée par l'ensemble des États membres de Nations Unies, y compris le Cameroun, la DUDH établit un droit universel des élections justes[16]. Elle précise à l'article 21 (§§ 1&2) que *«toute personne a le droit de prendre part à la direction des affaires publiques de son pays, soit directement, soit par l'intermédiaire de représentants librement choisis. Toute personne a droit à accéder, dans des conditions d'égalité, aux fonctions publiques de son pays»*. En outre, le paragraphe 3 du même article souligne que les élections libres constituent la seule base légitime pour l'autorité du gouvernement en ces termes : *« La volonté du peuple est le fondement de l'autorité des pouvoirs publics; cette volonté doit s'exprimer par des élections honnêtes qui doivent avoir lieu périodiquement, au suffrage universel égal et au vote secret ou suivant une procédure équivalente assurant la liberté du vote»*.

Ces droits ont été repris par le PIDCP et leur champ d'application a été défini. Il consacre une série de droits politiques et de libertés civils qui sont des piliers d'une véritable démocratie[17]. Le Pacte garantie à l'article 25 le droit pour citoyen *«(...): a) de prendre part à la direction des affaires*

---

[13] Gérard Cornu, *Vocabulaire juridique,* Paris, PUF, 9ème édition, 2011, p. 842.

[14] La DUDH a été adoptée à Paris et proclamée par l'Assemblée générale des Nations Unies dans sa résolution 217 A (III) du 10 décembre 1948.

[15] Adoptés à New York et ouverts à la signature, à la ratification et à l'adhésion par l'Assemblée générale des Nations Unies dans sa résolution 2200 A (XXI) du 16 décembre 1966, les deux Pactes de 1966 à savoir, le Pacte international relatif aux droits civils et politiques et le Pacte international relatif aux droits économiques, sociaux et culturels, sont entrés en vigueur respectivement le 23 mars 1976 conformément aux dispositions de l'article 49 et le 3 janvier 1976 conformément à l'article 27.

[16] Voir NDH, Rapport d'observation de la situation des droits de l'homme en période électorale au Cameroun, année 2013, « Cameroun : mission d'observation de la société civile camerounaise, Droits de l'homme et processus électoral de 2013 », *op. cit.,* p. 14.

[17] Justine Diffo Tchunkam, « Les instruments juridiques nationaux relatifs aux droits de l'homme et aux élections », Communication présentée lors de l'*Atelier national de sensibilisation et de renforcement des capacités des partis politiques sur les droits de l'homme et la participation citoyenne aux processus électoraux au Cameroun,* 2011.

publiques, soit directement, soit par l'intermédiaire de représentants librement choisis; b) De voter et d'être élu, au cours d'élections périodiques, honnêtes, au suffrage universel et égal et au scrutin secret, assurant l'expression libre de la volonté des électeurs ».

Il importe de préciser que le Cameroun est partie aux autres instruments des Nations Unies en matière des droits contenant des dispositions s'appliquant aux processus électoraux[18]. Il s'agit d'une part de la Convention internationale sur l'élimination de discrimination raciale[19] signée le 12 décembre 1966 et ratifiée le 24 juin 1971 par l'État camerounais. La Convention garantit à tout citoyen, en son article 5 (c), la jouissance des droits politiques, notamment droit de participer aux élections – de voter et d'être candidat – selon le système du suffrage universel et égal, droit de prendre part au gouvernement ainsi qu'à la direction des affaires publiques. D'autre part, la Convention sur l'élimination de toutes formes de discrimination à l'égard des femmes (CEDEF)[20], ratifiée par le Cameroun le 6 juin 1983, dispose en sont article 7 que *« Les États Parties prennent toutes les mesures appropriées pour éliminer la discrimination à l'égard des femmes dans la vie politique et publique du pays et, en particulier, leur assurent, dans des conditions d'égalité avec les hommes, le droit: a) De voter à toutes les élections et dans tous les référendums publics et être éligibles à tous les organismes publiquement élus; b) De prendre part à l'élaboration de la politique de l'État et à son exécution (...)».* Ces différents textes consacrent également des droits civils en rapport direct avec les élections tels que les libertés de pensée, d'opinion, d'expression et de réunion[21].

2. Les textes régionaux ratifiés

En Afrique, les instruments régionaux sont ceux qui ont été composés et adoptés au sein de l'organisation régionale qu'est l'Union africaine. Ainsi, en matière électorale, le principe du gouvernement par le peuple est énoncé dans la Charte africaine des droits de l'homme et des peuples[22] en son article 13 comme suit *«1. Tous les citoyens ont le droit de participer librement à la direction des affaires publiques de leur pays, soit*

---

[18] NDH, Rapport d'observation de la situation des droits de l'homme en période électorale au Cameroun, année 2013, *op. cit.*

[19] La Convention internationale sur l'élimination de toutes les formes de discrimination raciale, adoptée par l'Assemblée générale des Nations Unies dans sa résolution 2106 A (XX) du 21 décembre 1965, entrée en vigueur le 4 janvier 1969 conformément à l'article 19.

[20] La Convention sur l'élimination de toutes formes de discrimination à l'égard des femmes a été adoptée par les Nations Unies à New York le 18 décembre 1979 et elle est entrée en vigueur le 3 septembre 1981 conformément aux dispositions du paragraphe 1 de l'article 27.

[21] Voir par exemple l'article 5 (d) du PIDCP, les articles 18, 19 et 20 de la DUDH.

[22] La Charte africaine des droits de l'homme et des peuples adoptée par la dix-huitième Conférence des Chefs d'État et de gouvernement tenue à Nairobi au Kenya, le 27 juin 1981. Elle est entrée en vigueur le 21 octobre 1986.

directement, soit par l'intermédiaire de représentants librement choisis, ce, conformément aux règles édictées par la loi. (...)».

Malgré l'adoption de ce texte régional, la récurrence des élections tronquées expose les démocraties africaines à de graves crises. L'adoption de la Charte africaine de la démocratie, des élections et de la gouvernance (CADEG)[23] s'inscrit dans un mouvement correctif à ces irrégularités. Les principes et normes consacrés au plan universel ont été repris par cette Charte en son article 3. Le Cameroun l'a ratifié[24] la par la loi n°2011/017 du 15 juillet 2011. Il s'agit en fait d'un guide de la démocratie[25] mis sur pied sur le continent africain et qui constitue à n'en point douter une grande initiative à saluer dans un continent en quête des assises de ses valeurs universelles, des principes de la démocratie, de la bonne gouvernance, d'une culture des droits de l'homme et du droit au développement[26]. Ainsi, au même titre que les autres pays du continent africain, le Cameroun s'arrime à la civilisation démocratique.

Il importe de mentionner également le Protocole à la Charte africaine des droits de l'homme et des peuples relatif aux droits de la femme en Afrique[27] qui prévoit en son article 9 le droit de participation des femmes au processus politique et à la prise de décisions en ces termes *«1. Les États entreprennent des actions positives spécifiques pour promouvoir la gouvernance participative et la participation paritaire des femmes dans la vie politique de leurs pays, à travers une action affirmative et une législation nationale et d'autres mesures de nature à garantir que : a. les femmes participent à toutes les élections sans aucune discrimination; b. les femmes soient représentées en parité avec les hommes et à tous les niveaux, dans les processus électoraux; 2. Les États assurent une représentation et une participation accrues, significatives et efficaces des femmes à tous les niveaux de la prise des décisions».*

---

[23] La Charte a été adoptée par la Conférence des Chefs d'État et de Gouvernement de l'Union africaine (UA lors de son 8ème Sommet tenu à Addis Abeba (Éthiopie) du 29 au 30 janvier 2007, Décision Assembly/AU/Dec. 147 (VIII).

[24] Le Cameroun était le neuvième pays à ratifier la CADEG. C'est la ratification par l'État du Cameroun qui a permis l'entrée en vigueur de la CADEG conformément à son article 48. Voir CNUDHD, Ratification par le Cameroun de la Charte africaine de la démocratie, des élections et de la Gouvernance : Enjeux et défis de la mise en œuvre de l'instrument, *Rights and Democracy Focus,* n° 52, 28 septembre 2011.

[25] Carole Valérie Nouazi Kemkeng, « Commentaire du Chapitre X de la Charte africaine de la démocratie, des élections et de la gouvernance : Des mécanismes de mise en application (Articles 44 et 45) », *La Charte africaine de la démocratie, des élections et de la gouvernance. Commentaire Article par Article,* Jean Didier Boukongou (Dir.), UCAC, *(à paraître).*

[26] Paragraphe 5 du Préambule de la CADEG.

[27] Adopté par la 2ème session ordinaire de la Conférence de l'Union, Maputo, le 11 juillet 2003.

Dans l'ensemble, il importe de relever que la ratification d'instruments internationaux ou régionaux est la traduction juridique d'une volonté politique forte par les dirigeants d'un pays. Ces instruments régionaux et universels ratifiés par l'État camerounais permettent-ils d'évaluer le niveau d'engagement du Cameroun dans le processus de libéralisation du paysage politique ?

B- Les engagements

À travers la ratification des instruments universels et régionaux précités, le Cameroun, comme les autres États parties, s'est engagé à les mettre en œuvre conformément aux principes qu'ils énoncent. La ratification entraîne ainsi des engagements politiques qui offrent une base pour l'évaluation du processus électoral au Cameroun. Il s'agit principalement de l'organisation des élections démocratiques et de la garantie des droits fondamentaux de l'homme.

1. L'organisation des élections démocratiques

Au regard des normes internationales et de la pratique de l'assistance électorale des organisations internationales, les principes dégagés pour la mise en place d'un cadre juridique adéquat qui serait conforme aux standards internationaux sont les suivants : la tenue périodique d'élections justes, libres et transparentes, du suffrage universel et égalitaire, etc.[28] Ces principes ont été repris par la Charte africaine de la démocratie, des élections et de la gouvernance, à travers laquelle l'Union africaine s'attache à consolider les engagements déjà pris dans les déclarations et décisions relatives à la démocratie et à la gouvernance. Une lecture attentive de la Charte montre qu'elle vise résolument et sans ambiguïté à instaurer une culture d'alternance politique fondée sur la tenue d'élections régulières, libres, honnêtes et transparentes, conduites par des organismes électoraux nationaux, compétents, indépendants et impartiaux[29]. La Charte fait référence au renforcement de la démocratie et des droits de l'homme, de l'État de droit, de la bonne gouvernance, le développement durable mais aussi à l'égalité des sexes.

Les élections libres supposent le respect du libre choix du peuple, les garanties des libertés ainsi que la protection des droits indispensables à la bonne tenue d'une élection. En ce qui concerne le libre choix du peuple, la DUDH prévoit que : « *toute personne a le droit de prendre part à la*

---

[28] Voir NDH, Rapport d'observation de la situation des droits de l'homme en période électorale au Cameroun, année 2013, « Cameroun : mission d'observation de la société civile camerounaise, Droits de l'homme et processus électoral de 2013 », *op. cit.,* pp. 15 & 16, voir aussi Guy S. GOODWIN-GILL et al., *Élections libres et régulières,* Union interparlementaire, 2ème édition, Genève, 2006, 249 p., pp. 112 et ss.
[29] Article 3 de la CADEG.

direction des affaires publiques de son pays soit directement, soit par l'intermédiaire de représentants librement choisis ». Les deux pactes qui renforcent cette Déclaration universelle disposent: « *qu'en vertu de leur droit à disposer d'eux-mêmes, les peuples déterminent librement leur statut politique réaffirmé dans la déclaration sur l'octroi de l'indépendance aux pays et aux peuples coloniaux »*

Le concept d'élections justes suppose que l'ensemble des participants au processus électoral soit soumis aux mêmes conditions. Le cadre juridique doit refléter les engagements de l'organe de gestion des élections ainsi que d'autres principes universels. Les lois électorales doivent être appliquées et respectées sans exception aucune. Tous les candidats, partis et organisations politiques qui souhaitent briguer un poste doivent pouvoir le faire et s'affronter en recevant le même traitement impartial de la part des autorités, conformément à la loi.

Quant aux élections transparentes, le critère de transparence suppose que les règles du jeu soient claires, vérifiables avec des garde-fous incontestables qui doivent être respectés par tous les acteurs du processus. Et qu'un organisme neutre et crédible composé des personnes d'une moralité irréprochable soient investies de l'autorité d'organiser et de statuer sur les résultats des élections. Cela suppose aussi que toute l'information relative au processus électoral, surtout celle qui est déterminante pour le libre choix des candidats soit disponible et accessible à tous dans les mêmes conditions.

Les États s'engagent également à respecter les principes de l'universalité et d'égalité du suffrage. Le suffrage universel suppose que l'ensemble des citoyens remplissant les conditions requises par la loi exerce leur droit de vote en toute liberté. L'enrôlement des électeurs doit être impartial, non discriminatoire et conforme. Le concept de suffrage égalitaire quant à lui, suppose que les votes de tous les citoyens ont la même valeur.

2. La garantie de la liberté politique des citoyens

Le retour au pluralisme s'est accompagné d'une abondante proclamation des droits et libertés dans les nouvelles constitutions africaines qui en présentent de véritables chartes, ce qui marque une rupture d'avec le passé autoritaire des régimes africains[30]. La liberté, le respect des droits de l'homme et le principe de la tenue d'élections honnêtes et périodiques au suffrage universel sont des valeurs qui constituent des éléments essentiels de la démocratie[31]. Les élections sont ainsi un exemple de mise en application des droits de l'homme. Réussir un processus électoral démocratique fait partie de la mise en place d'un système de gouvernement qui veille au

---

[30] Babacar Guèye, *op. cit.,* p. 9.
[31] Principe 1 de la Déclaration universelle sur la démocratie, Adoptée par le Conseil interparlementaire lors de sa 161ème session (Le Caire, 16 septembre 1997), *La démocratie : principes et réalisation,* Union Interparlementaire, Genève, 1998.

respect des droits de l'homme, à l'État de droit et au développement des institutions démocratiques[32]. À cet égard, les normes internationales relatives aux élections, établies par des traités internationaux et ratifiés par l'État camerounais l'obligent à respecter les droits et libertés fondamentaux de l'homme.

Cela revient à dire que la démocratie est un droit fondamental du citoyen, qui doit être exercé dans des conditions de liberté, d'égalité, de transparence et de responsabilité, dans le respect de la pluralité des opinions et dans l'intérêt commun[33]. Ainsi, pour être libre, la participation aux élections doit avoir lieu dans un climat caractérisé par l'absence d'intimidation et par le respect d'un grand nombre de droits fondamentaux de l'homme. A cet effet, les obstacles qui s'opposent à une pleine participation des citoyens doivent être écartés et ceux-ci doivent être assurés que leur participation aux élections n'entrainera pour eux aucun préjudice personnel. Ces principes universels sont repris par le Chapitre III de la CADEG qui énonce les principes qui doivent guider les États dans la mise en œuvre de la Charte, et à cet égard, sont cités des principes comme le respect des droits de l'homme et des principes démocratiques, le renforcement du pluralisme politique. Son article 8 insiste par exemple sur la nécessité de garantir les droits des femmes, des minorités ethniques, des migrants et des personnes vivant avec handicap, des réfugiés et des personnes déplacées et de tout autre groupe social, marginalisé et vulnérable, le tout dans le respect de la diversité culturelle et religieuse.

En somme, la ratification d'instruments internationaux ou régionaux doit traduire une volonté politique clairement exprimée. Par conséquent, une fois le cap de la ratification franchi, il appartient aux pouvoirs publics qui se sont ainsi engagés, de prendre les actions requises au plan national afin de donner effet aux dispositions pertinentes des instruments ratifiée, que ceux-ci aient un organe de surveillance ou non. Elle suppose une possibilité de sanctionner l'État qui ne respecte pas ces engagements à organiser les élections démocratiques et à assurer une meilleure protection des droits de l'homme. Il reste à déplorer l'absence des pouvoirs contraignants des organes en charge de veiller au respect de ces engagements qui pour la plupart sont des organes quasi-juridictionnels ou politiques[34]. Mise à part la CADEG qui est l'un des rares instruments contraignants, ces instruments prévoient en majorité des mesures simplement incitatives à l'endroit des États. Parfois, l'absence de maturité politique qui se caractérise par des contestations des résultats des élections qui se fondent sur des tripatouillages

---

[32] Commission européenne, *Recueil des normes internationales pour les élections, op. cit.*
[33] *Idem.*
[34] C. V. Nouazi Kemkeng, « Commentaire du Chapitre X de la Charte africaine de la démocratie, des élections et de la gouvernance : Des mécanismes de mise en application (Articles 44 et 45) », *op. cit..*

ou l'instrumentalisation de la loi électorale, a conduit la communauté internationale à considérer l'élection comme un instrument à l'aide duquel elle classe ou déclasse, évalue ou dévalue les systèmes politiques[35]. Elle est même arrivée à imposer une norme supra constitutionnelle qu'est l'acte de certification internationale des élections[36] et fort heureusement, le Cameroun n'en est pas encore là.

II- La réception - appropriation

Les engagements pris au plan international ont nécessité une adaptation aux réalités nationales. La CADEG par exemple souligne que c'est avant tout aux États eux-mêmes qu'il incombe d'appliquer les principes qu'elle énonce, en veillant à mettre leurs droits en conformité avec la Charte, en transposant les dispositions pertinentes dans la législation nationale, en assurant une large diffusion de la Charte à l'échelle du pays et en intégrant les objectifs et les principes qu'elle formule dans leurs politiques et stratégies nationales[37]. Il convient de préciser que le droit électoral camerounais n'a connu de manière globale qu'un seul foyer de production qui reste le pouvoir législatif[38], et comme le souligne le Professeur Justine Diffo, le foyer jurisprudentiel est resté très pauvre[39]. En effet, à travers les lois de 1990[40], l'ouverture démocratique a donc été marquée par la prise en compte des valeurs universelles de démocratie et d'État de droit. Il s'agit d'une prise en compte qui s'est faite de manière progressive jusqu'en 2011 autour d'une dynamique normative en matière électorale qui s'inscrit dans une perspective d'amélioration du système électoral camerounais. Cet état de fait a conduit dans un premier temps à une appropriation disparate, diffuse et confuse (A). Par la suite, au regard de la pratique des autres pays et suite à de nombreuses revendications des acteurs de la scène politique camerounaise, et surtout dans l'optique de consécration d'un véritable État de droit, le législateur camerounais a fini par adopter un code électoral unique en 2012 qui est encore loin de faire l'unanimité des parties prenantes au sujet le l'intégration de l'ensemble standards internationaux relatifs aux électifs (B).

---

[35] Dodzi Kokoroko, *op. cit.* ; p. 122.
[36] C. V. Nouazi Kemkeng, « La certification internationale des élections dans les États africains en crise postélectorale : le cas de la Côte d'Ivoire », *Annales de la FSJP de l'Université de Dschang, à paraitre.*
[37] Voir Forum permanent de dialogue arabo-africain sur la démocratie et les droits humains, La Charte africaine de la démocratie, des élections et de la gouvernance : le rôle des institutions nationales des droits de l'Homme (INDH) Le Caire, Égypte, UNESCO 2010, p. 8.
[38] Voir A. D. Olinga, *op. cit.* p. 41, et J. Diffo Tchunkam, *op. cit.* p. 2.
[39] J. Diffo Tchunkam, *op. cit.*
[40] À l'instar de la loi n° 90/056 du 19 décembre 1990 portant liberté d'association.

A- Une appropriation disparate

En période de transition démocratique, les règles électorales ont été énoncées au gré des besoins imposés par la dynamique du jeu politique[41]. Dans le but de donner effet aux normes internationales relatives aux élections, le Cameroun a constitutionnalisé dans son préambule les principes et valeurs internationalement consacrés[42]. Ces principes ont ainsi valeur constitutionnelle et sont mis en œuvre au plan national par des lois et des décrets en matière électorale. Ainsi, dans une logique situationniste et de gestion des situations politiques différentes[43], le Cameroun a adopté une législation abondante et diversifiée de manière progressive. Les modifications intervenues visaient entre autres, à adapter la législation électorale à l'évolution de la société et à la conjoncture politique camerounaise, à rendre le processus électoral plus performant et à garantir ainsi la jouissance égale et effective du droit au vote par tous les citoyens[44]. Ce qui a conduit le législateur camerounais à domestiquer dans un premier temps une variété de normes qui fondent les principes et valeurs mais de manière confuse et hésitante, avant de les améliorer plus tard à partir de 2007.

1. Une instabilité normative fondée sur les prémices de la démocratie (1990-1996) : le dispositif législatif et réglementaire de première génération

Le retour au multipartisme a engendré des contestations politiques par les leaders de l'opposition qui ont beaucoup influencé les réformes institutionnelles et l'élaboration des premiers textes relatifs aux élections[45]. Ainsi, l'encrage des droits civils et politiques s'est manifesté par la mise en place des systèmes électoraux permettant au peuple d'exprimer sa souveraineté à travers trois grandes élections à savoir les élections législatives, municipales et présidentielles[46]. En principe, les lois électorales sont des textes importants qui, pour leurs éléments fondamentaux, ont besoin de stabilité et de durée[47]. Mais jusqu'en 2007, le processus électoral au Cameroun était dans une phase de balbutiement compte tenu de

---

[41] A. D. Olinga, *op. cit.* p. 41.
[42] Selon l'article 65 de la Constitution du 18 janvier 1996, la Préambule fait partie intégrante de la Constitution.
[43] A. D. Olinga, *op. cit.* p. 41.
[44] Transparency International Cameroon, Rapport final de la mission d'observation électorale, Élection présidentiel du 9 octobre 2011 au Cameroun, p. 12.
[45] *Idem.*
[46] J. Diffo Tchunkam, *op. cit.*
[47] A. D. Olinga, «Politique et droit électoral au Cameroun : analyse juridique de la politique électorale», *Polis/RCSP/CPSR*, vol. 6, n°2, 1998, p. 33.

l'amateurisme qui caractérisait l'organisation des scrutins pluralistes[48]. Il était caractérisé par des incohérences et des approximations qui ont engendré une diversité du dispositif normatif qui encadre les élections. De ce fait, chaque scrutin s'est déroulé dans un contexte juridique spécifique[49] dans la mesure où sous l'influence des rapports de force entre les acteurs politiques en présence, les textes régissant les élections ont souvent été modifiés et complémentés à chaque fois[50].

Le support normatif en matière électoral au Cameroun est en grande partie l'œuvre du pouvoir législatif. Dans un souci de répondre aux revendications de l'opposition et de la société civile pour une assise des principes démocratiques, il convient de se référer à la Conférence tripartite de Yaoundé[51] qui a permis de décrypter la scène politique camerounaise. Car la déclaration de Yaoundé qui en résultait avait ouvert la voie à l'adoption d'un cadre juridique devant conduire les premières élections pluralistes au Cameroun[52]. L'ouverture démocratique s'est faite au Cameroun par l'adoption des lois de 1990 parmi lesquelles la loi n°90/056 du 19 décembre relatives aux partis politiques qui consacre la liberté de création et d'adhésion pour tout citoyen à un parti politique. Elle précise les procédures et les modalités.

Dans le contexte d'organisation des élections législatives, le texte fondateur qui servira de référence pour l'élaboration des autres lois électorales ultérieures fut la loi n°91/20 du 16 décembre 1991 fixant les conditions d'élection des députés à l'Assemblée Nationale. Cette loi a servi de cadre légal d'organisation des élections législatives du 1er mars 1992 parce qu'elle portait plusieurs innovations. C'est donc au cours de cette législature que plusieurs autres lois ont été adoptées à l'instar de la loi n°92/016 du 17 septembre 1992 fixant les conditions d'élection et de suppléance à la présidence de la République, la loi n°92/016 du 17 septembre 1992, sur l'élection présidentielle, et la loi n°92/002 du 14 août 1992 fixant les conditions d'élection des conseillers municipaux.

En outre, la loi du 16 décembre 1991, précisait la « notion de découpage spécial », permettant ainsi au Président de la République de procéder au découpage des circonscriptions électorales et de fixer le nombre

---

[48] NDH, Rapport final de la mission d'observation électorale, Élection présidentielle du 9 octobre 2011 au Cameroun, *op. cit.,* p. 9.

[49] Jean Njoya, «Les élections pluralistes au Cameroun: essai sur une régulation conservatrice du système», *Annales de la faculté des sciences juridiques et politiques de l'université de Dschang*, Tome 7, Presses universitaires d'Afrique, 2003, p. 65-92 ; voir aussi Abdoulkarimou, *La pratique des élections au Cameroun 1990-2004. Regard sur un système électoral en mutation*, Yaoundé, Clé, 2010, p. 29.

[50] *Idem.* Voir le même auteur pour le nombre de scrutin organisé au Cameroun depuis 1992, p. 29.

[51] La tripartite se tint à Yaoundé du 30 octobre au 18 novembre 1991 entre le Gouvernement, les leaders de l'opposition et les personnalités de la société civile.

[52] *Idem.*, p. 32.

de députés par circonscription. Il convient de préciser que le découpage électoral ou le mode de scrutin a toujours été une « arme » dans les mains du parti au pouvoir[53]. Ainsi, en ce qui concerne le cadre réglementaire, il faut dire que c'est conformément à cette loi que le Décret n°92/013 du 15 janvier 1992 a été adopté et procédant à la répartition des sièges à l'Assemblée Nationale. Ainsi, le Décret du 2 septembre 1992 relatif à la création de nouvelles unités administratives s'inscrit dans ce sillage. En outre, un autre Décret n°92/030 du 13 février 1992 fixait les modalités d'accès des partis politiques aux medias audiovisuels de service public.

Ces *« textes de la première génération »*[54] visaient ainsi à adopter le pays au contexte de démocratisation. Mais il faut relever qu'au Cameroun comme dans tous les autres pays africains, les élections disputées depuis 1990 sont portées par un élan ambigu[55]. Elles constituent, dans une certaine mesure, une grande avancée pour la démocratie mais, l'opposition décrie généralement d'énormes irrégularités qui se répercutent sur les étapes du processus électoral. Suite à ces revendications, la loi fondamentale a été révisée en vue de donner une assise juridique à la démocratisation du pays.

2. À la recherche d'une véritable assise démocratique à partir de 1996

Dans un souci d'amélioration ou de perfectionnement du système électoral au Cameroun, des réaménagements subséquents ont été apportées à l'arsenal des textes régissant les élections. Il ya eu l'adoption de la loi n°96/06 du 18 janvier 1996 portant révision de la constitution du 2 juin 1972, elle-même modifiée par la loi n°2008/001 du 14 avril 2008.

a) La constitution, texte électoral de base

Les élections sont devenues une des premières préoccupations constitutionnelles et un des premiers enjeux politiques[56]. La constitution contient des dispositions pertinentes importantes qui en font le premier texte de référence en matière électorale[57]. Le préambule pose les fondements d'un État de droit à travers son attachement aux instruments internationaux relatifs aux droits de l'homme et aux élections. Ainsi le préambule *« affirme son attachement aux libertés fondamentales inscrits dans le DUDH, la*

---

[53] *Idem.*
[54] *Idem.*
[55] Jean Du Bois De Gaudusson, « Les élections à l'épreuve de l'Afrique », *Les Cahiers du Conseil constitutionnel*, n° 13, 2002, p. 100-105; Pascal Quantin, « Pour une analyse comparative des élections africaines », *Politique africaine*, n° 69, 1998, p. 12-29.
[56] Didier Maus, « Élections et constitutionnalisme : vers un droit international des élections ? », in Jean-Pierre Vettovaglia et *al.*, *Démocraties et élections dans l'espace francophone. Prévention des crises et promotion de la paix,* Bruylant, Bruxelles 2010, p. 51.
[57] Abdoulkarimou, *op. cit.* p. 41 ; Hilaire Kamga, *La constitutionnalité du droit électoral,* Thèse de Doctorat en Droit, 3ème cycle, Université Paris Dauphine, 1996.

Charte des Nations Unies, la Charte africaine des droits de l'homme et des peuples, et toutes les conventions internationales y relatives et dûment ratifiées...» et aux principes et valeurs démocratiques.

En ce qui concerne les engagements pris par l'État camerounais en rapport avec les valeurs universelles et essentielles de la démocratie, la constitution consacre dans son préambule, qui, conformément à l'art 65, fait partie intégrante de la constitution, le respect des droits et libertés fondamentales en matière d'élection. Figurent parmi ces droits, la liberté d'association, qui fait partie d'autres libertés qui concourent à l'exercice des droit avant, pendant et après la période électorale[58] telles que la liberté de communication, la liberté de presse, la liberté de communication, la liberté de réunion, la liberté d'expression (l'expression des croyances tant civiles, philosophiques ou politiques).

À l'instar des autres constitutions africaines[59], le dispositif constitutionnel camerounais en matière électorale est dense. En effet, conformant aux articles 21 al 3 (précité), et aux articles 19, 21, 22 et 25 du PIDCP, la constitution camerounaise a consacré un certain nombre de principes liés à la démocratie et à l'État de droit. Elle confirme en son article 2 al 1 que « la République du Cameroun est un État démocratique » et en son article 2 al 1 et 2 que *«la souveraineté nationale appartient au peuple camerounais qui l'exerce par l'intermédiaire du Président de la République et des membres du Parlement, soit par voie de referendum»* et que les autorités chargées de diriger tiennent leurs pouvoirs du peuple par voie d'élection au suffrage universelle direct ou indirect.

La constitution fixe également les modalités d'exercice du pouvoir telles que modalités d'exercice du pouvoir telles que l'âge de la majorité électorale, à 20 ans[60], le mode de scrutin, le vote est égal et secret[61], les partis politiques concourent à l'expression du suffrage, la durée du mandat du Président de la République, les incompatibilités, les conditions d'éligibilité du Président de la République, le nombre de députés à l'Assemblée Nationale, le nombre de Sénateur, la nullité du mandat impératif en ce qui concerne les députés, l'âge requis pour l'élection des Sénateurs (40 ans), les organes ou instances compétents pour connaitre de contentieux électoral, les modes de saisine et les règles de procédures en cas de contestation des élections présidentielles, parlementaires ou d'une consultation référendaire. La constitution prévoit également que le régime des élections présidentielles,

---

[58] J. Diffo, *op. cit.;* p. 3.
[59] KAREL Vasak, « Les normes internationales relatives aux élections et leur mise en œuvre », », *in* Jean-Pierre Vettovaglia et *al.*, *Démocraties et élections dans l'espace francophone. Prévention des crises et promotion de la paix,* Bruylant, Bruxelles 2010, pp. 73 et ss.

[60] Article 2 al 3 de la constitution.
[61] Article 3 de la constitution.

législatives, sénatoriales, municipales et référendaire relève des textes spécifiques.

Au regard de tout ce contenu enrichissant, l'on peut constater que la constitution du 18 janvier 1996 constitue le texte fondateur qui consacre les principes et standards internationaux en matière d'élection. Cette loi fondamentale réaffirme en outre la supériorité des instruments internationaux au sein du système juridique camerounais. L'arrimage du Cameroun au contexte de démocratisation fait ainsi son encrage dans le corpus juridique interne qui, après la constitution, n'a fait que s'améliorer à travers le développement d'un ensemble de textes législatif et réglementaire de seconde génération.

b) Le dispositif législatif et réglementaire de seconde génération

Au-delà de la constitution qui internalise les dispositions communes aux différentes consultations électorales, plusieurs autres lois fixent d'autres dispositions communes tandis que d'autres sont spécifiques. Sur le plan du dispositif législatif et réglementaire commun aux différentes consultations électorales qui vise à améliorer le processus électoral camerounais, on peut citer sans prétendre à l'exhaustivité[62] :

- La loi n°97/06 du 10 janvier 1997 fixant la période de révision de refonte des listes électorales.
- La loi n°2004/004 du 21 avril 2004 portant organisation et fonctionnement du conseil constitutionnel.
- La loi n°2006/011 du 29 décembre 2006 portant création, organisation ct fonctionnement d'*Elections Cameroon* (ELECAM), modifiéc et complétée par la loi n°2010/005 du 13 avril 2010. Cette loi attribuait le monopole de l'ensemble du processus électoral à ELECAM excluant ainsi les partis politiques, les administrations de l'État. Ce qui semblait ne pas garantir l'efficacité recherchée et la maîtrise des complexités de la transition vers ce nouveau système de gestion des élections vers ce nouveau système de gestion des élections[63]. La reforme de 2010 associe les partis politiques, les administrations de l'État, les services judiciaires et la société civile au processus électoral en vue de garantir l'impartialité de l'organe en charge des élections au Cameroun.
- Les lois n°2006/016 et n°2006/022 du 29 décembre 2006 fixant l'organisation et le fonctionnement respectivement de la Cour suprême et des tribunaux administratifs.

---

[62] Voir Services du Premier Ministre, République du Cameroun, *Recueil des textes relatifs à l'élection présidentielle*, Yaoundé, Presses de l'imprimerie nationale, septembre 2004, 133 p. ; voir également MINATD, République du Cameroun, *Élections législatives et municipales 2007. Cadre juridiquement applicable (Recueil des textes)*, Yaoundé, Presses de l'imprimerie nationale, 2007, 79 p.

[63] Abdoulkarimou, *op. cit.*, p. 44.

- Le Décret n°2008/372 du 11 novembre 2008 fixant les modalités d'application de certaines dispositions de la loi n°2006/011 du 29 décembre 2006 portant création l'organisation et fonctionnement d'*Elections Cameroon* (ELECAM). Ce texte associe les partenaires publics ou privés au processus électoral.

En ce qui concerne les textes spécifiques, force est de constater que les lois adoptés dans les années 1991 et 1992 ont été modifiées en 2006, et 2007 en vue de leur adaptation à la nouvelle constitution du 18 janvier 1996. Il s'agit notamment de :

- La loi n°91/020 du 16 décembre 1991 fixant les conditions d'élection des députés à l'Assemblée Nationale, modifiée et complétée par la loi n°97 /013 du 19 mars 1997 et par celle n°2006/09 du 29 décembre 2006 ;
- La loi n°92/010 du 17 septembre 1992 fixant les conditions et de suppléance à la présidence de la République, modifiée et complétée la loi n°97/020 du 09 septembre 1997 ;
- La loi n°92/002 du 14 août 1992 fixant les conditions d'élection des conseillers municipaux modifiée et complétée par la loi n°2006/010 du 29 décembre 2006 ;
- Le Décret n°2007/118 du 25 avril 2007 fixant le nombre de conseillers municipaux par commune ;
- Le Décret n°2010/003 du 13 avril 2010 fixant les procédures de référendum ;
- La loi de 2006/004 du 14 juillet 2006 fixant le mode d'élection des conseillers régionaux ;
- La loi n° 2006/005 du 14 juillet 2006 fixant le mode d'élection des sénateurs ;
- La loi n°2011/002 du 06 mai 2011 modifiant et Complétant certaines dispositions de la loi n°92/010 du 17 septembre 1992 fixant les conditions et de suppléance à la présidence de la République ;
- La loi n°2011/013 du 13 juillet 2011 relative au vote des citoyens camerounais établis ou résidant à l'étranger.

En outre, d'autres arrêtés et décisions relatifs à la liberté de la presse, à la liberté d'information, à la liberté d'association ou de réunion ou de manifestation ont souvent été pris à chaque échéance électorale en vue de gérer certaines situations précises comme la communication équitable des partis politiques[64].

En toute analyse, tout cet arsenal juridique disparate et diversifié, non seulement du point de vue des supports mais aussi du point de vue de son contenu matériel[65], témoigne à la fois de l'amateurisme et des incohérences qui ont caractérisé le processus électoral camerounais à une époque donnée, et aujourd'hui d'une évolution constante qui se justifie par le

---

[64] J. Diffo, *op., cit.*, p. 10.
[65] A. D. Olinga, *op., cit.*, p. 40.

souci permanent ou la quête permanente de son amélioration. Il est néanmoins admis que les normes internationales relatives aux élections sont incorporées dans l'ordre juridique camerounais, mais la manière ou la méthode d'incorporation varie d'un système à un autre en fonction de ce que le Professeur Alain Didier Olinga a appelé les « choix législatifs »[66]. Mais quelque soit le contenu ou les motivations de ces choix, ils ne peuvent être exemptes de critique. Raison pour laquelle l'appropriation disparate des normes relatives aux élections au Cameroun et sujette à caution. Elle rend difficile la maitrise du système électoral camerounais[67]. Au regard de cette critique fondamentale, des revendications pour l'adoption d'un instrument unique, harmonieux, méthodique, efficace, cohérent, consolidé et facilement accessible[68] ont été faites. Le degré d'avancement de la démocratie a finalement favorisé l'adoption d'un code électoral unique en 2012 même si les manquements observés de part et d'autre issus de la diversité et de la disparité normative s'y retrouvent malheureusement.

B- Une appropriation uniforme

La demande d'un corps unifié de règles en matière électorale a toujours été au cœur des débats politiques camerounais, depuis le projet de loi n° 614/PJL/AN relatif à la loi du 16 décembre 1991 dans lequel les députés avaient fait ressortir l'urgence de l'harmonisation des textes législatifs relatifs aux élections, en passant par le projet de loi n° 622/PJL/AN relatif à la loi du 17 septembre 1997 dans lequel il leur avait été demandé de justifier l'absence d'une telle harmonisation[69]. Face à ces revendications, le législateur camerounais justifiait ce manquement en se fondant sur le principe de la progressivité et de l'expérience successible des scrutins[70]. C'est justement la raison pour laquelle jusqu'à une date récente, les élections au Cameroun étaient régies par une succession de textes dans lesquels il n'était pas toujours aisé de se retrouver. Dans un tel contexte, il n'était pas toujours évident, même pour les spécialistes, de s'accorder sur le cadre juridique d'une consultation électorale, dans la mesure où il existait parfois des chevauchements entre ces divers textes, ouvrant ainsi large la porte aux divergences d'interprétation et qui n'en rendaient que plus difficile l'application. Une harmonisation, voire une rationalisation de ces différents textes s'était donc rendue indispensable. D'ailleurs, la quasi-totalité des acteurs du processus électoral dans notre pays en appelait de tous ses vœux à la mise sur pied d'un corpus unique de règles régissant les questions

---
[66] *Idem.*
[67] Abdoulkarimou, *op, cit*, p. 48.
[68] *Idem.*, p. 49, voir aussi J. Diffo, *op. cit.*, p. 6.
[69] Sur l'historique de la codification uniforme des textes en matière électorale au Cameroun, lire A. D. Olinga, *op. cit.,* p. 41.
[70] *Idem.,* p. 42.

électorales au Cameroun. Cela a été rendu possible au terme d'une gestation relativement longue et difficile, à travers la loi n°2012/001 du19 avril 2012 portant Code électoral[71]. Dès lors, peut-on dire que le Cameroun a atteint le degré de maturité recherché dans la codification d'un corps de règles unique en matière électorale ? Ce choix de la majorité parlementaire est-il anodin ?

1. L'affermissement des standards internationaux relatifs aux élections dans un code

Les différents scrutins organisés au Cameroun au cours de la dernière décennie ont fait l'objet de divers rapports[72] mettant en relief, malgré l'amélioration constante du système électoral, certaines insuffisances parmi lesquelles la multiplicité et la dispersion des textes en matière électorale. En réponse à ces contraintes et insuffisances, il y a lieu de reconnaitre que le Code électoral a le privilège d'avoir fusionné en un seul texte unique et cohérent l'ensemble des textes relatifs aux élections au Cameroun. Théoriquement, la consultation en est ainsi facilitée pour toutes les parties prenantes, de même que cette codification unique de la législation électorale garantit une certaine cohérence dans l'interprétation qui en sera faite, le travail des autorités et instances en charge de la gestion du contentieux électoral devenant de ce fait plus aisé[73]. Il vise ainsi, par le biais d'une refonte profonde et harmonisée des différentes lois électorales, le renforcement de la transparence et de la sincérité des scrutins, à travers la conciliation des exigences de simplicité, de neutralité et d'efficacité de la norme électorale, rapportée à son contexte d'application et surtout l'agencement cohérent permettant la clarification et l'articulation appropriée, à chaque étape du processus électoral, des rôles respectifs des divers acteurs.

Du point de vue de son contenu, il ne faudrait pas perdre de vue que les normes internationales en matière d'élections constituent des critères de référence pour l'examen de la qualité d'une élection et de la démocratie. En effet, le code électoral, structuré autour de douze (12) titres et deux cent quatre-vingt dix neuf (299) articles, regroupe l'ensemble des textes juridiques relatifs aux élections au Cameroun. Les différents principes

---

[71] Voir Daniel Tawembe, « Le Code électoral. Le consensus manqué», *Démocratie et élections. L'épreuve des faits,* ECOVOX, Le magazine de l'écologie et du développement durable, n° 47 Janvier - Juin 2012, p. 8.

[72] Coalition pour la Gouvernance Démocratique (CODEG), Élections sénatoriales du 14 avril 2013 : Rapport d'observation Élections sénatoriales du 14 avril 2013 au Cameroun, Réseau Camerounais des Organisations des Droits de l'Homme (RECODH), 72 p. ; Mission Internationale d'Observation Électorale de l'Observatoire Eurasien pour la Démocratie et les Élections, Sénatoriales 2013 au Cameroun, EODE Zone Afrique, Rapport final, 73 p. ; Transparency International Cameroon, Rapport final de la mission d'observation électorale, Élection présidentiel du 9 octobre 2011 au Cameroun, *op. cit.* ; NDH, Rapport final de la mission d'observation électorale, Élection présidentielle du 9 octobre 2011 au Cameroun, *op. cit.,* etc.

[73] Daniel Tawembe, *op, cit.*

démocratiques consacrés dans les textes s'y retrouvent. Il regroupe les règles régissant toutes les consultations électorales prévues par la Constitution qui incorpore dans l'ordre juridique camerounais l'essentiel des standards internationaux en la matière. Il s'agit notamment des règles relatives aux élections du Président de la République, des députés à l'Assemblée Nationale, des sénateurs, des conseillers régionaux, des conseillers municipaux, auxquelles s'ajoute le référendum[74]. Il intègre en outre les dispositions spécifiques au vote des citoyens camerounais établis ou résidant à l'étranger, ainsi que les dispositions en vigueur relatives au financement public des partis politiques, et des campagnes électorales et référendaires. Ce code électoral camerounais emprunte aussi au code pénal des dispositions visant à sanctionner certains délits et crimes électoraux. Il s'agit notamment des dispositions des articles 288 à 293.

Bien plus, dans un souci permanent de l'amélioration du système électoral camerounais, le Code électoral ne s'est limité à l'harmonisation des textes, mais aussi, il comporte quelques innovations dont, entre autres, le relèvement du cautionnement à verser par les candidats aux élections présidentielles, législatives et municipales; l'octroi de l'immunité pénale aux membres d'*Elections Cameroon*, l'organe chargé de la gestion du processus électoral, pour ne citer que celles là. La plus remarquable de ces innovations est cependant sans aucun doute l'introduction dans le système électoral camerounais, à l'article 84 § 1 de la loi, de la carte électorale biométrique, qui aux dires des experts et des acteurs, pourrait contribuer à solutionner le problème des cartes multiples pour un même électeur et par suite à limiter la fraude électorale.

En respect aux engagements pris spécifiquement dans les textes universels et régionaux tels que la Convention sur l'élimination de toutes formes de discrimination à l'égard des femmes, la Charte africaine de la démocratie, des élections et de la gouvernance, le Protocole de Maputo à la Charte africaine des droits de l'homme et des peuples relatif aux droits de la femme en Afrique, il convient de souligner que pour la première fois dans l'histoire électorale du Cameroun, le genre a été pris en compte dans la constitution des listes de candidats. En effet, l'article 218 § 3 du Code électoral dispose, entre autres, que la constitution de la liste des candidats doit tenir compte du genre. Sur le fondement de cet article, plusieurs listes ont été invalidées par ELECAM. Cependant, la loi électorale n'indique

---

[74] En ce qui concerne les élections des conseillers municipaux, il faut se référer aux articles 169 et suivants de ce code électoral Camerounais pour avoir les dispositions régissant le mandat et le mode de scrutin. Pour ce qui est de l'élection des députés à l'Assemblée Nationale, il faut se référer aux articles 148 à 168 du Code.

aucun quota. Par conséquent, ELECAM et la Cour Suprême se sont contentés d'une interprétation à *minima* de la loi électorale[75].

2. La portée de l'internalisation dans le code unique

Le choix du législateur camerounais d'unifier les règles juridiques relatives aux élections constitue certes une avancée majeure dans l'évolution du système électoral au Cameroun, mais son adoption n'a pas fait l'unanimité chez les divers acteurs et même dans l'opinion, d'aucuns estimant que leurs revendications et suggestions en vue de l'amélioration du système n'ont pas suffisamment été prises en compte. En réalité, si les droits civils et politiques connaissent une avancée, il demeure la présence des résistances, liées notamment à la non maitrise du calendrier électoral mettant ainsi à mal le droit à l'information à temps, l'absence dans bien de cas de la réalité de l'impartialité de l'organe de gestion des élections et particulièrement de certaines structures de la Direction Générale des élections d'ELECAM[76]. Cette non maitrise traduit le non respect des engagements pris par l'État camerounais relativement à la tenue des élections régulières. Dans le même sillage, il convient de dire que l'espoir suscité par l'adoption d'un Code électoral unique comme moyen de résorption des maux qui minent les élections au Cameroun n'a été que vaine ; car une fois entrée en vigueur, le texte recèle de nombreuses critiques, notamment son incongruité. Elle s'est manifestée par le refus du conseil constitutionnel d'appliquer l'article 133 du code électoral[77]. Par ailleurs, il est aussi à relever le renvoi des modalités d'application de ce code à des textes réglementaires[78]. Ce qui dénote une certaine incohérence.

Quoiqu'il en soit, le Code électoral reste susceptible d'amélioration. La preuve en est que, une fois adopté en avril 2012, il a fait l'objet de

---

[75] Commission de l'Union Africaine, Rapport de la mission d'observation de l'union africaine aux élections législatives et municipales du 30 septembre 2013 en république du Cameroun, 2013, p. 8.

[76] Rapport d'observation de la situation des droits de l'homme en période électorale au Cameroun, année 2013, *op. cit.,* p. 6.

[77] Lors du contentieux post électoral des élections couplées législatives et municipales de septembre 2013 au Cameroun, le Conseil constitutionnel, se fondant sur l'article 49 de la loi de 2004 portant organisation du Conseil constitutionnel a jugé irrecevable tous les recours ayant pris appui uniquement à l'article 133 du Code électoral de 2012. À titre d'illustration, sans être exhaustif, les recours suivant ont été jugé irrecevables : Ikome Nikenga Joseph (SDF), Requête en annulation des élections législatives (AEL) dans le Fako-Ouest, Ernest Pekeuho Tchoffo (BRIC), Requête en AEL dans le Mayo-Tsanaga Nord, Gainsom Cécile Kamseu (RDPC), Requête en AEL à Wouri-Ouest, Folefack Ernest (PAP) Requête en AEL dans le Lebialem, Fidèle Djoumbissie (MRC) Requête en annulation partielle des élections à Wouri-Centre, etc ; voir Greffe de la Cour Suprême, *Publié dans le Cameroun Tribune n°10445/6646 du 16/10/2013.*

[78] Article 298 du Code électoral camerounais.

modification en décembre de la même année[79]. Cette modification a consisté pour l'essentiel à régler le conflit d'autorité entre le Conseil Électoral et la Direction Générale des Élections, en rappelant que le Directeur Général des élections travaille sous l'autorité du Conseil Électoral[80]. Mais jusqu'à présent, des suggestions faites par des acteurs dans le sens d'une meilleure démocratisation du système électoral ne sont pas encore prise en compte. Il s'agit par exemple de la possibilité de l'instauration du système de vote par le bulletin unique[81]. En tout état de cause, seule l'application du texte permettra d'intégrer successivement l'ensemble des standards internationaux en vue d'asseoir une véritable démocratie au Cameroun.

Conclusion

Parvenu au terme de cette étude, il importe de relever que le Cameroun est aujourd'hui bien intégré dans la communauté internationale et a pris des engagements majeurs en matière de respect des droits civils et politiques pour tous ses citoyens. Il a ainsi ratifié la quasi-totalité des traités majeurs concernant la démocratie, les élections et les droits de l'homme et leur référence dans le droit électoral camerounais est fondamentale pour la construction de son ordre juridique. Cela suppose qu'il s'engage à suivre la communauté internationale dans ses suggestions amélioratives du processus électoral. Même s'il est communément admis que la démocratie est à la fois un idéal à poursuivre et un mode de gouvernement à appliquer selon des modalités traduisant la diversité des expériences et des particularités culturelles, l'État camerounais devrait s'y arrimer sans déroger aux principes, normes et règles internationalement reconnus. À l'instar de la plupart des pays de l'Afrique francophone, des progrès significatifs sont observés dans les choix du législateur camerounais dans l'élaboration des normes électorales, de régulation des institutions et de légitimation du pouvoir surtout à travers le recours au suffrage universel. Célébrée par sa consécration constitutionnelle et sa consolidation législative et réglementaire, l'élection se déteint généralement au regard des dysfonctionnements, relevant de la difficulté que le législateur éprouve à s'approprier réellement et durablement les règles et les mécanismes électoraux de base[82]. On observe ainsi que la consécration de la norme

---

[79] La loi n°2012/001 du 19 avril 2012 portant code électoral a été modifiée et complétée par la loi n°2012/017 du 21 décembre 2012.
[80] Coalition pour la Gouvernance Démocratique, Élections sénatoriales du 14 avril 2013 : Rapport d'observation Élections sénatoriales du 14 avril 2013 au Cameroun, RECODH, *op. cit.*, p. 59.
[81] *Idem*, p. 11.
[82] Organisation Internationale de la Francophonie, Rapport sur l'état des pratiques de la démocratie, des droits et libertés dans l'espace francophone, 2012, p. 32.

électorale ou la pratique des élections ne saurait à elle seule être un gage de démocratie[83]. Quelles que soient leurs limites, elles constituent une condition nécessaire du développement démocratique[84]. Au finish, l'on doit dire que la démocratie est donc un état, ou une condition, sans cesse perfectionné et toujours perfectible dont l'évolution dépend de divers facteurs, politiques, sociaux, économiques et culturels[85]. Par conséquent, l'incorporation des normes internationales relatives aux élections dans l'ordre juridique camerounais est une entreprise continue, permanente et étalée dans le temps.

Bibliographie

Abdoulkarimou, *La pratique des élections au Cameroun 1990-2004. Regard sur un système électoral en mutation*, Yaoundé, Clé, 2010, p. 29.

Atangana Amougou J.-L., « Conditionnalités juridiques des aides et respect des droits fondamentaux », *Afrilex* n° 02, Septembre 2001.

Kokoroko D., « Les élections disputées : réussites et échecs », *Pouvoirs* 2009/2, n° 129, pp. 115-125.

Cornu G., *Vocabulaire juridique,* Paris, PUF, 9ème édition, 2011.

Commission européenne, *Recueil des normes internationales pour les élections,* 3ème édition, Bruxelles, novembre 2007, 352 p.

Commission de l'Union Africaine, Rapport de la mission d'observation de l'union africaine aux élections législatives et municipales du 30 septembre 2013 en république du Cameroun, 2013.

Coalition pour la Gouvernance Démocratique (CODEG), Élections sénatoriales du 14 avril 2013 : Rapport d'observation Élections sénatoriales du 14 avril 2013 au Cameroun, Réseau Camerounais des Organisations des Droits de l'Homme (RECODH), 72 p.

Diffo Tchunkam J., « Les instruments juridiques nationaux relatifs aux droits de l'homme et aux élections », Communication présentée lors de l'*Atelier national de sensibilisation et de renforcement des capacités des partis politiques sur les droits de l'homme et la participation citoyenne aux processus électoraux au Cameroun,* 2011.

Du Bois De Gaudusson J., « Les élections à l'épreuve de l'Afrique », *Les Cahiers du Conseil constitutionnel*, n° 13, 2002, pp. 100-105;

Dupuy R.-J., « L'ordre public en droit international », Acte de colloque, *op.cit.* p.103.

Goodwin-Gill G. S. et al., *Élections libres et régulières,* Union interparlementaire, 2ème édition, Genève, 2006, 249 p.

Guèye B., « La démocratie en Afrique : succès et résistances », *Pouvoirs* 2009/2, n° 129, pp. 5-26.

Guillien R. et Vincent J., et al. (Dir.), *Lexique des termes juridiques,* 17ème édition, Dalloz 2010.

---

[83] on mentionnera entre autres la séparation des pouvoirs, la garantie des droits et libertés, le multipartisme, le respect de la norme fondamentale.
[84] Dodzi Kokoroko, *Contribution à l'étude de l'observation internationale des élections*, Thèse en Droit, Université de Poitiers, 2005 ; et « Le réformisme électoral en Afrique noire francophone », *Démocratie, Droits fondamentaux et Vulnérabilité*, Troisièmes Journées scientifiques du réseau « Droits fondamentaux » de l'Agence universitaire de la francophonie, Le Caire, 2005.
[85] Principe 2 de la Déclaration universelle sur la démocratie, *op. cit.*

Haut-commissariat des Nations Unies aux droits de l'homme, *Principaux instruments internationaux relatifs aux droits de l'homme*, Nations Unies, New York et Genève, 2006, 242 p.

Huntington S., *in The Third Wave. Democratization in the Late Twentieth Century*, Norman, University of Oklahoma Press, 1991.

Kamga H., *La constitutionnalité du droit électoral*, Thèse de Doctorat en Droit, 3ème cycle, Université Paris Dauphine, 1996.

Kokoroko D., *Contribution à l'étude de l'observation internationale des élections*, Thèse en Droit, Université de Poitiers, 2005 ;

Kokoroko D., « Le réformisme électoral en Afrique noire francophone », *Démocratie, Droits fondamentaux et Vulnérabilité*, Troisièmes Journées scientifiques du réseau « Droits fondamentaux » de l'Agence universitaire de la francophonie, Le Caire, 2005.

Maus D., « Élections et constitutionnalisme : vers un droit international des élections ? », *in* Jean-Pierre Vettovaglia et *al.*, *Démocraties et élections dans l'espace francophone. Prévention des crises et promotion de la paix,* Bruylant, Bruxelles 2010, p. 51-58.

MINATD, République du Cameroun, *Élections législatives et municipales 2007. Cadre juridiquement applicable (Recueil des textes),* Yaoundé, Presses de l'imprimerie nationale, 2007, 79 p.

Mission Internationale d'Observation Électorale de l'Observatoire Eurasien pour la Démocratie et les Élections, Sénatoriales 2013 au Cameroun, EODE Zone Afrique, Rapport final, 73 p.

Nouazi Kemkeng C. V., « Commentaire du Chapitre X de la Charte africaine de la démocratie, des élections et de la gouvernance : Des mécanismes de mise en application (Articles 44 et 45) », *in La Charte africaine de la démocratie, des élections et de la gouvernance. Commentaire Article par Article*, BOUKONGOU J. D. (Dir.), UCAC, (*à paraître).*

Nouazi Kemkeng C. V., « La certification internationale des élections dans les États africains en crise postélectorale : le cas de la Côte d'Ivoire», *in Annales de la FSJP de l'Université de Dschang, à paraître.*

Nouveaux Droits de l'homme (NDH), Rapport d'observation de la situation des droits de l'homme en période électorale au Cameroun, année 2013, « Cameroun : mission d'observation de la société civile camerounaise, Droits de l'homme et processus électoral de 2013 ».

Olinga A. D., « Politique et droit électoral au Cameroun : analyse juridique de la politique électorale », *Polis / R.C.S.P. / C.P.S.R.,* Vol. 6, n° 2, 1998, pp. 31-52.

Ondoa M., « Ajustement structurel et réforme du fondement théorique des droits africains postcoloniaux : l'exemple camerounais », *Revue africaine des sciences juridiques*, vol. 2, n° 1, 2001, pp. 75-118.

Organisation Internationale de la Francophonie, Rapport sur l'état des pratiques de la démocratie, des droits et libertés dans l'espace francophone, 2012.

Njoya J., «Les élections pluralistes au Cameroun: essai sur une régulation conservatrice du système», *Annales de la faculté des sciences juridiques et politiques de l'université de Dschang*, Tome 7, Presses universitaires d'Afrique, 2003, pp. 65-92 ;

Quantin P., « Pour une analyse comparative des élections africaines », *Politique africaine*, n° 69, 1998, pp. 12-29.

Services du Premier Ministre, République du Cameroun, *Recueil des textes relatifs à l'élection présidentielle*, Yaoundé, Presses de l'imprimerie nationale, septembre 2004, 133 p.

Transparency International Cameroon, Rapport final de la mission d'observation électorale, Élection présidentiel du 9 octobre 2011 au Cameroun.

Tawembe D., « Le Code électoral. Le consensus manqué», *Démocratie et élections. L'épreuve des faits,* ECOVOX, Le magazine de l'écologie et du développement durable, n° 47 Janvier - Juin 2012, pp. 8-9.

UNESCO, Forum permanent de dialogue arabo-africain sur la démocratie et les droits humains, La Charte africaine de la démocratie, des élections et de la gouvernance : le rôle des institutions nationales des droits de l'Homme (INDH) Le Caire, Égypte, 2010.

Vasak K., « Les normes internationales relatives aux élections et leur mise en œuvre », », *in* Jean-Pierre Vettovaglia et *al.*, *Démocraties et élections dans l'espace francophone. Prévention des crises et promotion de la paix,* Bruylant, Bruxelles 2010, pp. 73-87.

CHAPITRE 6

Les organes en charge des élections au Cameroun

Serge François SOBZE

« *En attendant le vote des bêtes sauvages* »[1], il serait raisonnable[2] d'offrir au peuple, seule source légitime du pouvoir[3] et titulaire du *jus suffragii*[4], les garanties d'une élection libre, transparente et impartiale gage de démocratie et d'État de droit[5]. Cette dynamique véhicule le passage des *"élections sans choix"*[6] ou à « *choix limité* »[7] et à « *résultats plébiscitaires* » aux élections compétitives[8] en tout cas aux élections « *pas comme les autres* »[9]. Cette lourde tâche n'incombe plus exclusivement à l'État mais concerne aussi tous les acteurs nationaux et internationaux intervenant dans le processus électoral.

---

[1] Titre d'un ouvrage d'Ahmadou KOUROUMA, cité par F. EBOUSSI BOULAGA, « L'opposition, immobile à grand pas ? » in *Repenser et reconstruire l'opposition camerounaise, Question sur la quête de sens et la subjectivation politique* » (préface)*.,* Edition Terroirs, 2014, pp. 11-26 . (spec., p. 11).

[2] L'homme étant selon la formule de J- Jacques ROUSSEAU, « *un animal raisonnable* ». Précisons que bien que la démocratie ne s'arrête pas aux élections, celles-ci en sont l'un des piliers indispensables. Elles sont le fondement du *contrat social* par lequel les dirigeants élus acquièrent la légitimité de gouverner qui leur est octroyée par les électeurs. De même, en vertu des théories séduisantes de la *souveraineté populaire* et de *l'électorat-droit*, chères à J-Jacques ROUSSEAU, tout citoyen devrait être titulaire du droit de suffrage.

[3] Voir P. RONSANVALLON, *La légitimité démocratique*, Paris, Seuil, 2008. Selon l'auteur, «... *l'idée que le peuple est la seule source légitime du pouvoir s'est imposée avec la force de l'évidence ;* G. ROSSATANGA-RIGNAULT, *Qui t'a fait roi ? Légitimité, élections et démocratie en Afrique*, Editions., SEPIA, RAPONDA WALKER, 172 p.

[4] Droit de vote, droit civique fondamental faisant passer l'individu du statut de citoyen à la qualité d'électeur. Il est d'autant vrai que les citoyens sont la source de la légitimité et plus précisément de ce que Max WEBER a appelé la légitimité légale rationnelle. V. J. M. COTTERET, CL. EMERI, *Les systèmes électoraux*, Paris, *PUF*, *Que sais-je?* n° 1382. 1980. P.11.

[5] Voir J.- YVAN MORIN, *L'État de droit : émergence d'un principe du droit international*, Recueil des cours, Académie de droit international, tome 254, 1995, 462 p. (spec p.462). Selon l'auteur, l'État de droit, *ce jus novum*, est encore largement une idée-force, un « requis », un projet, un programme. Même si on ne peut dire avec exactitude quand il sera pleinement réalisé, il faut reconnaitre que l'État de droit est surement inscrit à l'ordre du jour de la société internationale. Il se doit, selon la philosophie libérale, d'être soumis au droit au nom du principe de légitimité qui est supposé faire de lui le garant des libertés.

[6] G. HERMET, « Les élections sans choix », *Revue Française de science politique*, Paris, PFNSP, 1977, P. 30 et s.

[7] M. HAYWARD, *Elections in independent Africa*, Boulder, Westview Press, 1987.

[8] L. SINDJOUN, « Élections et politique au Cameroun: concurrence déloyale, coalitions de stabilité hégémonique et politique d'affection », *afr. j. polit. sci.* (1997), vol. 2 n°. 1, 89-121

[9] G. HERMET ; J. LINZ et A. ROUQUIE, *Des élections pas comme les autres*, Paris, Presses de la FNSP, 1978.

L'État en dépit de ses prérogatives, est tenu d'une obligation duale à la fois positive[10] -celle d'organiser et à intervalle régulier les élections libres et transparentes-et négative[11]. On parlerait d'une obligation à double faces ou *janus*. En d'autres termes, l'État est appelé à se soumettre au droit[12] car s'il rompt avec ce dernier, il peut devenir selon l'expression d'Aristote « *la pire des bêtes* »[13].

Cette révolution témoigne de ce que, tout comme la société, le droit n'est pas un construit définitif et l'État de droit demeure une quête permanente[14], un idéaltype qui présuppose que le droit est présent dans tous les segments de la vie sociale, qu'il irrigue toutes les artères et articulations

---

[10] C'est l'une des raisons pour lesquelles on ne saurait se passer de l'État. En dépit de la menace qu'il représente et des théories qui le dénoncent ou rêvent de son abolition, peu de sociétés peuvent aujourd'hui se passer de l'État. Le dilemme est posé par Valéry en ces termes : s'il est fort « il nous écrase. S'il est faible nous périssons ». C'est pourquoi l'auteur le qualifiait d' « être énorme, terrible, débile » et voyait dans ce cyclope auquel on ne saurait échapper l' « *enfant monstrueux de la Force et du Droit* ». On peut conclure que l'État de droit est cette forme de société qui serait venu sonner le glas des *sociétés primitives* entendue au sens de Pierre CLASTRES « les sociétés qui s'organisent de façon à lutter contre l'émergence de l'État et de tout pouvoir coercitif ».Ce sont des sociétés *incomplètes*, elles ne sont pas de vraies sociétés , elles ne sont pas *policées*, elles subsistent dans l'expérience peut-être douloureuse d'un manque –manque d'État- qu'elles tenteraient toujours en vain de combler. Cf P. CLASTRES, *Les sociétés contre l'État*, Ed., Marée Noire, juin 2006. (spec., p. 9).

[11] Il ne doit rien faire pour empêcher aux citoyens la jouissance de leurs droits reconnus et protégés par la Constitution. Le document de Durban de l'UA en 2002 qui instaure les élections comme fondement de l'autorité d'un gouvernement déclare que les élections sont l'élément-clé de la bonne gouvernance et place sur les États-Membres de l'UA la responsabilité d'organiser des élections adhérant aux principes électoraux démocratiques. Toutefois, la volonté politique de respecter de tels engagements varie considérablement d'un pays à l'autre.

[12] Car même s'il ne détermine pas de manière univoque et irréfragable la réalité du jeu politique, le droit au sens d'O. IHL, « *objective les règles du jeu politique* ». V. O. IHL, *in* le vote, Paris, Montchrestien, 1996, p. 97 cité par N. MOUELLE KOMBI, « La condition juridique de l'électeur au Cameroun », p. 79.

[13] *Politique*, I, II, 15, no 1253a ; t. I. trad. Aubonnet, Paris, Belles-Lettres, 1991, p. 15, cité par J.- Y. MORIN *op.cit*. p.21.

[14] L'État de droit n'est pas une donnée inscrite sur « *une table de marbre qui serait ramenée du Mont Sinaï par moise* » pour reprendre ces expressions de N. MOUELLE KOMBI. Alors qu'il se penchait sur l'origine des normes juridiques, l'auteur, à la suite de Blandine KRIEGEL, définit l'État de droit comme celui qui se soumet au droit, n'est légitimé à agir que dans le cadre de celui-ci. Voir B. KRIEGEL, « La République est un moment indépassable de notre développement politique », in *Les Grands entretiens du Monde*. Numéro spécial de « Dossiers et Documents du *Monde* », juin 1993, pp. 77-79. N. MOUELLE KOMBI, « Entre le mythe et la réalité. Une réflexion sur l'État de droit en Afrique », *Revue camerounaise de droit et de science politique*, juin 2002. (spec.) , p. 10

de l'entité étatique et des activités de celle-ci[15]. En effet, du fait de sa flexibilité et de sa transversalité, le droit est une science vivante, évolutive[16].

En revanche, les possibilités pour le parti au pouvoir de perdre les élections qu'il organise vont *crescendo* et vouent à l'échec le pronostique misé par certains chefs d'État Africain[17], encore que rien ne s'y oppose institutionnellement[18].

Au rang des obligations de l'État figure en bonne place l'obligation d'assurer la transparence et la neutralité électorale, gage du libre choix par le citoyen de ses propres dirigeants. Car, au sens du droit constitutionnel, l'élection est le choix par les citoyens de certains d'entre eux pour la conduite des affaires publiques. Il s'agit d'un procédé qui permet aussi aux électeurs de choisir indirectement une orientation politique.[19]

Cependant, les organes en charge des élections au Cameroun souffrent de plusieurs maux : un *mal physique* et *intellectuel*[20]. Un mal physique d'abord, consécutive à l'instabilité dont- elles sont victimes et qui hypothèquent leur lisibilité[21]. Un mal intellectuel ensuite, du fait de leur

---

[15] N. MOUELLE KOMBI, *La démocratisation dans la réalité camerounaise. Libertés, légitimité et modernité politique sous Paul BIYA*, Edition Dianoïa, août 2013, p. 127.

[16] On sait que c'est grâce au dynamisme de la Cour européenne des droits de l'homme que le droit électoral européen a marquer la communauté internationale. En effet, par son célèbre arrêt *Mathieu-Mohin et Clerfayt c/ Belgique* du 2 mars 1987, elle a consacré une évolution, amorcée par la Commission européenne des droits de l'Homme depuis une décision sur la recevabilité *X c/ RFA* du 6 octobre 1967, qui a conduit de l'idée de « droit institutionnel à des élections libres » à la notion de « suffrage universel » débouchant sur la reconnaissance de deux droits subjectifs de participation : le droit de vote et le droit de se porter candidat lors de l'élection du corps législatif.

[17] Le président congolais SASSOU NGUESSO disait : « on n'organise pas les élections pour les perdre ». Propos rapportés par C. M HOUNGNIKPO, *L'illusion démocratique en Afrique*, Paris, l'Harmattan, 2004, P. 119. Les ressentes élections présidentielles organisées au Sénégal par le Président Wade sont un exemple de l'avancée démocratique en Afrique.

[18] H. TOUO, « Le double scrutin de 2007, au Cameroun : entre amélioration continue du processus de démocratisation et déficit de transparence », Cahiers juridiques et politiques, *Revue de la Faculté des sciences juridiques et politiques de l'Université de Ngaoundéré*, 2010, 273-306. (spec.,) p.274.

[19] S. F. SOBZE, Note sous jugement n°117/ CEL du 07 août 2007, Affaire KWEMO Pierre c/ État du Cameroun, *Revue de droit administratif*, pp. 81-97.

[20] Alors qu'il parlait de l'Opposition camerounaise et la crise du leadership, Maurice KAMTO, disait qu'il percevait non pas une crise de leadership dans l'opposition camerounaise, mais plutôt une grande fatigue à la fois physique consécutive à une longue lutte politique qui s'étale sur deux décennies et dont les turbulences ont éreinté les plus vigoureux et emporté tant de compagnons intrépides, et une fatigue intellectuelle dans l'épuisement des recettes et des slogans qui sonnent en creux et qui ne mobilisent plus depuis un certains temps déjà. V. M. KAMTO, « L'opposition camerounaise et la crise du leadership », *Repenser et reconstruire l'opposition camerounaise, Question sur la quête de sens et la subjectivation politique*, Edition Terroirs, 2014, pp. 327-352. (spec. P. 321).

[21] Souvenons nous de ces expressions de la Cour constitutionnel tchèque qui parlant du droit électoral, disait que, si l'on veut jouer franc jeu, il est préférable de ne pas changer tout le temps les règles car la stabilité est très souvent perçue comme le fondement de la sécurité juridique. La Cour souhaitait que les règles ne fassent pas l'objet de changements incessants

incapacité à s'arracher une véritable indépendance, à se détacher des fourches caudales de l'État ou du moins à distinguer l'indépendance organique du fonctionnelle[22]. Que ce soit les organes rattachés directement à l'État ou les commissions électorales prétendument indépendantes, tous constituent des moyens permettant aux « *acteurs dominants* » d'accéder ou de se maintenir au pouvoir[23]. D'où le caractère centraliste et à démocratie fragile du système politique. Le constat est sévèrement formulé par M. OWONA NGUINI en ces termes :

> *« Le système politique camerounais longtemps forgé et structuré comme ordre étatiste et centraliste, a été soumis dans les années 1990 à un processus socio-historique de « décompression autoritaire » ; lequel processus a donné lieu à un desserrement des contraintes institutionnels, organisationnelles et opérationnelles, du patrimonialisme et de l'autoritarisme comme caractéristique de la souveraineté »*[24].

Il faut dire que les organes en charges des élections au Cameroun ne peuvent sortir de cet éreintement que par leur capacité d'être autonomes, indépendants, à réinventer leur propres techniques d'organisation des élections, bref à revisiter leur *modus opérandi*.

Pour la bonne compréhension de la thématique, une clarification terminologique s'impose.

Parlant du concept organe, le Doyen Joseph Marie BIPOUN WOUM faisait une distinction entre *organe-norme* et *organe- institution*.

Par ailleurs, l'Organe est défini par le nouveau dictionnaire juridique comme l' « autorité de l'État bénéficiant d'une indépendance statutaire (situation hors hiérarchie, composition collégiale) et de moyens

---

et, si possible, qu'elles soient stabilisées au moyen d'une procédure d'adoption plus complexe (CZE-2005-2-009, arrêt du 22 juin 2005).

[22] Cf., Article 4.- (1) du code électoral camerounais adopté le 13 avril 2012 : « *Elections Cameroon* » est un organisme indépendant chargé de l'organisation, de la gestion et de la supervision de l'ensemble du processus électoral et référendaire ». Par ailleurs, le Protocole sur la Démocratie et la Bonne gouvernance adopté par la Communauté économique des États de l'Afrique de l'Ouest (CEDEAO), en 2001, prévoit, parmi les principes « déclarés principes constitutionnels communs à tous les États membres de la CEDEAO », celui en vertu duquel « toute accession au pouvoir doit se faire à travers des élections libres, honnêtes, et transparentes (Article 1[b]). Il prévoit également que « Les organes chargés des élections doivent être indépendants et/ou neutres et avoir la confiance des acteurs et protagonistes de la vie politique » (Article 3).

[23] Voir H. de PRINCE POKAM, « La neutralité électorale en Afrique : Analyse des commissions électorales en Afriques subsaharienne », Revue camerounaise de droit et de science politique, janvier 2007, pp. 73-106.

[24] M. E. OWONA NGUINI, « Les cultures du leadership, de l'alternance et de *l'accountability* dans l'ordre politique camerounais : socio-analyse du rapport des groupes d'opposition à ces formes symboliques » in *Repenser et reconstruire l'opposition camerounaise, Question sur la quête de sens et la subjectivation politique,* Edition Terroirs, 2014, pp. 327-352.

(qui peuvent comprendre des compétences de réglementation, de décision et de sanction) lui permettant d'assurer une mission de régulation et de contrôle dans des domaines particulièrement sensibles ou les risques et les enjeux justifient de s'écarter des règles d'organisations administrative traditionnelle[25].

Plusieurs organes interviennent directement ou indirectement dans le processus électoral. Les uns participent aux opérations matérielles d'organisation des élections jusqu'à leur terme alors que les autres s'assurent de la bonne tenue des élections. ABDOULKARIMOU opère une distinction plus convenable. Selon l'auteur, les organes ou mieux les acteurs du processus électoral camerounais peuvent être rangés dans deux groupes : les acteurs institutionnels reconnus par la loi qui leur assigne des rôles précis et les autres intervenants qui s'impliquent et influencent considérablement le processus électoral sans pour autant que la loi leur reconnaisse formellement un rôle ou une mission[26].

Pour ce qui est du concept élection on dirait qu'il s'agit du : *« choix par les citoyens de certains d'entre eux pour la conduite des affaires publiques. Ce procédé permet aussi aux électeurs de choisir indirectement une orientation politique »*[27].

Dans le même sens, Jean Salmon souligne que l'élection :

> *« est la désignation, par le vote, d'un individu ou d'un État, comme titulaire de fonction dans le cadre d'une organisation ou d'un organe. C'est un scrutin organisé en vue de désigner les responsables politiques, plus particulièrement de l'exécutif et de la législature, et ce à tous les niveaux du gouvernement »*[28].

Samuel Huntington met l'accent sur la Procédure qui pour lui, réside « *dans la désignation du dirigeant par le vote populaire à la suite d'élection mettant en lice plusieurs candidats* »[29]. Jean Gicquel l'appréhende comme « *le processus de droit commun de désignation et de révocation des gouvernants ; et c'est le processus de légitimation du pouvoir par excellence* ». [30]

---

[25] Voir J. GATSI, J. A. NDJOCK, J. J. FOMCHIGBOU MBANCHOUT, *Nouveau dictionnaire juridique* 1er édition, Mai 2008, P. 216.
[26] ABDOULKARIMOU, *La pratique des élections au Cameroun 1992- 2007, Regards sur un système électoral en mutation*, Ed., clé, 2010, p. 51.
[27] R. GUILLIEN, J. VINCENT, *Lexique des termes juridiques*, 13ème édition, Paris, Dalloz, 2001, p. 231.
[28] J. SALMON, *Dictionnaire de Droit international public*, Université francophone (AUF), Bruxelles, Bruylant, 2001, p. 419.
[29] S. HUNTINGTON, *Troisième vague : Les démocratisations de la fin du XXème siècle*, Manille : Nouveaux Horizons, 1996, p. 5.
[30] J. GICQUEL, *Droit Constitutionnel et Institutions Politiques*, Paris : Montchrétien 2003, P. 104

L'élection se présente ainsi comme la forme la plus achevée de la démocratie[31], la vitrine ou mieux l'*ADN*[32] permettant d'identifier un État de droit, de *jauger* l'évolution de la démocratie[33] dans un pays[34]. L'élection est, pour reprendre cette expression de Philippe Braud, « *un critère essentiel du caractère démocratique d'un régime* ».[35] Et A. ZELAO de dire, le vote est devenu « *un thermomètre à l'aune duquel la communauté internationale classe ou déclasse, évalue ou dévalue les systèmes politique [...] Du coup, la vie est une donnée capitale d'identification et de distinction des sociétés en négociation de démocratisation ou en espoir de libéralisation politique* ».[36]

Cette conception est loin de faire l'unanimité car selon Émile Le Bris, « *les formes les plus efficaces de la participation populaire ne sont pas nécessairement celles qui sont organisées démocratiquement* »[37]. C'est pourquoi les élections pluralistes ont parfois laissé l'image d'un instrument de renforcement des pouvoirs autoritaires et même de domination, inventée par les impérialistes pour retarder l'Afrique[38]. On s'accorde pour le moins sur le fait que l'ancrage de la démocratie dans les sociétés libérales est le passage obligatoire pour toute élection[39] qui se veut crédible et transparente,

---

[31] D. B. ONGONO BIKOE, « Changement des mentalités et changements institutionnels : des impératifs pour crédibiliser la démocratie en Afrique », *Éthique publique, vol. 13, n° 2* | 2011, mis en ligne le 23 octobre 2012, (consulté le 16 janvier 2014).

[32] Cette expression est empruntée à A. MINC. Dans son ouvrage intitulé *L'âme des nations*, (Paris, Grasset, 2012, l'économiste français explique que les pays ont une ADN, une identité profonde qui influence le cours de l'histoire. Dans ce contexte, La transparence électorale, l'impartialité des acteurs et des institutions, la culture de l'acceptation des résultats sont des indices permettant de d'identifier un État démocrate.

[33] La démocratie, à la fois comme une forme de régime politique et organisation de la société, est appelée à garantir à tous les citoyens un ensemble de droits et libertés et, de ce fait, elle est indissolublement liée à la reconnaissance et à la protection des droits de l'individu. Voir Allocution de M. G. ADINOLFI, in Actes du colloque organisé par le Gouvernement hellénique et le Conseil de l'Europe en coopération avec le Centre de droit économique international et européen de Thessalonique, Thessalonique, 24-26 septembre 1987 Ed., N. P. Engel p. 2.

[34] J. SALMON, *Dictionnaire de Droit international public*, Université francophone (AUF), Bruxelles, Bruylant, 2001, p. .419.

[35] Ph. BRAUD, *Sociologie politique*, Paris, L.G.D.J. 2000, 5ème édition, *637* p, p.606.

[36] A ; ZELAO « Le vote comme formule de civilisation des mœurs politiques au Cameroun au détour du processus démocratique », P. 77 cité par ABDOULKARIMOU, *La pratique des élections au Cameroun 1992- 2007, Regards sur un système électoral en mutation*, p.19.

[37] É. Le BRIS, « La laborieuse construction d'un nouvel espace public », *Politique africaine, n° 74*, juin 1999.

[38] A. AGBOLI, cité par J. KOFFIGOH, *Le processus démocratique en Afrique et l'observation internationale des élections*, Libreville, 1998, AIPLF.

[39] Le suffrage universel étant appréhendé selon les auteurs GREWE et FABRI comme « le noyau de la doctrine contemporaine de la démocratie ». Cf., C. GREWE et H. RUIZ FABRI, *Droits constitutionnels européens*. Paris, PUF, *Collection Droit fondamental*, 1995, p. 249.

pilule qui serait difficile à avaler dans les sociétés où la culture du parti unique et des régimes militaires a longtemps prévalu.[40]

Par organes en charges des élections, il faut entendre les institutions reconnues par les États ou la communauté internationale[41] et qui ont la lourde responsabilité d'organiser ou de superviser les opérations électorales à l'effet de garantir une élection libre et démocratique et de perpétuer la culture de l'acceptation des résultats, gage de stabilité politique.

La présente étude ouvre sur une investigation pointue de la théorie[42] et de la pratique des organes de gestion des élections dans un pays en quête d'émergence. De ce point de vue, l'étude offre un éclairage intéressant du champ socio-historique, institutionnel, politique et interactionnel qui permet de mieux comprendre les organes en charges des élections dans un pays qui aspire à une stabilité électorale. Elle constitue bien plus qu'un état des lieux visant à décloisonner le débat sur les organes chargés de conduire les élections dans le pays. Elle offre aux citoyens, aux acteurs politiques, aux gouvernants, et aux institutions internationales intéressées des pistes de réflexion et d'actions dans les évaluations et réajustements continus des règles du jeu électoral.

Que ce soit les organes nationaux, locaux, régionaux ou internationaux en charge d'élection, il faut souligner qu'ils ont en commun l'obligation d'accompagner les États dans l'organisation des élections libres et transparentes. A ce titre, le constat que l'on peut faire est que les organes qui ne sont pas dans le *collimateur* de l'État sont plus libres et plus à même de garantir une élection « *free and fair* » que les autres organes proches de l'État qui ne sont qu'une *ex-croissance*[43] de celui-ci et donc appelés à faire sa volonté. C'est cette réalité qui nous amène à se poser la question suivante : *En quoi les organes en charge des élections peuvent-ils constituer des moteurs de propulsion d'une élection libre et transparente au Cameroun ?* Autrement dit, les organes en charge du processus électoral

---

[40] J. du Bois De GAUDUSSON, « La sincérité du scrutin », *Cahiers du Conseil constitutionnel n° 13* janvier 2003.
[41] Sur la notion, lire H. VEDRINE, « Le monde n'est pas la communauté promise », *Continuer l'Histoire*, Paris, Fayard, 2007, pp. 36-37, 39-40, 50. V. Également Robert KOLB, « Quelques réflexions sur la communauté internationale », *Annuaire africain de droit international*, 2002, p. 449.
[42] R. J. LIEBER, *Théorie et politique internationale*, Paris, Éditions internationales, 1975, p.16. L'auteur enseignait en 1975 : ''*qu'il n'y a rien de plus pratique qu'une bonne théorie ; qu'on la recherche pour ses applications pratiques ou simplement pour avoir une pensée plus claire, la théorie nous permet de nous élever au-dessus de l'observation de l'événement particulier pour appréhender des séries ou des ensembles de faits*''. Les élections se situent entre *la théorie du droit* et se veulent encore la plus belle forme de mise en pratique du droit.
[43] Cette expression est empruntée au Pr. M. KAMTO, pour signifier les organes d'une même membrane. Ces organes parce qu'incapables de prendre des décisions autonomes, ne sont que, pour reprendre Luc SINDJOUN, « *des simples habits de gala* » pour participer au *festif électoral*.

peuvent-ils efficacement contribuer à l'enracinement dans l'ordre juridique camerounais d'une *démocratie électorale*[44] ?

On noterait que les organes en charge des élections peuvent être divisés en deux grands groupes à savoir les organes situés ou institutionnels (I) et les autres organes que nous qualifions d'organes en situation au regard de leur rôle mitigé dans la dynamique de crédibilisation du processus électoral (**II**). Si les deux organes visent un même objectif, l'ancrage de la bonne gouvernance électorale, il faut noter qu'ils différent au niveau du degré ou de la marge d'indépendance de chacun à l'égard du pouvoir central.

I- La prégnance des organes institutionnels dans l'ancrage du processus électoral

Les élections sont devenues l'un des moments forts de la vie politique des États. Ainsi, les États africains sur lesquels souffle depuis 1990 un vent de démocratie, sont confrontés au même défi : celui d'organiser des élections libres, pluralistes et transparentes, tenues à des rythmes réguliers. Dès-lors, dans de nombreux systèmes politiques d'Afrique, les concurrences politiques, les consultations électorales, les fraudes électorales et les autres formes d'irrégularités deviendront des préoccupations pour les acteurs politiques et les observateurs de la vie politique en Afrique[45]. C'est aussi le point de départ du contentieux électoral en Afrique avec pour leitmotiv l'annulation des élections entachées d'irrégularités[46]. Ces missions, en fonction du type de consultation électorale, incombent matériellement aux organes en charge des élections.

Encore appelés organes de gestion des élections (OGE), les organes en charge des élections sont devenus une clé de voûte du processus de démocratisation dans bon nombre de pays en Afrique[47]. Leur composition, fonctionnement et activités suscitent l'intérêt du public.

---

[44] La démocratie électorale, ce concept qualifié par G. ROSSATANGA-RIGNAUT de « *totem intouchable* ». M. DIOUF, « Préface », in G. ROSSATANGA-RIGNAULT, *Qui t'a fait roi ? Légitimité, élections et démocratie en Afrique*, Éditions., *SEPIA, RAPONDA WALKER*, p. 11.

[45] J. du Bois de GAUDUSSON, « Les élections à l'épreuve de l'Afrique », *Les Cahiers du Conseil constitutionnel*, n° 13, « Études et doctrine. La sincérité du scrutin », Dalloz, 2002, p. 100.

[46] F. WODIE, *Institutions politiques et Droit constitutionnel en Côte d'Ivoire*, Abidjan, Presses universitaires de Côte d'Ivoire, 1996. p. 116 ; A. MENOUNI, « Constitution et contentieux électoral », in Académie internationale de droit constitutionnel, *Recueil des cours*, vol. 10, « Constitution et élection », 2002, p. 298 ; D. F. MELEDJE, « Le contentieux électoral en Afrique », Pouvoir-129. 2009, pp. 139- 155; N. BACCOUCHE, « Contentieux électoral et suffrage universel », *in* Abdelfattah Amor, Philippe ARDANT et Henry ROUSSILLON (dir.), *Le Suffrage universel*, PUSS, 2007 p. 215 ; et « Le problème des délits électoraux en Tunisie », *Revue tunisienne de droit*, 1982.

[47] I. MADIOR FALL, M. HOUNKPE, A. L. JINADU, P. KAMBALE, *Organes de gestion des élections en Afrique de l'ouest. Une étude comparative de la contribution des*

Ils ont pour charge, d'intervenir dans des phases cruciales du processus électoral, notamment la planification des élections, l'inscription des électeurs sur les listes, la nomination des candidats, la gestion des données, le recrutement et la formation du personnel scrutateur, la sensibilisation des électeurs et de la population et les mécanismes de contrôle.

On peut lès regrouper en plusieurs paliers : les organes institutionnels opérant avant l'année 2000, année de création du tout premier organe d'observation des élections au Cameroun, à savoir les partis politiques, l'administration, les commissions électorales (A) et les organes postérieures à cette date : O.N.E.L, *Elections Cameroon* (B).

A- Les organes antérieures à la loi de 2000 portant création de l'ONEL

Il s'agit des partis politiques, des administrations, et des commissions électorales mixtes.

1. Les Partis politiques

Depuis l'accession à son indépendance, le processus électoral camerounais a été animé par plusieurs organes. En effet, sous pressions occidentales et des bailleurs de fonds, le Cameroun va se trouver dans l'obligation de s'arrimer au processus démocratique avec tous ces composants : la démocratie, l'État de droit et le respect des droits de l'homme et des libertés publiques. Ainsi, l'avènement du multipartismes et les élections pluralistes incitent plusieurs citoyens et acteurs politiques camerounais à s'intéresser de nouveau à la politique. Mais quelque années plus tard, les partis politiques d'opposition notamment l'Union Nationale pour la Démocratie et des Peuples (UNDP) et le Social Démocratic Front (SDF) ont dénoncé l'organisation et le déroulement du processus électoral au Cameroun qui étaient jusqu'alors centralisés au Ministère de l'Administration Territoriale (MINAT), et sous le *dictat* du parti au pouvoir[48].

L'article 3 de la Constitution du 18 janvier 1996 dispose que : « les partis et formations politiques concourent à l'expression du suffrage universel ». Ils sont ainsi, comme le rappelle Philipe BRAUD, « *les organisations relativement stables, qui mobilisent des soutiens en vue de*

---

commissions électorales au renforcement de la démocratie, 2011, publié par Open Society Initiative for West Africa (OSIWA), BP 008, Dakar-Fann, Dakar, Sénégal, www.osiwa.org.
[48] Voir les élections Présidentielles d'Octobre 1992, 1997 et 2002, élections législatives du 1er Mars, 17 Mai 1997 et 30 Juin 2002.

participer directement à l'exercice du pouvoir politique au niveau central et / ou local »[49].

Les partis politiques jouent un rôle capital dans la conduite des opérations électorales notamment la sélection et la présentation des candidats aux principales élections politiques, la formation de l'opinion publique, l'animation des campagnes électorales et l'encadrement des élus[50].

Cependant malgré leur nombre pléthorique-environ 240 partis politiques[51]- les partis politiques en l'occurrence d'opposition ne jouent pas véritablement leur rôle[52]. On peut noter l'absence d'un réel programme politique, aucune implantation politique ou mieux de base militante. Ce sont des « sans domicile fixe » qui attendent une offre alléchante du gouvernement pour s'offrir une nouvelle dénomination dont la plus courante est le « *parti proche* du *pouvoir* »[53]. On comprend pourquoi le Professeur KAMTO a eu à taxer l'opposition camerounaise de fatiguée, une opposition victime selon le Professeur d'une *fatigue physique et intellectuelle*. Il s'agit donc d'une opposition inachevée, qui n'a pas encore fini de produire ses effets, notamment du point de vue de la personnification[54]. Elle n'est pas uniformément incorporée dans un organe unique et identifiable, agissant *es* qualité et donc titulaire de droits ou de prérogatives. Il s'agit d'une « *opposition en exil* », d'une « *opposition clandestine* »[55] née du monolithisme politique (1966-1990) et qui continue à impacter le système électoral camerounais.

Aussi le nombre trop élevé d'opposition empêche de déceler les véritables partis d'opposition, de distinguer ceux qui, sans véritable enjeu, trouble le jeu électoral, de ceux qui pourtant, sans être maître du jeu

---

[49] P. BRAUD, *Sociologie politique*, cité par ABDOULKARIMOU, *La pratique des élections au Cameroun 1992- 2007, Regards sur un système électoral en mutation*, p. 51.

[50] Comme le souligne ABDOULKARIM, ce sont les partis politiques qui façonnent et clarifient les choix électoraux des candidats. L'affiliation de ce dernier à un parti politique offre plus de garantie à l'électeur. Les partis politiques mobilisent les électeurs à voter pour les candidats qui incarnent leurs programmes politiques, *op. cit.* pp. 51-53.

[51] Inflation qui peut être source de certaines difficultés lors de l'organisation des élections.

[52] L. SINDJOUN, « Ce que s'opposer veut dire : l'économie des échanges politiques », L. SINDJOUN (dir), *Comment peut-on être opposant au Cameroun ? Politique parlementaire et politique autoritaire,* Dakar, CODESIRA, 2004, P. 8 et s.

[53] G. L. TAGUEM FAH, « Opposition et parti au pouvoir : une rivalité aux racines (néo) coloniales », in *Repenser et reconstruire l'opposition camerounaise, Question sur la quête de sens et la subjectivation politique »,* Edition Terroirs, 2014, pp. 181-214.

[54] L. DONFACK SOKENG, « L'institutionnalisation de l'opposition : Une réalité objective en quête de consistance », in *Comment peut-on être opposant au Cameroun ? Politique parlementaire et politique autoritaire*, Dakar, CODESIRA, 2004, pp. 44-101. V. également B-R GUIMDO, « Le statut juridique de l'opposition politique au Cameroun », Colloque organisé à Yaoundé, sis au Djeuga Palace hôtel les 7, 8 et 9 novembre 2012 par le groupe Samory, éditeur de Germinal.

[55] Ces expressions sont empruntées à Luc SINDJOUN, « Ce que s'opposer veut dire : L'économie des échanges politiques », in *Comment peut-on être opposant au Cameroun ? Politique parlementaire et politique autoritaire*, Dakar, CODESIRA, 2004, p. 8.

institutionnel, ont une *force au jeu*[56] plus grande par rapport à celle de leurs challengers et sont de ce fait, capables de pécher même en eau trouble.[57]

L'organisation matérielle des élections prend un sérieux coût en termes de logistique, de finance du fait de la pluralité des partis d'opposition. Difficultés que l'administration éprouve toujours de la peine à transcender.

2. Les Administrations

Plusieurs administrations interviennent dans le processus électoral selon leur champ de compétence *ratione materiae*. Le ministère de l'Administration territoriale est la pierre angulaire en matière d'organisation des élections. A ce titre, ses services centraux et locaux ont toujours été au cœur de l'organisation des élections au Cameroun.

Gérard CONAC soulignait déjà que « les administrations jouent dans l'État un rôle prépondérant au point que dans certains cas, le système politique et administratif paraissent s'identifier »[58].

La principale attribution du ministère de l'Administration territoriale est la mise en œuvre de la politique du gouvernement en matière d'administration du territoire et de gestion des libertés publiques. Elle est chargée de l'élaboration du cadre juridique régissant les élections au Cameroun. Elle élabore les avant-projets de textes y relatifs, avant de suivre les procédures législatives et réglementaires, jusqu'à leur aboutissement[59]. Elle est de ce fait l'organisateur des consultations électorales ou référendaires, du suivi des activités des partis politiques.

Le MINATD assure la liaison permanente entre le gouvernement et ELECAM. Il reçoit notamment de ce dernier, copie des procès verbaux de séances et des rapports d'activités[60]. Il revient à ce Ministère d'accréditer les observateurs nationaux. Mais en ce qui concerne les medias et organes externes, il faut un avis du Ministre des Relations Internationales.

---

[56] Selon Norbert ELIAS, la force au jeu désigne les chances qu'a un joueur de l'emporter sur un autre. N. ELIAS, *Qu'est ce que la sociologie*, Paris Edition de l'Aube, 1993, p. 7, cité par H. de PRINCE POKAM *op. cit.,* p. 78.
[57] Cette formule est d'Arthur SCHNITZLER qui disait qu' *« il y a trois sortes d'hommes politiques : ceux qui troublent l'eau ; ceux qui pêchent en eau trouble ; et ceux -plus doués- qui troublent l'eau pour pécher en eau trouble »*, cité par J.-P FOGUI, Voici *comment le RDPC est né a Bamenda le 24 mars 1985*, p. 19.
[58] G. CONAC « Les Institutions Administratives des États Francophones d'Afrique noire la vie du droit en Afrique», Paris, Economica, 1979, P. 7
[59] Pour plus de détails sur ses attributions, lire ABDOULKARIM *op cit.,* pp. 54-55.
[60] Article 43 al.1 du Code électoral d'Avril 2012 « Les Administrations de l'Etat apportent leur collaboration et leur appui à *Elections Cameroon* dans le cadre de l'exécution des missions qui lui sont assignées » et l'alinéa 2 « Le Ministre Chargé de l'Administration Territoriale assure la liaison permanente entre le gouvernement et *Elections Cameroon*. Il reçoit notamment de ce dernier, copies des procès verbaux de séances et des rapports d'activités ».

Il s'agit manifestement d'une administration centralisée, dirigiste et non démocratique. Après plusieurs réclamations et contestations des partis politiques d'opposition qui remettaient en cause ce qui jusqu'alors était considéré comme une tradition électorale inspirée de l'ancienne métropole et qui faisait du Ministre de l'Intérieur, le principal, voire l'unique animateur du processus électoral. L'implication excessive de l'administration est acquise au pouvoir : elle est jugée partiale et au service du pouvoir en place. Cela entraine une violation de l'article 40 du décret n° 94/199 du 7 octobre 1994 portant statut général de la fonction publique interdisant aux fonctionnaires toute prise de position[61].

Dans le même sens, de nombreux actes réglementaires étaient pris par le Ministre en charge de l'administration territoriale en vue d'organiser ou préciser certains détails pratiques liés au scrutin. Dès lors, les gouverneurs[62], les préfets et sous-préfets, les chefs de districts ont été les principaux acteurs de la préparation et de l'organisation des élections. Il revenait à ces derniers d'organiser le travail des commissions préparatoires, d'évaluer et d'exprimer les besoins réels de leurs unités, de transmettre au MINADT toutes les informations nécessaires dans le cadre de l'organisation des élections et d'encadrer le déroulement des campagnes électorales.

Par exemple, le MINATD s'est occupé de la sécurisation des activités d'ELECAM lors de l'élection présidentielle d'octobre 2011. Ce qui a impliqué pour l'autorité administrative de se mettre au service d'ELECAM en « *termes de sécurisation des sites de vote, protection du dépouillement, acheminement des résultats. Et surtout d'appel aux forces de l'ordre, une compétence que n'a pas Elections Cameroon* »[63]. Cette implication du MINATD a été relayée au niveau des régions, des départements et des arrondissements, respectivement par les services des gouverneurs, des préfets, et des sous-préfets. On se souvient des propos du gouverneur de la région du Sud, jules Marcellin NDJAGA qui, parlant du rôle de ses services lors des élections déclarait :

> « *le travail de ce jour contribue au renforcement des capacités des inspecteurs d'État de faire un travail permettant de lutter de manière efficace contre tout ce qui peut nuire aux Élections. Nous sommes dont là pour maintenir la paix et la sécurité sociale.*

---

[61] Article 40 a 11 de la loi Portant Statut Général de la Fonction Publique au Camerounaise no 94/199 du 7 Octobre 1994 : « Tout fonctionnaire est tenu à l'obligation de réserve dans l'exercice de ses fonctions» et al 2 « L'Obligation de réserve consiste pour le fonctionnaire, à s'abstenir d'exprimer publiquement ses opinions politiques, philosophiques, religieuses, ou de servir en fonction de celle ci »

[62] Lire ces propos de M. Moise EYENE NLOM alors Gouverneur de l'Est : « … la transparence électorale est une préoccupation des hautes autorités de ce pays » propos rapportés par ADOULKARIM *op cit*. p. 57.

[63] R. NGATCHAM et F. X. EYA, « Les consignes de Biya aux gouverneurs », *in la nouvelle expression,* http://www.paleba.org/camer2011/category/actualites/, publié le 9 septembre 2011, (consulté le 5 février 2014).

> *Beaucoup de choses doivent être faites, les administrations d'État doivent accompagner le processus électoral, le gouverneur se charge de maintenir l'ordre public et vous savez que la période des Élections est un moment très délicat... ».*[64]

Le MINATD s'occupe entre autres des accréditations des observateurs nationaux et internationaux. C'est donc cette institution qui se charge de déterminer les critères des personnes qui doivent être habilitées à observer les élections. Cette donnée est très importante car l'observation électorale en fait dépend du MINADT qui décide discrètement de la présence ou non de certains observateurs électoraux.

Par ailleurs, le Ministère des relations extérieures, de la défense, des finances, de la communication, de la délégation générale à la sûreté nationale et la direction générale de la recherche extérieure interviennent dans la préparation et l'organisation des élections.

L'implication des missions diplomatiques, des institutions internationales et des observateurs internationaux dans le processus électoral justifie l'entrée du MINREX dans le jeu électoral. De même que le MINDEF justifiera son implication par le transport en toute sécurité du matériel électoral du centre vers les bureaux de vote.

L'élaboration et l'exécution du budget des élections reviennent au MINFI tant disque la communication relève du MINCOM.

Parlant du MINCOM, il existe un Conseil National de la Communication **(C.N.C)** crée par Décret n° 91/287 du 21 Juin 1991. Sont évoquées ici les questions relatives à la propagande électorale, à la programmation et à la diffusion des émissions relatives à la campagne[65]. A ces administrations, il faut ajouter les commissions électorales mixtes[66].

3. Les Commissions électorales mixtes

Les commissions électorales sont de « *véritables organes de légitimation du processus électoral. [Elles] sont devenu[e]s des acteurs et des vecteurs de la démocratie en Afrique* ».[67]

Cette singularité des jeunes démocraties africaines comme le souligne à juste titre le professeur Alain ONDOUA, peut inspirer des

---

[64] J. M. NDJAGA, cité par R. NGATCHAM et F. X. EYA, *op.cit.* V. également DJOMKAM, « L'observation des élections au Cameroun : l'exemple de l'élection présidentielle d'octobre 2011 » Université catholique d'Afrique Centrale, Mémoire en vue de l'obtention du diplôme de Master en droits de l'homme et action humanitaire, 2013-2014, 106p.

[65] L'arrêté Ministériel n° 5 du 24 Septembre 1992 du ministre de la communication fixant les conditions de productions, de programmation et de diffusion des émissions relatives à la campagne

[66] Ces commissions constituent l'une des résolutions fortes de la Conférence tripartite. Elles étaient constitués des représentants de l'administration, des partis politiques, et, dans certains cas, de la société civile.

[67] B. GUEYE, « La démocratie en Afrique : succès et résistances », *Pouvoirs* 2009/2, n° 129, pp. 14-15.

systèmes électoraux plus élaborés. Pour ce qui est du cas de la France, il a été suggéré que : « dans les limites fixées par la Constitution de 1958 et la jurisprudence constitutionnelle, on pourrait concevoir a tout le moins qu'une autorité administrative indépendante soit chargée de l'organisation matérielle des opérations électorales, sous le contrôle du juge de l'élection »[68].

Sous les auspices de l'ONEL, elles étaient considérées comme les institutions de base chargées des opérations préparatoires des élections pour les unes et des opérations de vote proprement dites pour les autres. Elles participent à l'effectivité voire à *l'effectuation* de la décentralisation des opérations électorales au Cameroun.
- Les commissions chargées des opérations préparatoires au niveau de chaque commune. Il s'agit de la commission de révision des listes électorales et de la commission de contrôle d'établissement et de la distribution des cartes électorales[69].
- Au niveau du Bureau de vote, c'est la commission locale du vote. Elle est chargée de veiller à l'organisation, au déroulement du scrutin et au dépouillement des bulletins de vote. Elle dresse un procès verbal qui est signé de tous les membres et adressés au responsable du démembrement communal d'ELECAM qui transmet un exemplaire à la commission départementale de supervision dans les 48 heures[70].
- La Commission Départementale de Supervision : Elle est chargée de veiller au bon déroulement des opérations préparatoires ainsi qu'aux opérations électorales proprement dite. Elle centralise et vérifie les opérations de suffrage effectuées par les commissions locales de vote ainsi que tout document relatif. Elle transmet les procès verbaux reçus des commissions locales de vote à la Commission Nationale de Recensement Général de Vote dans les 72 heures.
- La Commission Nationale de Recensement Général des Votes (CNRGV).

Elle procède au recensement général des votes en fonction des procès verbaux et des textes annexés, transmis par les commissions départementales de supervision. Le recensement général des votes est public, il s'effectue au siège du Conseil Constitutionnel[71].

---

[68] L. TOUVET et Y. M. DOUBLET, *Droit des élections*, Economica, coll. Corpus droit public, 2007, p. 568.
[69] Il s'agit d'une commission composite au sein de laquelle on retrouve les représentants d'ELECAM, de l'administration et d'un un représentant de chaque parti politique légalisé présent sur le territoire de la commune concernée.
[70] La commission local du vote est composée d'un Président, un représentant d'ELECAM désigné par le représentant local d'ELECAM, membres, un représentant d'administration désigné par le sous préfet, un représentant de chaque candidat ou liste des candidats.
[71] Elle est composée d'un Président qui est membre du Conseil Constitutionnel désigné par le Président du Conseil Constitutionnel. Sont membres de ladite commission, 2 magistrats de l'ordre judiciaire désignés par le 1er Président de la Cour Suprême. 5 représentants de

B- Les organes postérieure à la loi de 2000 portant création de l'ONEL

On présentera dans cette rubrique les deux grandes institutions qui ont joué un rôle décisif dans le processus électoral camerounais et précisément dans l'ancrage de la bonne gouvernance électorale au Cameroun. Il s'agit de l'ONEL et de l'*Elections Cameroon.*

1. L'Observatoire National des Élections (ONEL)[72].

Le Cameroun comme de nombreux pays d'Afrique au lendemain des indépendances, étaient à la recherche d'un dispositif moderne de régulation[73] de leurs processus électoraux.

Cette prise de conscience qui aurait contribué à la révolution du droit électoral voire à la bonne gouvernance électorale africaine a été mise en exergue par la doctrine camerounaise notamment par M. KAMTO[74], L. SINDJOUN[75], P. MOUKOKO MBONJO[76], Ch. LEKENE DONFACK[77], N.

---

l'administration désignés par le MINATD, 5 représentants d'ELECAM désignés par le Directeur Général des élections, et un représentant de chaque Parti politique en compétition désignés par le candidat ou le Parti Politique.

[72] Si au Cameroun, l'organisation des élections a pendant longtemps été confiée exclusivement au Ministère de l'Administration Territoriale, cette position avait initialement évolué d'abord avec la création de l'Observatoire National des Élections (ONEL) par la loi de 2000/016 du 19 décembre 2000 puis avec la création *d'Elections Cameroon* (ELECAM) en 2006.

[73] Sur la régulation des élections en Afrique, voir C. THIRIOT, « La consolidation des régimes post-transition en Afrique. Le rôle des commissions électorales nationales », in P. QUANTIN (dir.), *Voter en Afrique : comparaisons et différenciations*, Paris, L'Harmattan, 2004, p. 129 ; H. de Prince POKAM, « La neutralité électorale en Afrique : analyse des commissions électorales en Afrique subsaharienne », *Revue juridique et politique* 2006, n° 3, p. 335 ; B. GUEYE, « La démocratie en Afrique : succès et résistances », *Pouvoirs* 2009/2, n° 129, pp. 14-15, cités par Alain ONDOUA, « Vers une modernisation du système institutionnel de régulation des élections au Cameroun ? A propos de la mise en place d' « Elections Cameroon », Les voyages du droit - Mélanges Dominique BREILLAT, pp. 485-497.

[74] M. KAMTO, Quelques réflexions sur la transition vers le pluralisme politique au Cameroun » in G. CONAC (dir.,) *L'Afrique en transition vers le pluralisme politique*, Paris, Economica, 1993, 517p ; *Idem*, "Le contentieux électoral au Cameroun", in Lex Lata, n°020, novembre 1995.

[75] L. SINDJOUN, « Elections et politique au Cameroun: concurrence déloyale, coalitions de stabilité hégémonique et politique d'affection », *afr. j. polit. sci.* (1997), vol. 2 n°. 1, 89-121 ; V. également L. SINDJOUN, « Ce que s'opposer veut dire : l'économie des échanges politiques », L. SINDJOUN (dir), *Comment peut-on être opposant au Cameroun ? Politique parlementaire et politique autoritaire,* Dakar, CODESIRA, 2004.

[76] P. MOUKOKO MBONJO, « Le retour au multipartisme au Cameroun » in G. CONAC (dir.,) *L'Afrique en transition vers le pluralisme politique*, Paris, Economica, 1993, 517p.

[77] Ch. LEKENE DONFACK, « La candidature indépendante et la liberté de suffrage en droit camerounais », *Revue africaine des sciences juridiques*, vol. 1. n° 1, 2000. P. 21 et ss.

MOUELLE KOMBI[78] et bien d'autres encore[79]. Ce vide institutionnel serait relayé par l'Observatoire national des élections (ONEL) qui, dès l'introduction de son Rapport général sur les opérations électorales des élections législatives et municipales de 2002, notait de manière rétrospective que le climat incertain des élections présidentielles, législatives et municipales de 1992 et 1997 a mis en exergue les imperfections du système électoral, et donc la nécessité d'une réforme. C'est ainsi que, de commun accord, le gouvernement et les partis politiques vont opter pour la création d'un organe de régulation de l'ensemble du processus électoral[80].

En tout cas, c'est dans cette turbulence que l'ONEL sera créée par la loi n° 2000/016 du 19 décembre 2000, et sera modifiée et complétée quant- à son article 3 par la loi n° 2003/015 du 22 décembre 2003. Ce dispositif législatif fut mis en œuvre par deux textes réglementaires : le décret n° 2001/306 du 8 octobre 2001 précisant les modalités d'application de la loi instituant l'ONEL et le décret n° 2001/397 du 20 décembre 2001 fixant la composition et le fonctionnement des structures provinciales, départementales et communales de l'ONEL.

De par ses compétences l'ONEL est à la fois une administration consultative et un organe de substitution des commissions de supervision. Il est par ailleurs une brigade de contrôle du processus électoral. Ses attributions administratives portent sur la supervision et le contrôle. En effet, il contrôle les actes des autorités administratives et ceux des commissions électorales. n'a pas le pouvoir de sanctionner, il donne des injonctions ou

---

[78] N. MOUELLE KOMBI, « Consultation électorales et respect de l'expression des citoyens », 1994.

[79] Voir les auteurs J. MOUANGUE KOBILA, « Sur une question en débat : nullité du mandat impératif et déchéance des élus au Cameroun », *in Lex lata* n° 32 novembre 1996 ; J. P. NGUEMEGNE, « Réflexion sur l'usage et le respect des droits de l'homme au Cameroun : le droit de vote depuis 1990 » *in*, Annales de la Faculté des Sciences Juridiques et Politiques, Tome 4, Université de Dschang, Yaoundé, Presses Universitaire d'Afrique, 2000 ; A. ONDOUA, « Vers une modernisation du système institutionnel de régulation des élections au Cameroun ? A propos de la mise en place d' « *Elections Cameroon* », Les voyages du droit - Mélanges Dominique BREILLAT, pp. 485-497 ; A.-D OLINGA, *La Constitution de la République du Cameroun*, Yaoundé, Presses de l'UCAC et Les éditions Terre africaine, 2006, p. 227. *Idem, L'ONEL : Réflexions sur la loi camerounaise du 19 décembre 2000 portant création d'un Observatoire national des élections*, Yaoundé, Presses de l'UCAC, 2001 ; H. de Prince POKAM, « La neutralité électorale en Afrique : analyse des commissions électorales en Afrique subsaharienne », *Revue juridique et politique* 2006, n° 3, pp. 73-106 ; J. NJOYA, « Les élections pluralistes au Cameroun. Essai sur une régulation conservatrice du système », Annales de la Faculté des Sciences Juridiques et Politiques, Université de Dschang, tome 7, 2003 ; B-R GUIMDO, « Le statut juridique de l'opposition politique au Cameroun », Colloque organisé à Yaoundé, sis au Djeuga Palace hôtel les 7, 8 et 9 novembre 2012 par le groupe Samory, éditeur de Germinal ; C. MOMO, « Quelques aspects de la justice électorale au Cameroun », *Janus (Revue camerounaise de droit et de science politique)*, n°1, juin 2005, p. 189.

[80] ONEL, *Rapport général sur le déroulement des opérations électorales des élections législatives et municipales de 2002*, p. 3, souligné par A. ONDOUA *op. cit.*, p. 485.

saisit les juridictions compétentes qui statueront le cas échéant (ses injonctions ne bénéficient d'aucune garantie d'exécution par les autorités administratives).

l'ONEL adresse son rapport au Président de la République qui juge de l'opportunité de sa publication.

L'article 3 de la loi du 19 décembre 2000 dispose, que « l'ONEL est mise en place en année électorale dès le début du processus électoral (…) son mandat prend fin dès que le début du processus électoral est arrivé à son terme ».

Cette fragilité institutionnelle rendait l'instrument incapable de juguler les fraudes électorales et les scrutins étaient toujours contestés par les protagonistes électoraux qui réclamaient un organe indépendant en charge de l'organisation et du déroulement du processus électoral.

Bref, dans son organisation, cet instrument correspondait au modèle des « commissions [qui] sont investies d'une mission de « supervision et de contrôle » de la gestion électorale qui, elle, est confiée a l'administration d'État forte de sa capacité technique et de la logistique dont elle dispose »[81]. C'est pourquoi l'ONEL sera l'objet de nombreuses critiques dont la plus acerbe est formulée par le professeur L. DONFACK SOKENG qui notait : *« la faible capacité institutionnelle d'une institution a fonctionnement intermittent, dont l'absence de professionnalisation aura considérablement handicapé la qualité du processus électoral »*[82].

Dès lors, et pour répondre à l'appel de Georges BURDEAU selon lequel « l'homme n'est libre que dans un État libre. C'est donc de l'aménagement des institutions politiques que procède directement la liberté [83] », plusieurs aménagements institutionnels verront le jour afin de remédier à la crise du système politique camerounais. Ces aménagements concernent surtout les politiques et les normes électorales. Ainsi, un nouveau *organe administratif indépendant* est mis sur pied qui aura la charge du processus électoral au Cameroun.

2. L'émergence d'un nouvel instrument de gestion des élections : *Elections Cameroon* (ELECAM)[84].

La responsabilité de l'organisation d'une élection incombe au premier chef à l'État sur le territoire duquel ladite élection doit se tenir. Toutefois, il faut constater que pour les jeunes États démocratiques

---

[81] J. du Bois de GAUDUSSON, « Les élections a l'épreuve de l'Afrique », Cahiers du Conseil constitutionnel n° 13, 2002, p. 142.
[82] Interview accordée au quotidien *Cameroon Tribune* du 5 juin 2008, citée par A. ONDOUA *op. cit.*, pp. 487 -488 .
[83] G. BURDEAU, *Les Libertés Publiques*, 4ᵉ édition
[84] Créée par la loi n°2006/011 du 29 décembre 2006. V. également, N. MOUELLE KOMBI, *La démocratisation dans la réalité camerounaise. Libertés, légitimité et modernité politique sous Paul BIYA*, Edition Dianoïa, août 2013, pp. 189- 201.

précédemment gouvernés par les dictatures, les régimes militaires, ou encore les systèmes à parti unique, « *on trouva des solutions par tâtonnement, soit en essayant des modèles pratiqués dans les pays à démocratie avancée, soit en créant des modèles originels tout en gardant un sentiment de conservatisme* »[85]. « *Pour assurer la gestion et le contrôle des élections, les commissions électorales ont été crées dans certains pays. D'autres confiaient la gestion des élections à l'administration, le plus souvent au ministère de l'intérieur tout en créant, en parallèle, une institution nationale d'observation des élections.* »[86].

Ces institutions comme le rappelle Hilaire de Prince POKAM, revêtent plusieurs formes[87]. Que ce soit les Commissions électorales indépendantes (CENI)[88] ou Commission électorale nationale autonome (CENA)[89] ou Commission électorale nationale autonome (ONEL)[90] ou encore Commission électorale nationale (CEN)[91], ont pour finalité commune permettre en théorie de « soustraire les résultats des compétitions à la suspicion d'illégitimité qui pesait sur les scrutins organisés auparavant par le seul appareil étatique[92].

A ce titre, dans l'optique d'adapter le système électoral camerounais aux impératifs d'efficacité et aux exigences de transparence, d'équité, de liberté, caractéristique d'une démocratie moderne, le Chef de l'État à prit l'engagement de soumettre à la représentation nationale, une loi devant conduire le nouveau système de gestion des élections. C'est ainsi que la loi n° 2006/ 011 du 2 décembre 2006 portant création d'*Elections Cameroun* fut adoptée et promulguée. C'est l'organe principal en charge de l'organisation, de la gestion et de la supervision du processus électoral et référendaire indépendant ayant la personnalité juridique (article 4 de la loi du 29 décembre 2006).[93]

---

[85] F. D. NDOUMOU, *Les missions d'observation des élections,* L'harmattan, 2012, 448 p. (spec., p.115).
[86] Idem, p. 115.
[87] H. de P. POKAM op.cit., p. 75.
[88] Le cas du Mali et du Burkina Faso
[89] Le cas du Benin
[90] Le cas du Cameroun avant la loi n° 2006/ 11 du 29 décembre 2006 portant création d'*Elections Cameroon* et du Sénégal.
[91] Le cas du Togo.
[92] O. A. S. ZEKERIA, « L'observatoire national des élections au Sénégal. Une neutralité sous surveillance », in QUATIN Patrick (dir.,) *Voter en Afrique. Comparaison et différenciations,* Paris, L'Harmattan, 2004, p. 149.
[93] Plusieurs écrits portent sur cette nouvelle institution : J. du Bois De GAUDUSSON, « Les élections à l'épreuve de l'Afrique », in Cahiers du Conseil constitutionnel, no 13, 2003 ; C. MANGA FOMBAD, and A. SONE EWANG, « Election management bodies and peace-building in Africa : Cameroon's move from national élections observatory (NEO) to élection Cameroun (ELECAM) », *Revue africaine des sciences juridiques,* vol. 5, n°1, 2008, pp. 1-23 ; A ; D. OLINGA, *Le nouvel environnement juridique et institutionnel des élections au Cameroun,* Yaoundé, Presses universitaires d'Afrique, 2007 ; Alain ONDOUA, « Vers une

Elle est constituée d'un conseil électoral et d'une Direction Générale des élections. Si la seconde est la cheville ouvrière des opérations électorales, (préparation et organisation matérielle des opérations électorales et référendaires)[94], il faut mentionner qu'elle travaille sous la supervision du Conseil électoral.

En clair, les aménagements introduits par la loi n°2010/ 005 du 13 avril 2010 modifiant et complétant certaines dispositions de la loi n° 2006/ 11 du 29 décembre 2006 portant création d'*Elections Cameroon* ont revu les fonctions du nouvel organe. Il est chargé de l'organisation matérielle des élections, de la supervision et du contrôle de l'ensemble du processus électoral, en lieu et place de l'administration et de l'ONEL[95]. Les instances juridictionnelles auront désormais la charge du contrôle, du contentieux électoral, ainsi que la proclamation des résultats[96].

ELECAM se présente ainsi comme un instrument qui aurait permit au Cameroun de sécuriser matériellement et juridiquement son processus électoral et, pour paraphraser le Professeur GAUDUSSON, une manifestation de l'imagination camerounaise en matière d'ingénierie juridique[97]. Toute chose qui viendrait semer du doute à ces propos du philosophe Fabien EBOUSSI BOULAGA et prient dans l'arène politique camerounaise pour argent comptant par les partis politiques d'opposition et tout autres détracteurs du régime en place :

> *« Aucun camerounais n'a, toute sa vie, participer dans son pays à des élections libres, compétitives, et sans trucages ni tripotages. L'institution électorale a été dévoyée dès le principe. Elle a toujours été une démonstration de force de la part du pouvoir, un rituel de soumission et d'allégeance au chef incontesté ».[98]*

---

modernisation du système institutionnel de régulation des élections au Cameroun ? A propos de la mise en place d' « Elections Cameroon », Les voyages du droit - Mélanges Dominique BREILLAT, pp. 485-497 ; H. TOUO, « Le double scrutin de 2007, au Cameroun : entre amélioration continue du processus de démocratisation et déficit de transparence », Cahiers juridiques et politiques, Revue de la Faculté des sciences juridiques et politiques de l'Université de NGAOUNDERE, 2010, 273-306 ; J. A. NDJOCK, « ELECAM : une dynamique pour la transparence », *Revue africaine des sciences juridiques*, vol.8, n°2, 2011, pp. 253-275.

[94] Voir 26 du Code électoral d'avril 2012.
[95] V. ABDOULKARIM *op cit*. P. 75.
[96] Lire S. F. SOBZE *op cit*., Note sous jugement n°117/ CEL du 07 août 2007, Affaire KWEMO Pierre c/ Etat du Cameroun, *Revue de droit administratif*, pp. 81-97.
[97] J. du Bois De GAUDUSSON, « Les élections à l'épreuve de l'Afrique », in Cahiers du Conseil constitutionnel, n° 13, 2003, cité par J. A. NDJOCK, « ELECAM : une dynamique pour la transparence », *Revue africaine des sciences juridiques*, vol.8, n° 2, 2011, p. 262.
[98] F. E. BOULAGA, *Ligne de résistance*, Ed., clé, 1998, p. 41, cité par J-B. TALLA, « L'opposition face aux défis de l'alternance », in *Repenser et reconstruire l'opposition camerounaise, Question sur la quête de sens et la subjectivation politique »*, Edition Terroirs, 2014, pp. 27-52. (spec., p. 27).

Toutefois, il faut se garder de croire qu'ELECAM serait un *bâton magique*, une « panacée », ou encore une *poudre de perlimpinpin* selon cette expression du professeur DONFACK[99] qui conduirait le système électoral camerounais au sentier de la transparence.

Il faut lui faire confiance et tous les acteurs politiques ou non devraient lui faciliter la tâche. Il en est de même pour les membres de cet organisme qui devraient se fixer pour mission principale, et donc pour feuille de route, « *d'une part d'instaurer une tradition d'indépendance et d'impartialité en vue d'assurer la liberté et la transparence des élections, et d'autre part de gagner la confiance des électeurs, des partis et mouvements politiques* »[100].

II- La prééminence des autres organes dans la crédibilisation du processus électoral[101]

Il s'agit des partenaires internationaux, des observateurs électoraux nationaux et internationaux accrédités et des médias. Les élites et les chefs traditionnels[102] interviennent aussi pour donner un *sens* au *jeu*[103]. C'est dire que si les questions de droit électoral sont en principe comme le souligne M. KOMBI comprises dans le domaine réservé à la compétence exclusive de

---

[99] L. DONFACK SOKENG, interview à *Cameroon tribune* n° 9112/5311 du jeudi 05 juin 2008 cité par J. A. NDJOCK *op. cit.*, p. 273. Aussi convient-il d'éviter de toujours jeter l'anathème sur le gouvernement et ses institutions, les responsabilités sont partagées il faut aussi, pour une gouvernance électorale crédible, promouvoir la culture de l'acceptation des résultats des urnes, la culture du *fair-play* et Léopold DONFACK SOKENG de marteler : « *ELECAM ne s'aurait être la panacée, encore moins la poudre de perlimpinpin : de la personnalité des membres investis de cette prestigieuse mission dépendra la crédibilisation de ce riche potentiel* »..

[100] Passages de la décision de la Cour constitutionnelle du Bénin du 23 décembre 1994, en rapport avec le rôle de la Commission électorale nationale autonome (CENA), cités par A. ONDOUA, *op. cit.*, p. 497.

[101] Souligné par nous. Ce sont des organes qui, même s'ils ne participent pas directement dans la phase d'organisation ou de mise en place du processus électoral, ont néanmoins une influence non moins considérable dans la crédibilisation du processus électoral. Leur neutralité et leur objectivité font d'eux des véritables « censeurs » du processus électoral.

[102] Les Chefs traditionnels sont des maximisateurs d'intérêt ou d'utilité ; des opérateurs hégémoniques associés à l'États. Ainsi, le contrôle bureaucratique des chefferies traditionnelles est l'un des stades de captation des espaces sociaux locaux, de la souveraineté inferieure par le centre. Lire B. BADIE, *L'État importé*, Paris, Fayard, 1992, pp. 17-67 ; L. SINDJOUN, *L'État ailleurs Entre noyau dur et case vide*, Ed., ECONOMICA 2002, pp. 83-87.

[103] Selon P. BOURDIEU, « pour rendre compte de ce que les gens font, il faut supposer qu'ils obéissent à une sorte de *sens du jeu...* », « Habitus, code et codification », *Actes de la Recherche en Sciences Sociales*, n° 64, septembre 1986, p. 40 cité par H. de P. POKAM *op.cit.*, p. 79. Les chefs traditionnels à travers leurs nouveaux statuts de véritables relais de l'administration, jouent un rôle capital dans le processus électoral.

l'État, elles ne sont pas moins soumises à l'influence d'un certain nombre de standards que l'on repérerait, sans difficulté, dans ce que l'on pourrait appeler « *la charte des démocrates* ».

A- Les observateurs électoraux

Très souvent, l'administration recourt aux rapports des différents observateurs électoraux pour améliorer son processus électoral. Il serait judicieux dans le cadre de la présente étude de faire un distinguo entre les observateurs nationaux (membres des églises associations et ONG, journalistes, praticiens du droit, politologues et autres structures de la société civile camerounaise)[104] et les observateurs internationaux (observateurs des représentations diplomatiques accrédités au Cameroun, des organisations internationales, des institutions spécialisées du Système des Nations Unies, des parlements étrangers, des organes électoraux étrangers, des ONG internationales).

1. Les observateurs nationaux

Le processus d'accréditation des observateurs prend naissance dès la convocation du corps électoral. Après examen des dossiers déposés par ces observateurs, le Ministre en charge des élections prend un arrêté portant accréditation de chaque mission d'observation tout en spécifiant la zone d'action des membres, suivant la réparation proposée par l'organisme demandeur.

Les observateurs ont besoin de pouvoir librement se déplacer sur toute l'étendue du territoire national tout en bénéficiant de toutes les garanties nécessaires à leur sécurité[105]. A ce titre, le MINATD envoie des messages-fax aux autorités administratives en leur indiquant les éléments permettant d'identifier l'observateur ainsi que sa zone d'opération[106]. L'observateur ne doit pas s'immiscer dans le fonctionnement des commissions de vote. Par contre, il doit se soumettre aux directives desdites commissions, même lorsqu'il lui est demandé de quitter le bureau de vote. Il doit s'assurer que les commissions locales de vote sont effectivement créées dans les lieux accessibles au public, conformément aux exigences légales. Il se rassure que l'accès à ces lieux est accessibles aux personnes vulnérables (vieillards, handicapés…).

---

[104] Lire les pertinents travaux réalisés par ABDOUKARIMOU, *La pratique des élections au Cameroun 1992- 2007, Regards sur un système électoral en mutation*, Ed., clé 309p.
[105] F. D. NDOUMOU, *Les missions d'observation électorale op.cit.*, p.138.
[106] Des badges individuels d'identification sont confectionnés et remit au responsable de chaque organisme. Le port de ce dernier est obligatoire.

Ils doivent s'ils sollicitent, accéder aux documents de vote. Ceci implique que les observateurs peuvent se rendre sur les lieux de réunion de campagne électorale, de dépouillement et de décompte des bulletins de vote, et peuvent même dans certaines situations participer au transport des urnes, des lieux où elles sont entreposées jusqu'aux bureaux de vote[107]. En ce qui concerne le droit des observateurs à recevoir des informations nécessaires de la part des autorités électorales, il *« inclut celui de recevoir de leur part des informations non seulement sur les plaintes qui auraient pu être déposées, mais également sur le traitement et la suite donnée à ces plaintes ou autres réclamations ».*[108]

Si les observateurs indépendants fonctionnent dans une précarité, il faut souligner que certains textes spécifiques au niveau national déterminent le statut des observateurs qui appartiennent à une institution étatique nationale[109].

Au Cameroun, la loi n° 2006/011 du 26 décembre 2006 portant création, organisation et fonctionnement d'ELECAM prévoit en son article 3 que :

« (1) Les membres d'Elections Cameroon ne peuvent être poursuivis, recherchés, arrêtés, détenus ou jugés pour des opinions émises dans le cadre de leurs fonctions.

(2) Sauf cas de flagrant délit, les membres d'Elections Cameroon ne peuvent faire l'objet de poursuites judiciaires pendant l'exercice de leurs fonctions ».

« Parmi les types de mission d'assistance électorale, les Nations unies avaient retenu la formation des contrôleurs. Cette méthode fut utilisée pour la première fois au Mexique en 1994. L'objectif est de permettre à des observateurs locaux de jouer un rôle réel dans le processus électoral ».[110]

Le Cameroun applique cette méthode depuis l'organisation de sa première élection démocratique en 1992 et l'a réitéré aux élections présidentielles d'octobre 2011.

Dans cette logique, le Ministère de l'administration territoriale et de la décentralisation a accrédité 8350 observateurs nationaux et

---

[107] Idem, p.138.
[108] Ibidem, p.138.
[109] F. D. NDOUMOU, *Les missions d'observation des élections,* L'harmattan, 2012, 448 p, (spec., p.115).
[110] Formés par le NDI, quelques huit cent quarante (840) observateurs nigériens ont été déployés dans tout le pays, par l'observatoire national des élections (le collectif ONE- Niger). Un collectif d'association nigériennes de défense des droits de l'Homme et de « promotion de la démocratie », au nombre desquelles figure l'Union des Syndicats des travailleurs du Niger (USTN).
Sabine CESSOU, « l'élection présidentielle de juillet 1996 au Niger », in *observatoire permanent de la coopération française, La coopération judiciaire- l'observatoire international des élections suivies par la coopération militaire,* Karthala, 1997,200 p, .118.

internationaux[111] dont certains ont observé toutes les phases du processus électoral. Ce nombre est réduit par rapport aux élections couplées de 2007. En effet, pour 57 associations, 9976 observateurs furent accrédités alors que 15 associations dépêchèrent 1537 observateurs pour les élections partielles de la même année.

La Commission Nationale des droits de l'Homme et des Libertés (CNDHL) a toujours envoyé des observateurs dans toutes les régions du pays pour la couverture des élections. Par ailleurs, les missions diplomatiques et autres institutions internationales déploient des observateurs à l'occasion des élections.

2. Les observateurs internationaux

Dans l'optique de crédibiliser et de perfectionner le système électoral camerounais, le gouvernement, sous la pression de l'Union Africaine et des bailleurs de fonds a élargit l'observation des élections aux institutions internationales et diverses missions diplomatiques et organismes internationaux désirant observer les élections au Cameroun[112]. Dans le même sens, l'organisation régionale a envoyé une mission d'observation des élections conduite par l'ancien premier ministre malien Ibrahim BOUBAKAR KEITA. Ladite mission aura sillonné cinq régions du pays et observés pas moins de 150 bureaux de vote.[113]

Aussi, l'Union Africaine prend de plus en plus des initiatives visant à inciter les États membres à intégrer dans leur systèmes électoraux des mécanismes, principes et institutions propres à garantir la sincérité de l'expression du suffrage[114].

Cette dynamique à poussé les OI, les ONG, les Associations et medias à apporter leur concours à la bonne gestion des élections en Afrique. C'est ainsi que plusieurs États africains ont connu l'observation électorale à l'occasion de l'organisation du scrutin présidentiel ou même législatif. Ce fut le cas pour la Côte d'Ivoire en 2011, du Mali en 2010, ou plus récemment de l'Egypte en 2014.

Les institutions, telles que l'Organisation des Nations Unies (O.N.U), et l'Union Africaine à travers leurs Missions d'Observations Électorales, la Communauté Économique des États de l'Afrique Centrale à travers son Institution Nationale des Droits de l'Homme (INDH),

---

[111] « Présidentielle : le MINATD accrédite plus de 6000 observateurs », http://www.paleba.org/camer2011/category/actualites/, publié le 7 octobre 2011, (consulté le 7 février 2014).
[112] V. ABDOULKARIMOU op.cit. pp. 90-91.
[113] O. NGON, « l'Union africaine satisfaite du déroulement de la présidentielle », publié le 12 octobre 2011, http://www.cameroun24.net/index.php, (consulté le 14 février 2014).
[114] Article 3 de la Charte Africaine de la Démocratie, des Élections et de la Gouvernance (CADEG) Adoptée par la 8e Session Ordinaire de la Conférence tenue le 30 Janvier 2007 à Addis Abéba (Éthiopie).

l'Organisation Internationale de la Francophonie (O.I.F), (le Commonwealth, l'Union Européenne (U.E), *Transparency International* (T.I), International *Foundation* for *Elections* Systems (I.F.E.S)[115] observeront la majorité des élections organisées en Afrique.

Au Cameroun par exemple, les élections présidentielles de 2004 furent observées par 08 membres de l' « Association of US Former members of Congrèss » et 38 observateurs de « *Africa vie* ». Les élections de 2007 ont vu la participation de 38 associations et ONG internationales venant principalement d'Afrique. Ces ONG dont les membres étaient issus de quinze pays africains envoyaient près de 20 observateurs. Ces observateurs comme le rapporte M. ABDOULKARIMOU[116], venaient des organisations de la société civile africaine regroupant 25 organisations et associations de la société civile du Burkina Faso, du Togo, du Gabon, du Benin, du Sénégal, du Ghana, du Mali, du Niger, du Tchad, et de la Mauritanie.

Pour l'élection présidentielle d'octobre 2011, plusieurs organisations internationales notamment le Commonwealth, l'Union africaine, l'Union européenne, l'organisation internationale de la francophonie (OIF)[117] sont intervenues dans le champ de l'observation.

Comme la plupart des organisations internationales l'OIF prend la peine d'observer les trois phases de l'élection.

C'est ainsi que du 5 au 15 octobre 2011, le secrétaire général de la Francophonie a envoyé une mission d'observation au Cameroun, qui a travaillé en étroite collaboration avec le Commonwealth notamment dont la mission avait pour objectif de couvrir toutes les phases du processus électoral, comme l'a précisé le secrétaire général de l'organisation Kamalesh SHARMA, pour qui :

> « *le mandat de l'équipe est d'observer les préparatifs de l'élection, le processus de vote, de dépouillement et les résultats, et l'environnement électoral global. L'équipe est chargée d'évaluer la conduite globale du processus et faire des recommandations*

---

[115] Créée en Octobre 2004 et basée à Washington. Elle travail pour la promotion de la démocratie, du droit et des élections dans le monde et fournit une assistance technique, ainsi que de nombreuses informations sur les élections.

[116] *La pratique des élections au Cameroun 1992- 2007, Regards sur un système électoral en mutation*, *op. cit.* pp. 90-91.

[117] L'organisation internationale de la Francophonie a été crée à Niamey au Niger le 20 mars 1970 sous le nom de l'Agence de la Coopération Culturelle et Technique. Ses pères fondateurs sont Léopold SEDAR SENGHOR, Habib BOURGUIBA, Hamani DIORI, et Norodom SIHANOUK. V. Interview de son excellence, l'ambassadeur de l'organisation internationale de la francophonie, M. Libère BARARUNYERETSE, in http://divainternational.ch/spip.php?rubrique1, (consulté le 13 février 2014).

appropriées pour le renforcement futur du processus électoral au Cameroun ».[118]

Toute chose qui vient confirmer ces propos de Dodzi KOKOROKO pour qui l'observation électorale est *« un sésame au développement »*[119] en ce sens qu'elle contribue à la réalisation d'une société démocratique et partant au respect des valeurs universellement reconnues. Les médias et des missions diplomatiques s'inscrivent dans ce continuum.

B- Les medias et les missions diplomatiques

Ce sont des acteurs qui ont un poids non négligeable dans le processus électoral.

1.- Les missions diplomatiques

Très souvent, les ambassades des USA, du Canada, des pays bas, de la France et de bien d'autres pays étrangers ont observés les élections au Cameroun. Ces missions diplomatiques ont envoyé entre un (01)[120] et trente-cinq (35)[121] observateurs qui se déplacent dans plusieurs circonscriptions électorales[122].

En marge de la session extraordinaire de l'Assemblée générale des Nations Unies sur l'enfance tenue à New York, le Président de la République, S.E Paul Biya, lors de sa rencontre avec le secrétaire général de l'ONU, le 9 mai 2002, lui demanda expressément d'envoyer une équipe de cette organisation observer les élections couplées de 2002 au Cameroun.

La contribution des missions diplomatiques au processus électoral camerounais se confirmera au présidentiel d'octobre 2011. Ainsi, le Haut commissariat de Grande Bretagne, le Haut commissariat du Canada, ainsi que, l'Union africaine, la Communauté économique des États de l'Afrique centrale (CEEAC), le PNUD, ont apporté leur contribution à l'observation de ladite élection.

Par ailleurs, le PNUD a contribué à travers son projet d'appui au cycle électoral, à la formation de 150 journalistes représentants des médias publiques et privés sur la couverture médiatique des élections en partenariat avec le centre d'Information des Nations Unies (CINU). Cette formation qui s'est tenue du 2 au 27 septembre 2011 a contribué à la mise en place d'une plate forme d'échanges des professionnels des médias dans le domaine de la

---

[118] S. KAMALESH, « Présidentielle : le MINATD accrédite plus de 6000 observateurs », in http://www.paleba.org/camer2011/category/actualites/, (publié le 7 octobre 2011). A l'occasion de l'élection présidentielle de 2004, l'OIF a envoyé dix-neuf (19) observateurs.
[119] D. KOKOROKO, *Contribution à l'étude de l'observation internationale des élections*, Thèse, Poitiers, 2005, 946 p, (spec., p. 383).
[120] Cas de l'Espagne en 2004
[121] Cas des USA
[122] V. ABDOULKARIMOU *op.cit*. pp. 91-92.

couverture médiatique des élections.[123] Toujours dans le cadre de ce projet, 119 membres de la société civile ont été formés en tant que formateurs sur les enjeux du processus électoral, les instruments juridiques, les différentes étapes du processus ainsi que les techniques de sensibilisation et d'observation électorale.[124]

2. Les Médias

Les medias très souvent qualifiés de quatrième pouvoir, jouent un rôle très important dans la construction de l'espace public, de l'État de droit et de la démocratie dans un pays.

Dans les pays où règne l'instabilité politique comme en RCA, ils servent de moyen de communication avec les pays voisins et la société internationale. Par ailleurs, dans les pays comme le Cameroun, où l'identité nationale s'est construite sur une multitude de cultures et de traditions[125], les medias ont une responsabilité directe dans le processus démocratique[126].

Avant 2007, les scrutins au Cameroun ne bénéficiaient que de la couverture médiatique de la CRTV et de quelques télévisions occidentales. Depuis 1990, avec la loi sur la communication sociale, les élections sont couvertes par plusieurs médias privés et internationaux sous le strict respect du professionnalisme et de la déontologie propre au métier. Les médias privés ont pour la plupart, procédé à une révision de leurs grilles de programme pour répondre aux exigences de la campagne électorale. Les organes en charge des élections sont la vitrine par laquelle se crée et se consolide la transparence électorale dans un pays quête d'État de droit et de démocratie.

Conclusion

Que faut-il conclure ? Doit-on opter pour *la fin des élections*[127] ou servir aux États et à tous les acteurs politiques en marge à la transparence électorale *un mandat pour cause d'élection ?*[128]

---

[123] Ibid.
[124] ibidem
[125] *[L'] a diversité ethnique, culturelle et religieuse, [...] contribue au renforcement de la démocratie et de la participation des citoyens.* Alinéa 3 de l'article 8 de la Charte africaine de la démocratie, des élections et de la gouvernance.
[126] Dans les régions comme le Rwanda, l'ex-Yougoslavie ou le Moyen-Orient, l'on a découvert le rôle néfaste joué par certains medias dans les situations de crise, surtout quand ils sont utilisés à des fins partisanes. Cf., ADOULKARIMOU *op. cit.* p. 94.
[127] A. EYINGA, *Cameroun, 1960-1990. La fin des élections. Un cas d'évolution régressive de la démocratie*, Paris, L'Harmattan, 1990, p. 7.
[128] A. EYINGA, *Mandat d'arrêt pour cause d'élection. De la démocratie au Cameroun, 1970-1978*, Paris, L'Harmattan, 1978, 251p.

Cette métaphore inspirée des travaux de A. EYINGA, garde tout son sens dans une Afrique en quête d'émergence car les élections sont un élément central de démocratisation et donc de développement. Elles permettent aux populations de jouir des droits consacrés par la Déclaration universelle des droits de l'homme, de choisir librement leurs représentants.

Ces deux dernières décennies, des *élections compétitives* sont devenues la norme dans de nombreux pays africains. Dans des pays tels que le Cameroun, le Ghana, l'Ile Maurice et l'Afrique du Sud, des élections réussies ont contribué à consolider des institutions démocratiques naissantes et amélioré les perspectives d'un plus grand essor économique et politique.

Dans d'autres pays, tels que le Libéria et la Sierra Leone, des élections crédibles ont ouvert la voie à la réconciliation nationale et au retour à un régime démocratique après des décennies de conflits armés et de guerre civile. Par contre, des élections douteuses dans des pays tels que le Kenya et le Zimbabwe, la Côte d'Ivoire ont engendré la violence, des pertes en vies humaines et la destruction de biens et ont accru la polarisation du discours politique.

L'élection devient la vitrine du *régime politique*[129] en place, une arme au service du développement et le Président BIYA de dire : *« en permettant à son peuple de s'exprimer en toute liberté, le Cameroun accède à une démocratie véritable…Il ne peut y avoir de démocratie véritable sans développement »*[130]. Le champ de la compétition électorale au Cameroun même s'il reste en quête de surface et de légitimité, même s'il reste *fort diversifié*[131], accède progressivement au jeu démocratique et cesse par conséquent d'être *problématique*[132].

---

[129] A. MBEMBE 1996 : 46, *"Qu'il s'agisse de leurs fondements, des moyens et des fins de leur administration, l'on peut difficilement affirmer que les régimes politiques d'Afrique sont désormais assis sur de nouvelles légitimités…la démocratie en Afrique reste par conséquent, un horizon».*

[130] P. BIYA, *Discours d'ouverture de la quatre-vingt septième Conférence de l'union Interplanétaire,* Yaoundé, le 6 avril 1992 cité par N. MOUELLE KOMBI, *La démocratisation dans la réalité camerounaise. Libertés, légitimité et modernité politique sous Paul BIYA*, Edition Dianoïa, août 2013, p. 185.

[131] V. à cet égard A. D. OLINGA, (*op. cit.*, P. 67.) qui soulignait que le droit électoral camerounais est un ensemble fort diversifié du point de vue de son contenu matériel.

[132] L. SINDJOUN décriait une construction problématique du champ de la compétition électorale, il faut entendre champ de la compétition électorale, le lieu ou s'organisent les relations de concurrence, de coalition et de transaction entre acteurs politiques en quête du droit de représenter et d'agir au nom des gouvernes soit sur le plan local, soit sur le plan national. L. SINDJOUN, *op cit.* p. 91.

Bibliographie

- ABDOUKARIMOU, *La pratique des élections au Cameroun 1992- 2007, Regards sur un système électoral en mutation*, Yaoundé, Ed. CLE, 2010.
- BACCOUCHE (N), « Contentieux électoral et suffrage universel », *in* Abdelfattah Amor, Philippe ARDANT et Henry ROUSSILLON (dir.), *Le Suffrage universel*, PUSS, 2007.
- BADIE (B), *L'Etat importé, l'occidentalisation* de l'ordre politique, Paris, Fayard, 1992.
- BOULAGA (E), *Lignes de résistance*, Yaoundé, Ed., clé, 1998.
- CESSOU (S), « l'élection présidentielle de juillet 1996 au Niger », in *observatoire permanent de la coopération française, La coopération judiciaire- l'observatoire international des élections suivies par la coopération militaire,* Karthala, 1997, 200 p.
- De GAUDUSSON (J. du Bois), « La sincérité du scrutin », *Cahiers du Conseil constitutionnel n° 13* janvier 2003.
- DEGNI SEGUI (R.), « La succession d'Etats en Côte d'Ivoire », Thèse D. E, Aix-Marseille, 1979, Tome I.
- DONFACK SOKENG (L), « L'institutionnalisation de l'opposition : Une réalité objective en quête de consistance », in *Comment peut-on être opposant au Cameroun ? Politique parlementaire et politique autoritaire*, Dakar, CODESIRA, 2004.
- EYINGA (A), *Mandat d'arrêt pour cause d'élection. De la démocratie au Cameroun*, 1970-1978, Paris, L'Harmattan, 1978.
- EYINGA (A), *Cameroun, 1960-1990. La fin des élections. Un cas d'évolution régressive de la démocratie*, Paris, L'Harmattan, 1990.
- FOGUI (J.-P.), Voici comment le RDPC est né a Bamenda le 24 mars 1985.
- G. HERMET ; J. LINZ et A. ROUQUIE, *Des élections pas comme les autres*, Paris, Presses de la FNSP, 1978.
- G. HERMET, « Les élections sans choix », *Revue Française de science politique*, Paris, PFNSP, 1977.
- GICQUEL (J), *Droit Constitutionnel et Institutions Politiques*, Paris : Montchrétien 2003L. HAMON « L'Etat de droit et son essence », *RFDC*, 1990.
- GUEYE (B), « La démocratie en Afrique : succès et résistances », *Pouvoirs* 2009/2, n° 129.
- HOUNGNIKPO (C. M), *L'illusion démocratique en Afrique*, Paris, l'Harmattan, 2004.
- KOKOROKO (D), *Contribution à l'étude de l'observation internationale des élections*, Thèse, Poitiers, 2005.
- Le BRIS (E), « La laborieuse construction d'un nouvel espace public », *Politique africaine, n° 74*, juin 1999.
- LEKENE DONFACK (Ch), « La candidature indépendante et la liberté de suffrage en droit camerounais », *Revue africaine des sciences juridiques*, vol. 1. n° 1, 2000.
- M. HAYWARD, *Elections in independent Africa*, Boulder, Westview Press, 1987.
- MADIOR FALL (I), HOUNKPE (M). JINADU (A. L.), KAMBALE (P.), *Organes de gestion des élections en Afrique de l'ouest. Une étude comparative de la contribution des commissions électorales au renforcement de la démocratie*, 2011.
- MELEDJE (D. F.), « Le contentieux électoral en Afrique », *Pouvoirs*-129. 2009.
- MENOUNI (A) « Constitution et contentieux électoral », Académie internationale de droit constitutionnel, *Recueil des cours*, vol. 10, « Constitution et élection », 2002.
- MOUANGUE KOBILA (J), « Sur une question en débat : nullité du mandat impératif et déchéance des élus au Cameroun », *Lex lata* n° 32 novembre 1996.

- MOUELLE KOMBI (N), « Consultation électorales et respect de l'expression des citoyens », 1994.
- MOUELLE KOMBI (N.), *La démocratie dans la réalité camerounaise. Libertés, légitimité et modernité politique sous Paul Biya*, Dianoïa, Paris, 2013, 324p.
- MOUKOKO MBONJO (P), « Le retour au multipartisme au Cameroun » *in* G. CONAC (dir.,) *L'Afrique en transition vers le pluralisme politique*, Paris, Economica, 1993, 517p.
- NDJOCK (J. A.), « ELECAM : une dynamique pour la transparence », *Revue africaine des sciences juridiques*, vol.8, n° 2, 2011.
- NGUEMEGNE (J. P.) , « Réflexion sur l'usage et le respect des droits de l'homme au Cameroun : le droit de vote depuis 1990 » *in,* Annales de la Faculté des Sciences Juridiques et Politiques, Tome 4, Université de Dschang, Yaoundé, Presses Universitaire d'Afrique, 2000.
- ONDOUA (A), « Vers une modernisation du système institutionnel de régulation des élections au Cameroun ? A propos de la mise en place d' « *Elections Cameroon* », Les voyages du droit - Mélanges Dominique BREILLAT, pp. 485-497.
- RONSANVALLON, P., *La légitimité démocratique*, Paris, Seuil, 2008.
- SINDJOUN (L), « Élections et politique au Cameroun: concurrence déloyale, coalitions de stabilité hégémonique et politique d'affection », *afr. j. polit. sci.* (1997), vol. 2 n°. 1, 89-121.
- SOBZE (S. F), Note sous jugement n°117/ CEL du 07 août 2007, Affaire KWEMO Pierre c/ État du Cameroun, *Revue de droit administratif*, pp. 81-97.
- TOUO (H). « Le double scrutin de 2007, au Cameroun : entre amélioration continue du processus de démocratisation et déficit de transparence », Cahiers juridiques et politiques, *Revue de la Faculté des sciences juridiques et politiques de l'Université de Ngaoundéré*, 2010, 273-306.
- TOUVET (L) et DOUBLET (Y. M.), *Droit des élections*, Economica, coll. Corpus droit public, 2007.

CHAPITRE 7

La communauté internationale et les élections : réflexion sur la portée de la dynamique d'observation des élections dans la promotion de la démocratie au Cameroun

Ibrahimou HAMIDOU

Si aujourd'hui dans tous les États du monde les élections constituent l'un des éléments essentiels du processus démocratique approuvé par le peuple, une consécration internationale sur la transparence et la crédibilité de celle-ci demeure fondamentale. Les missions d'observation sont devenues actuellement une coutume internationale[1], elles sont parfaitement acceptées par les gouvernements. Le rejet d'accréditation d'une mission d'observation internationale par un État sur son territoire est non seulement anormalement perçu mais présage également que les élections seront entachées d'irrégularités et par conséquent ne seront guère crédibles. La certification des élections passerait ainsi par une immixtion internationale légale, une sorte d'ingérence démocratique et *« une aide multilatérale à la démocratisation »*[2] reconnue par la communauté internationale. Selon la définition de l'Institut International pour la Démocratie et l'Assistance Électorale[3] (IDEA), on entend par observation indépendante et neutre des élections, toute opération ayant pour objet *« la collecte délibérée de renseignements concernant un processus électoral et la formulation de jugements éclairés sur la conduite de ce processus à partir de renseignements rassemblés »*[4]. Les observateurs sont ainsi chargés du suivi sur le terrain du déroulement des opérations électorales, de l'évaluation des conditions de leur organisation ainsi que du respect des principes et des réglementations régissant les élections. La fin de la mission d'observation du processus électoral débouche sur la rédaction des rapports comprenant leurs différents constats et les recommandations à soumettre au gouvernement concerné.

---

[1] Karel Vasak, « Réflexion sur l'observation internationale des élections », *symposium international de Bamako* 25-27 avril 2000, p.2
[2] Mathilde Crochetet, *« La sociogenèse de l'observation électorale internationale : le rôle des missions d'observation électorale internationale dans la promotion de la démocratie »*, Mémoire de recherche, IEP Toulouse 2013, p. 02.
[3] Créé en 1995, l'IDEA une organisation intergouvernementale comprenant des États membres de tous les continents, a pour mission de promouvoir la démocratie durable dans le monde. L'objectif d'IDEA est d'aider à améliorer la conception d'institutions et de processus démocratiques clés par le biais d'une connaissance et d'une compréhension meilleures des questions qui conditionnent le progrès démocratique.
[4] Institut international pour la démocratie et l'assistance électorale, *Code de conduite. Observation électorale éthique et professionnelle*, p. 10.

Néanmoins, en dépit de son importance démocratique apparente, on n'est guère surpris que l'entérinement de la régularité des élections en Afrique souffre d'une insuffisance des normes internationales relatives aux élections[5] à cause du caractère récent des missions d'observation des élections. Ainsi, seules quelques prémices de textes existaient au milieu des années 1990[6] comparé au contexte actuel où l'on constate une floraison considérable de l'arsenal juridique[7] visant à améliorer les processus électoraux en Afrique et partout ailleurs, pour un renforcement des institutions électorales. La Déclaration de principes pour l'observation internationale d'élections publiée par l'ONU en 2005 est le document de référence de l'observation électorale internationale illustrant sa récente institutionnalisation. La dynamique électorale comporte d'énormes paradoxes qui nécessitent d'être suivi de près par les tenants et les aboutissants de la scène politique ; l'issue d'une élection participe à une mutation radicale ou partielle du paysage politique d'un État. Des exemples marquants illustrent qu'une vive controverse sur les élections peut conduire à des effervescences sociales sanglantes (cas de la Côte d'Ivoire en 2011), d'où l'importance d'une élection juste et transparente permettant à la fois la stabilité d'un pays, mais aussi l'enjeu sécuritaire d'une sous-région toute entière. La présence des observateurs internationaux constituerait en quelque sorte une garantie substantielle du bon déroulement des élections et milite contre d'éventuelles tentatives de trucages électoraux.

Dès lors, les États ou les organismes mandatés pour assurer l'observation sont appelés à accomplir un travail précis qui à présent semble être critiqué et taxé d'être de nature symbolique, parcellaire, imprécise et inachevée. Des polémiques fusent et se situent très souvent sur le fait que, les missions d'observations n'étant pas un métier à temps plein, l'on doute de l'expertise technique et politique des observateurs. L'observation n'est pas une profession accomplie et on note une imprécision au niveau de la période où doivent effectivement commencer les tâches des observateurs ; c'est-à-dire pendant la campagne électorale où l'équilibre d'occupation de l'espace public n'est pas respecté entre les *« grands et les petits partis politiques »* ou simplement au moment du déroulement des élections.

---

[5] Ibid., p.2
[6] - La Déclaration de l'Union interparlementaire sur les critères pour des élections libres et régulières, adoptée à Paris le 26 mars 1994.

 - Convention internationale relative à la liberté des élections et à l'observation internationale des élections, élaborée par la Conférence de la Laguna en 1994.

[7] La Charte africaine de la démocratie, des élections et de la gouvernance adoptée en 2004 entrée en vigueur le 15 Février 2012.

Déclaration de Durban sur les principes régissant les élections démocratiques en Afrique (CADEG), adoptée par la Conférence des Chefs d'États et de gouvernements de l'Union africaine en Juillet 2002.

Par ailleurs, une inquiétude à propos des lieux même d'observation d'élections. Si la majorité des observateurs internationaux se focalisent sur les grandes villes (capitale politique et/ou économique), l'expérience a montré que les contestataires des élections réclameraient plus de présence d'implication et de visibilité dans les zones reculées, difficiles d'accès par conséquent exposées à des tentatives de fraudes électorales. Les pressions des puissances exogènes pousseraient subséquemment certains États à mandater des observateurs plus pour une observation de façade plutôt que par impartialité.

L'État *fort et unificateur* incarné par le parti unique du Président Ahmadou Ahidjo en 1966 étant très contesté, le multipartisme est réintroduit au Cameroun au début des années 90 suite à des manifestations populaires revendiquant plus de démocratie et de liberté. Ainsi, avec l'avènement de la démocratie, le Cameroun a accueilli à plusieurs reprises des missions d'observation à des stades importants de sa vie politique (élections présidentielles, législatives municipales et récemment les sénatoriales de 2013). Les institutions mandatées (Nations Unies, Union Africaine, OSCE, Francophonie, Union Européenne etc.) ont été appelées à se prononcer sur la liberté individuelle d'être élu et voté, mais aussi sur une évaluation objective de l'organisation et le déroulement des élections. Au Cameroun comme ailleurs, dans ces missions, les observateurs se placent comme des témoins privilégiés et officiels des élections[8] reconnus par le Ministère de l'Administration Territorial et de la Décentralisation dans le cas camerounais.

Cependant, vu le paradoxe sur le caractère visiblement symbolique et imprécis de ces missions, l'on s'interroge de savoir si effectivement les missions d'observation permettent réellement d'améliorer le déroulement des élections au Cameroun ou consistent-elles uniquement à recueillir des informations et produire des rapports ? Quelle est la pertinence des missions d'observation et l'apport des observateurs internationaux dans la promotion de la démocratie au Cameroun ? Qu'est-ce qui peut justifier le déphasage entre les rapports optimistes des missions d'observation et l'appréciation pessimiste que font les acteurs locaux du déroulement des élections ? L'opération d'observation des élections est-elle perfectible au Cameroun ? Autant d'interrogations que nous tenterons d'analyser dans cet argumentaire. Cette recherche ne vise pas à disséquer étape par étape les différentes missions d'observation réalisées mais au contraire, l'intérêt de cet apport vise à réfléchir sur la question de l'esprit de cette pratique au regard de son rôle et ses défis actuels dans la promotion de la démocratie ces deux dernières décennies au Cameroun.

Cette recherche est axée sur une approche constructiviste qui va aborder l'observation des élections comme étant l'expression d'une

---

[8] Karel Vasak, *op.cit.*, p.2

construction progressive, une pratique internationale nouvelle qui s'est érigée en coutume internationale institutionnalisée par les États. Il s'agira pour nous de faire une lecture diachronique allant de 1990 à 2013 de l'évolution de la pratique d'observation internationale des élections et son influence sur le processus de démocratisation du Cameroun. Cette réflexion va s'appesantir sur une recherche documentaire, sur l'exploitation des références juridiques, des observations directes, des expériences vécues en matière électorale autant dans les grandes villes que dans les zones reculées du Cameroun. L'argumentaire se déclinera en trois parties essentielles qui suivent : D'abord, la certification des élections : une coutume internationale institutionnalisée (I) ; Ensuite, observation internationale des élections : une mission symbolique et incomplète ? (II) ; Et enfin, la portée finale de la dynamique d'observation au Cameroun : quelles perspectives ? (III).

I- L'observation internationale d'élections: une coutume internationale institutionnalisée

L'observation internationale d'élections est passée d'une simple pratique routinière entre États, pour aboutir à un processus institutionnalisée et légale sur le plan international. Dans cette partie, il s'agira, de faire un point d'une part sur le phénomène d'observation d'élections comme une coutume internationale, et d'autre part nous verrons la pertinence et la légalité de la pratique d'observation au Cameroun.

1. Une construction internationale progressive

Jean d'Aspremont affirme que « le critère principal dont témoigne la pratique contemporaine dominante et qui permet de juger du caractère démocratique d'un État est l'élection »[9]. Ceci dit, un État est considéré comme démocratique lorsqu'il organise des élections libres et régulières en respectant les droits de l'homme. La communauté internationale à travers l'Union Interparlementaire (*UIP*) a construit une pratique internationale d'envergure autour de ce qu'on appelle aujourd'hui *observation internationale des élections* visant à superviser l'organisation et le déroulement des élections. Cette initiative s'est manifestée par une première volonté de codification par l'*UIP* d'où la déclaration pour les élections libres et régulière de Paris du 26 mars 1994. Alors même que l'Agenda pour la paix des Nations Unies avait évoqué le « défi démocratique »[10] de cette époque, la réaction suscitée fut de très faible impact. Une série de résolutions est initiée par la suite à travers l'*UIP* sous le parrainage de l'ONU. On verra tour à tour l'adoption de la déclaration sur les critères pour des élections

---

[9] Mathilde Crochetet, *op.cit.* p.04
[10] Guy S. Goodwin-Gill, Élections libres et régulières, *Union interparlementaire*, Genève 2006, p.12

libres et régulières en 1994, l'*UIP* apportera encore sa contribution au travail des Nations Unies en 1997 par la déclaration universelle sur la démocratie, et en publiant également les « codes de conduite pour les élections », qui comportaient un projet de code type répondant à divers questions sur l'organisation d'élections libres et régulières[11].

Une autre résolution sera adoptée par l'Union interparlementaire en 2003 invitant les parlements et les parlementaires à se servir des nouvelles technologies de l'information et de la communication (NTIC) « pour améliorer la rationalité, l'efficacité et la transparence de leurs activités et mieux communiquer avec leurs électeurs »[12]. L'*UIP* participe à travers ses nombreuses résolutions à renforcer non seulement la participation civique aux affaires publiques mais à améliorer la crédibilité des élections. L'idéal démocratique tendant à s'internationaliser, l'environnement international selon Yves Beigbeder serait « … favorable à la démocratie », et il ajoutera qu'« un soutien international concret et visible à l'apprentissage des concepts et méthodes démocratiques sont susceptibles de faciliter les efforts et le progrès des nations engagées dans un processus de libéralisation politique. »[13], au Cameroun cette volonté se manifeste entre autres par, la ratification en 2011 de la Charte africaine de la démocratie, des élections et de la gouvernance qui a été adoptée en mai 2004[14], par la création de la Commission Anticorruption (CONAC) en 2006, de la Commission Nationale des Droits de l'Homme et des Libertés (CNDHL) en 2006, de *Transparency International* et la refonte des anciennes listes électorales manuelles en des cartes biométriques informatisées depuis 2013 par *Elections Cameroon* (ELECAM)[15].

Le caractère routinier conjugué avec la volonté collective de codification a conduit la communauté internationale à institutionnaliser la pratique de l'observation internationale des élections. Dès lors, le travail de l'*UIP* en collaboration avec les Nations Unies a abouti en 2005 à la publication de la *Déclaration de principes pour l'observation internationale d'élections et le code de conduite à l'usage des observateurs électoraux internationaux*, qui se sont érigés comme étant des documents de référence pour toutes les missions d'observation électorale par la pluralité d'acteurs internationaux[16]. On notera également qu'en matière d'observation des élections, l'OSCE (Organisation pour la Sécurité et la Coopération en

---

[11] Guy S. Goodwin-Gill, *op. cit.*, p. 6
[12] *Ibid.* p. 10
[13] Yves Beigbeder, *Le contrôle international des élections*, Bruxelles : Bruylant, Paris : LGDJ, 1994, pp. 18
[14] Rapport d'observation, *Coalition for democratic governance*, Élection législatives et municipales du 30 septembre 2013, octobre 2013, p. 88
[15] ELECAM organe autonome d'organisation d'élections, créé par la loi N°2006/011 du 29 décembre 2006 portant création, organisation et fonctionnement d' « *Elections Cameroon* »
[16] Mathilde Crochetet, *op. cit.*, p.15

Europe) et le BIDDH (Bureau des Institutions Démocratiques et des Droits de l'Homme) sont deux organismes phares dans le domaine ; ces derniers estiment que la pratique d'observation des élections pouvait jouer un rôle important dans le renforcement de la confiance d'un peuple dans le déroulement des élections dans leur pays. L'expérience électorale engrangée par l'OSCE et le BIDDH et les nombreux rapports publiés ont également contribués à l'institutionnalisation de cette pratique au point où le Président américain Jimmy Carter a affirmé que « la méthodologie d'observation de l'OSCE/BIDDH est mondialement reconnue pour ses hautes normes d'impartialité, de transparence et de professionnalisme par les organismes d'observation de par le monde. »[17]

Par ailleurs, d'autres organisations internationales ou intergouvernementales à l'égard de l'OUA, OIF et le Commonwealth par leurs missions diplomatiques d'observation électorale de ses pays membres se placent comme « *un instrument intergouvernemental actif pour le soutien à la démocratie représentative* »[18]. Les ONG ont également participées au processus d'institutionnalisation par la mise en place des missions d'observation électorale. La pratique d'observation internationale des élections bien que récente s'est transformée en coutume internationale dont la codification et l'institutionnalisation ont connues une évolution progressive. La communauté internationale a ainsi vu un déploiement croissant des missions d'assistance et d'observation électorale à l'initiative d'organisations internationales, intergouvernementales ou non gouvernementales.

2. Pertinence et légalité de l'observation internationale des élections au Cameroun

Ici, il ne s'agira pas de décortiquer les nombreux principes liés à l'observation internationale des élections car les clauses légales sur la liberté et la régularité des élections ne pose guère de problème quant à leurs fondements. Les textes sont clairs, il importe davantage de cerner leur application sur le terrain. Le déroulement des élections au fur et à mesure nous donne de la matière d'analyse sur les réalités électorales propres au Cameroun.

Il est important de souligner que les acteurs politiques tels les médias ou les organisations de la société civile jouent un rôle dans la visibilité de l'animation des débats publics et du jeu démocratique. L'observation internationale des élections n'échappe pas à l'influence des médias qui renseignent les peuples sur le poids, la pertinence et la légalité des observateurs électoraux. Les médias remettent ainsi en cause la légitimité

---

[17] Organisation pour la Sécurité et la Coopération en Europe (OSCE), *L'observation des élections,* Mathilde Crochetet, *ibid,* p. 16
[18] Rapport observation, *Coalition for democratic governance, op. cit.*, p. 119.

des observateurs et leur indépendance qui d'après leurs opinions sont sous l'influence des bailleurs de fonds qui financent les grands projets d'investissement. L'observation bien que figure novatrice des valeurs politiques et démocratiques, est un concept comme il a été mentionné qui apparait ainsi internationalement partagé. De même, comme tout phénomène nouveau, l'observation suscite des débats et des polémiques en l'occurrence sur sa pertinence et sa légitimé. Il importe donc, de savoir, si cette nouveauté politique s'intègre dans le système électoral camerounais sans risquer de porter atteinte ni altérer sa souveraineté.

Le développement des relations internationales basé sur le partenariat et la coopération entre les États donne à observer que la pratique est désormais universelle et le Cameroun ne déroge guère à cette logique de démocratisation, homologuée par ses pairs. La démocratie étant un principe porteur des valeurs d'harmonisation, la notion d'observation internationale d'élections est automatiquement acceptée par les dirigeants camerounais. En 2013, environ 13 000 observateurs internationaux et nationaux ont été accrédités par le MINATD[19]. Ceci lève l'équivoque sur sa légalité car elle est valable à la fois sur le plan du droit international mais aussi sur les particularismes des normes juridiques nationales. Ainsi, tout État qui se veut démocratique chercherait à amoindrir les insuffisances de la mise en œuvre des élections sur son territoire. Karel Vasak soulignera dans ce contexte qu'il faut *« qu'un témoin authentifie non seulement la réalité de l'acte mais également sa conformité avec les normes qui le régissent ».*[20] Selon le principe 5 de la Déclaration,

> *« Les conclusions des missions d'observation internationale d'élections fournissent un point de référence commun factuel pour toutes les parties intéressées par les élections, elles sont particulièrement précieuses en cas de contestation électorale, les conclusions fiables pouvant alors contribuer à atténuer les risques de conflits »*[21].

Le poids et l'importance de cette pratique tient au fait de la pertinence des rapports fournis par les observateurs, notifiant les améliorations à effectuer par le gouvernement organisateur des élections en question sur une base objective.

Le poids des missions d'observation se situerait ainsi au niveau des rapports finaux d'observation qui permettent de présenter une évaluation neutre du processus électoral qui a été observé. Les observateurs édictent au Cameroun les conditions à adopter par le gouvernement afin d'améliorer son processus électoral en les informant des différents manquements constatés.

---

[19]*Ibid. p. 30.*
[20] Karel Vasak, *op. cit.* p. 1.
[21] Organisation des Nations Unies (ONU), Déclaration de principes pour l'observation internationale d'élection et code de conduite des observateurs électoraux, p.5

Quant à la pertinence de ces missions d'observation, Karel Vasak maintient que « *la lacune la plus grave est très clairement constituée par l'imprécision et l'insuffisance quant aux suites à donner aux travaux de la mission* »[22]. Ceci dit, pointer un problème du doigt n'équivaut pas à le résoudre, l'observation des élections s'arrête-t-elle uniquement à la publication du rapport mentionnant la validité ou non du jeu électoral ? L'on constatera visiblement que le suivi des recommandations des observations n'est pas garanti entièrement. Le Cameroun parvient-il à consolider et à approfondir son potentiel démocratique ? Le suivi postélectoral des recommandations est essentiel à long terme nécessitant une assistance par la communauté internationale[23] afin de ne pas laisser pour vain ces travaux des observateurs, et participer ainsi à la dynamique de démocratisation en permanence.

Le Cameroun entre 1990 et 2013, est passé du quinquennat au septennat et a connu précisément quatre élections présidentielles : les présidentielles de 1992 après l'avènement du multipartisme, celles de 1996 marquant la fin du quinquennat, les élections de 2004 et enfin de 2011. Le pays a reçu des missions d'observation de différentes organisations et pays (ONU, UA, UE OIF, Commonwealth, France etc.). Quel est donc le rôle joué par la communauté internationale ? Les missions d'observation ont-elles permis un renforcement du système électoral et une évolution de la démocratisation du Cameroun ? Des interrogations dont les réponses ne sont pas évidentes, car s'il y a évolution, l'on ne peut attester que celle-ci satisfait tous les acteurs politiques qui la taxent de tardive, nous faisons allusion ici à l'introduction de la biométrie dans le système électorale dont le retard a été fustigé par l'opposition. Le rôle de la Communauté Internationale reste visiblement de nature participative. A la question de savoir si la pratique d'observation s'intègre sans difficultés dans le système politique camerounais, l'on constate néanmoins que des observateurs internationaux sont présents à chaque élection organisée au Cameroun. L'OIF à la veille des élections législatives de 1997, a même permis d'instaurer une avancée en recommandant le découpage de certaines circonscriptions électorales ou encore la refonte des fichiers électoraux. Ainsi, la loi relative aux élections législatives prévoit qu'à côté du territoire départemental, circonscription électorale normale, il peut être créé des circonscriptions spéciales, en fonction de la "situation particulière de la circonscription" et ce, depuis la loi du 19 mars 1997, par voie réglementaire.[24] Ce découpage a ainsi pour but une meilleure représentation des minorités et instaurer un certain équilibre sociologique.

---

[22] Ibid., p.2
[23] Mathilde CROCHETET, *op.cit*.p.62
[24] Olinga A. D., « Politique et droit électoral au Cameroun : analyse juridique de la politique électorale », *Polis / R.C.S.P. / C.P.S.R.,* Vol. 6, n° 2, p. 44

II- Observation internationale des élections : une mission symbolique et incomplète ?

Il a été précédemment observé que l'application des recommandations des observateurs internationaux n'est pas toujours évidente. Un suivi est ainsi fondamental. Mais tous les États n'ont pas la même capacité financière de mettre en application ces recommandations. Ceci laisse à penser que l'observation des élections jouerait un rôle uniquement symbolique dans les États pauvres et en transition démocratique[25], mais aiderait davantage les pays riches disposant des ressources pour innover en matière électorale (informatisation de l'ensemble du système électoral pour certains pays occidentaux). Il est fort intéressant de constater dès lors que, les missions d'observation sont rarement suivies des changements escomptés. Ceci dit, l'observation d'élections pour les pays en voie de démocratisation est un luxe qui s'avère être de nature surtout symbolique et dissuasive d'où la déclaration de 2005 stipulant que *« l'observation internationale d'élections peut renforcer l'intégrité des processus électoraux, soit par dissuasion, soit par dénonciation des fraudes et des irrégularités, soit par des recommandations »*[26] l'on constatera cependant que, l'initiative par un gouvernement d'inviter des observateurs internationaux témoigne de sa volonté d'organiser des élections à portée démocratique.

1. Intégralité territoriale des missions d'observation remise en cause ?

L'OSCE dans son manuel d'observation des élections mentionne que *« la simple présence des observateurs internationaux ne doit pas être considérée comme apportant la légitimité ou le crédit à un processus électoral »*[27]. Cela justifie qu'il y a un travail de fond devant être effectué sur l'ensemble du territoire du pays hôte. L'observateur international étant le témoin du déroulement des élections, il est appelé à produire un rapport où il apprécie le contexte global des conditions du déploiement du scrutin. Le poids et la pertinence d'une mission d'observation réside notamment dans la couverture de la totalité des circonscriptions de vote.

Cependant, dans le cas précis du Cameroun, il est difficile de se rendre dans certains endroits qui se caractérisent par le mauvais état des routes et un environnement géographique hostile (forêts, montagnes ou zones arides), tout en tenant compte qu'une élection se déroule en une seule journée (7h30 et 18h00). Pendant les élections présidentielles de 2004, l'OIF a avoué n'avoir pu effectuer sa mission d'observation que partiellement,

---

[25] Ibid., p.64
[26] Déclaration ONU 2005
[27] OSCE, Manuel p.12

pour cause d'annulation de vols aériens intérieurs[28]. Ainsi, sur les dix (10) provinces que comptait le Cameroun en 2004, seul sept (07) ont été observées soit 303 bureaux de votes, laissant toute la partie septentrionale peuplée de plus de sept (07) millions d'habitants. Ce qui a néanmoins permis à cette organisation de proclamer la tenue d'élections « calmes, disciplinées et sincères » ne témoignant d'aucune « constatation de violence ou de tentative d'intimidation »[29]. Ce qui laisse perplexe car cette affirmation qui semblerait très peu fondée. On constate en outre qu'il subsiste une insuffisance de consultation entre les différents observateurs internationaux ou nationaux, pourtant ceci pourrait faciliter la couverture de l'ensemble des lieux de vote. Pour qu'une observation soit crédible, il importe pour les observateurs d'effectuer leur mission sur l'ensemble du territoire. Étant donné la difficulté pour une seule équipe de couvrir d'immenses espaces l'on a observé avec l'Organisation Internationale de la Francophonie, qu'une coordination avec d'autres observateurs internationaux permettrait éventuellement de pallier à ce manquement.

2. Pressions occidentales et légitimité des observateurs internationaux vis-à-vis de l'Union Africaine et des institutions nationales

Si l'indépendance du contrôle interne des élections est mise en cause du fait de sa partialité, qu'en est-il de l'indépendance et de la légitimité des observateurs internationaux ? L'observation internationale d'élections est au cœur même des exigences du droit international contemporain[30] pour pallier à cette partialité des organes internes de gestion des élections. L'inquiétude proviendrait des conflits d'intérêts potentiels lorsqu'un président ou des partis politiques nomment les membres des organes de gestion électorale. Qu'à cela ne tienne, nombreux sont les analystes politiques qui sont également dubitatifs quant à la présence et l'impartialité des observateurs internationaux qui très souvent ont plus vocation à discréditer l'organisation et le déroulement d'élections en Afrique dans le but de renverser tel ou tel régime politique. L'opinion médiatique rapporte des propos tels que, « *les missions d'observation électorale seraient une obligation à laquelle s'astreignent les États sous la pression des bailleurs de fonds* »[31]. Un

---

[28] Rapport de la mission d'observation de l'élection présidentielle du 11 octobre 2004 au Cameroun dépêchée par le secrétaire général de l'organisation internationale de la francophonie (OIF) du 6 au 15 octobre 2004, p.39
[29] Rapport de la mission d'observation 11 octobre 2004 de l'organisation internationale de la francophonie (OIF), op.cit. p.39
[30] Ousmane KHOUMA, « La sincérité du scrutin présidentiel devant les juridictions constitutionnelles africaines », Université CHEIKH ANTA DIOP, Dakar, 2012 p. 06
[31] L'observation électorale, Guide pratique à l'intention des membres de missions d'observation électorale à l'étranger, Le Directeur Général des élections du Québec, doc. PDF, p. 35

jugement pouvant être fondé lorsqu'on sait que des partenaires de développement financent certaines missions d'observation internationale d'élections. Ainsi, considérant les critiques formulées à l'encontre des observateurs internationaux de par le caractère symbolique de leurs travaux, la pression électorale exercée sur les gouvernements ne remet-elle pas en cause la légitimité même des missions d'observation ? De plus, n'est-il pas utile de rappeler que le principe de non-ingérence existe et que tout État est souverain à l'intérieur de ses frontières. Ce faisant l'observation internationale onusienne ne devrait pas constituer une garantie substantielle de validation d'élections, tant bien même que les organes africains et gouvernementaux pourraient organiser des élections conformément aux règles qui régissent ce processus. L'universalisme démocratique en vigueur qui tend à standardiser les pratiques électorales dans le monde au gré des puissances occidentales doit-il primer *obligatoirement* sur les particularismes politiques internes ?

À titre d'illustration, la certification internationale d'élection est mandatée par le conseil de sécurité et place l'Union Africaine en situation de soumission comme le souligne à juste titre Guy Mvelle lorsqu'il affirme que *«...aux pratiques politiques proposées et imposées par les grandes puissances, directement ou via les institutions internationales rappelle la problématique de la négation de la souveraineté des États africains déjà posé par R. Jackson en 1986 »*[32], une telle souveraineté est ainsi bafouée par des acteurs complexes qui, du fait de leurs intérêts variés ont tendance à imposer un ordre qui tend à simplifier les valeurs politiques étatiques. Autant autrefois à l'époque de la bipolarisation idéologique du monde incarnée par les blocs Est/Ouest, c'était un choix délibéré pour tout État d'appartenir à l'un des deux ordres politiques distincts. L'universalité des valeurs politiques et démocratiques prônée à travers l'interventionnisme de la communauté internationale par le biais l'observation des élections devrait être de nature consensuelle sans blâme des États qui y sont réticents. Néanmoins, l'on note que, l'exercice d'observation internationale d'élections est le moyen le plus cohérent d'attester de la sincérité et de la régularité des élections. Qu'à cela ne tienne, doit-elle toujours être faite sous le joug des grandes puissances ? Les cas ivoirien et kenyan sont pleins d'enseignements à ce sujet, car ils prouvent que la prédominance occidentale et son rôle joué en matière de certification électorale restent mitigés. Il est important de souligner une fois de plus, qu'en matière d'observation d'élections, l'UA est appelée à respecter la position du certificateur onusien, derrière celle de la France, celle des États-Unis et celle de l'UE[33]. Un assujettissement dont

---

[32] Guy MVELLE « L'Union Africaine dans ses rapports avec les grandes puissances », *Revue de la défense nationale, Tribune 108, p.04*
[33] Ibid., p.04

l'Union Africaine souhaiterait bien se passer, puisqu'en ayant le premier rôle au sein de ses États membres.

III- Portée finale de la dynamique d'observation au Cameroun : quelles perspectives ?

À titre liminaire, l'examen de cette partie est intéressant à un double point de vue : le premier point se rapporte à un aspect fondamental qui est celui de la logique des réclamations postélectorales impulsées par les partis politiques au lendemain des élections, ce point permettra aussi de faire un constat sur la suite qui est donnée à l'ensemble des revendications. Le second point qui n'en est pas moins déterminant concerne la perfectibilité même du phénomène d'observation d'élection appliquée dans le contexte politique du Cameroun.

1. Observation internationale et revendications postélectorales au Cameroun

Au Cameroun, tel que stipulé par l'article 10 de la loi 2012 portant sur le code électoral[34], le conseil électoral veille au respect de la loi électorale en assurant « *la régularité, l'impartialité, l'objectivité, la transparence et la sincérité du scrutin* » ; sur cette base, il est souverain et ordonne les rectifications rendues nécessaires à la suite de l'examen des réclamations ou contestations reçues relatives aux élections ou aux opérations référendaires.

Ainsi, en matière électorale, la sincérité de la tenue des élections demeure essentielle à l'exercice de la démocratie. Force est de reconnaitre que la mission d'observation internationale des élections a pour objectif primordial la validation ou l'invalidation d'un scrutin. Cependant, cette tâche s'avère être particulièrement complexe lorsqu'il s'agit de remettre en cause l'organisation d'élections dans un État donné. D'entrée de jeu, il convient de souligner qu'en Afrique et partout ailleurs, l'on a rarement assisté à une jurisprudence électorale où l'observateur international après avoir invalidé une élection, a permis l'annulation systématique de ladite élection. Cela suppose d'ores et déjà, la faible portée et l'impact de cette pratique, en ce sens qu'en cas de constat d'irrégularités, elle n'est guère susceptible de renverser d'aucune manière un candidat investi. La manœuvre frauduleuse de nature à modifier l'issue d'une élection reste entièrement à l'appréciation du juge électoral. Seul le juge peut ainsi considérer qu'il y a eu une « altération grave de la sincérité du scrutin »[35]. Dans la majorité des cas d'irrégularités constatées, la jurisprudence africaine ferait plus appel à une « logique comptable » où l'on soustrait automatiquement le nombre de

---

[34]Loi N°2012/001 du 19 avril 2012 portant code électoral camerounais
[35]Ousmane Khouma, op.cit, p.32

bulletins hypothétiquement viciés[36] car l'organisation d'élections étant très coûteuse pour les pays du tiers-monde, l'on a rarement observé des situations où le juge recourt à une annulation définitive d'une élection surtout présidentielle du fait de l'invalidation du scrutin par le rapport final d'observation fut-elle internationale.

C'est pourquoi, l'examen du contentieux des élections en Afrique est critiqué et laisse plutôt croire que le juge a une conception de la sincérité qui le conduit à être *« accusé d'écarter le droit, si ce n'est de s'écarter du droit »*[37]. En France, le Conseil Constitutionnel signale que la fraude électorale « affecte le principe même de la démocratie ». Cela dit, le juge africain en évitant de considérer les recommandations de l'invalidation du scrutin par les observateurs internationaux, ignore tout simplement l'application de la rigueur et la transparence nécessaire en démocratie et affecterait en conséquence ses principes fondamentaux ainsi que celui du respect de la volonté des électeurs.

En somme, même si l'observateur international a conclu à l'insincérité et l'irrégularité d'un scrutin, cela n'est pas une garantie de la reformation ou de l'annulation des élections en question. Au Cameroun, l'on a assisté très souvent à un clientélisme électoral ou au « vote alimentaire »[38] qui se rapproche clairement de l'achat de vote, alors même que le pays s'est engagé à renforcer la gouvernance démocratique et à lutter contre la corruption électorale dans le code pénal de 2012. Aussi étrange que cela puisse paraître, le juge électoral camerounais également considère que la violation du code électoral ne conduirait pas à une annulation systématique de celle-ci. C. Parent dira qu'il faut que « l'infraction ait une incidence sur l'issue de l'élection »[39]. En 2013, lors des élections législatives et municipales le Conseil Constitutionnel qui statue sur les requêtes en annulation totale ou partielle du scrutin a enregistré quarante et un (41) recours en annulation formulés par les partis politiques. La Cour Suprême siégeant en lieu et place du Conseil Constitutionnel a déclaré « irrecevable ou non justifié » la majorité des recours[40]. Pour certains opposants camerounais il existerait des manœuvres frauduleuses au sein même de la cour suprême à travers son attitude qui consiste à annuler de façon expéditive les recours déposés soit pour favoriser ou défavoriser un candidat donné. On observera ici, même si cela n'est pas l'objet de notre dissertation, un manque de volonté du juge camerounais à participer à la création du droit

---

[36] Ibid., p.34
[37] Idem., p.39
[38] Il se résume à offrir à manger et/ou à boire aux électeurs pour enrôler l'électorat, c'est une corruption matérielle.
[39] C. Parent, « Le juge électoral est-il garant de la liberté du choix de l'électeur ? », Ousmane Khouma, « La sincérité du scrutin présidentiel devant les juridictions constitutionnelles africaines », *op.cit.*, p. 32
[40] Rapport observation, *Coalition for democratic governance,* p.70

électoral ou de la jurisprudence électorale en faisant preuve de retenue pour l'annulation d'une élection considérée comme irrégulière. Didier Olinga observe que ce fait engendre le doute sur la fiabilité du droit électoral et il souligne qu' « une jurisprudence faite essentiellement d'incompétence, de rejet et d'irrecevabilité, non seulement appauvrit la somme jurisprudentielle en matière électorale, mais aussi ruine la confiance en la loi »[41].

2. Vers une perfectibilité des missions d'observation au Cameroun ?

S'il est vrai que l'environnement politique au Cameroun est plus ou moins enclin à sa démocratisation progressive à travers la création des organes tels que le CNDHL ou la CONAC, l'on note cependant que le rôle de la communauté internationale dans ce processus reste limité. Il existe de nombreux observateurs mandatés par différentes organisations, la remarque immédiate porte sur l'imprécision des normes juridiques quant à la suite donnée à ces missions K. Vasak note même *« l'absence d'une véritable coordination entre les missions »*[42]. Dans sa réflexion sur l'observation internationale des élections lors du symposium international de Bamako, il propose notamment de lever des doutes sur le rôle des observateurs électoraux, en suggérant aux États de l'espace francophone une organisation cohérente de l'observation internationale des élections, ce qui permettrait de régler des questions aussi délicates que l'accréditation des observateurs, leurs droits et devoirs, la publication de leurs rapports, ainsi que la suite qui sera donnée à ces derniers. Une préoccupation résolue par *la Charte africaine de la démocratie, des élections et de la gouvernance* en Afrique entrée en vigueur en 2012.

En considérant que l'observation des élections ne peut être identique partout dans le monde, le Cameroun recèle des réalités sociopolitiques et géographiques différentes auxquelles se confrontent les observateurs, des contraintes non négligeables ne devant guère être ignorées pour une compréhension approfondie du pays et du contexte dans lequel se déroulent les élections. La répétition des procédures d'observation internationale dans un pays donné permet aux observateurs de se familiariser avec les réalités locales. Il faut réévaluer les procédures courantes en incorporant les enjeux socio-ethniques saillants qui peuvent jouer un rôle déterminant dans les falsifications électorales en faveur du candidat de l'appartenance ethnique de la localité. Évaluer également la portée du « don électoral »[43] ou du « vote alimentaire » sur l'issue des élections. La présence de l'observateur serait ainsi déterminante, afin que le vote ne soit pas un simple arrangement entre

---

[41] Olinga A. D., *op.cit.* p. 35
[42] K.Vasak, *op. cit.* p. 02
[43] Pratique d'offre intentionnelle des cadeaux aux électeurs dans le but de bénéficier de sa voix

l'électeur et le candidat, en tentant de comprendre le rapport entre le « marchand politique » et « la clientèle électorale » qui est une réalité intrinsèque au Cameroun en période électorale avec une forte connotation à caractère ethnico-linguistique. Il convient dès lors, d'étudier les modalités d'adaptation et de réappropriation de la pratique d'observation internationale dans le contexte camerounais pour combattre les éventuelles fraudes préélectorales et postélectorales. L'observation d'élections au Cameroun passe par une adaptation, ainsi dit, élargir le concept sans se restreindre au strict minimum ou à s'enfermer uniquement dans le cadre légal régissant le « métier ». Il importe néanmoins, de ne pas mettre en péril le principe de la souveraineté de l'État en faveur d'une mesure d'amélioration grandissante de l'observation internationale d'élections. Ceci permettra au Cameroun d'être en phase avec l'évolution des pratiques internationales électorales et servir de référence aux États africains moyennant la mise à profit de sa singularité sociologique et géographique.

Conclusion

Notre réflexion sur la dynamique internationale d'observation d'élections appliquée à la réalité électorale camerounaise avait pour objet d'évaluer si effectivement les missions d'observation permettent réellement d'améliorer le déroulement des élections, de favoriser et de consolider la démocratisation du Cameroun. Depuis le retour du multipartisme en 1990, les partis politiques de l'opposition estiment que toutes les élections organisées ont été entachées de nombreuses irrégularités. Cependant, l'organisation d'une élection douteuse provoque non seulement le désintéressement des populations à la vie politique de leur État, mais peut engendrer des conflits postélectoraux comme c'est le cas dans certains pays africains. La présence d'observateurs internationaux au Cameroun participe à l'assainissement de son processus électoral, il renforce la crédibilité du peuple au jeu démocratique et à favoriser l'émergence des idées nouvelles. L'articulation de cette recherche portait entre autre sur la sociogenèse du phénomène d'observation comme fondement de sa pertinence et de sa légitimité à la fois à l'international, mais aussi dans les particularismes des normes juridiques camerounaises. Le déploiement de plus en plus croissant des missions d'observation à travers le monde atteste de son importance démocratique apparente, mais pour beaucoup d'analystes politiques ce modèle semble être imprécis et symbolique quant à son suivi et à l'application des observations postélectorales. Les pays en voie de développement et en transition démocratique n'ont pas les moyens d'appliquer les recommandations des observateurs. Au Cameroun, l'impartialité, la régularité et la sincérité du scrutin sont entièrement laissées à la seule appréciation du juge électoral, d'annuler ou de reformer les élections, même en cas de leur invalidation par les observateurs internationaux. Cette pratique n'étant pas irréprochable au regard des polémiques, la perfectibilité du « métier » d'observation d'élections au Cameroun passerait ainsi par un élargissement et une adaptation du concept aux réalités sociopolitiques locales, en étudiant les possibilités de réappropriation de la pratique dans le contexte politique camerounais. En somme, notre réflexion a abouti à la déduction selon laquelle, bien que symbolique et des recommandations difficiles d'application dans le cas camerounais du fait de leurs coûts onéreux. L'observation internationale des élections demeure néanmoins un moyen positif de dissuasion à l'ascension fulgurante de la fraude électorale et contribuerait plus ou moins en l'amélioration du processus démocratique au Cameroun. Il importe toutefois de souligner que cette pratique ne pourrait guère se substituer aux instances nationales de contrôle d'élections, mais se placerait davantage comme étant complémentaire pour une meilleure crédibilité.

Bibliographie

Beigbeder Y., *Le contrôle international des élections*, Bruxelles : Bruylant, Paris : LGDJ, 1994, 187 p.

Commission de l'Union Africaine : Rapport de la mission d'observation de l'Union Africaine aux élections législatives et municipales du 30 septembre 2013 en République du Cameroun ; Yaoundé 2013 ; 12 p.

Crochetet M., « La sociogenèse de l'observation électorale internationale : le rôle des missions d'observation électorale internationale dans la promotion de la démocratie », Mémoire de recherche, IEP Toulouse 2013, 102 p.

Déclaration de principes pour l'observation internationale d'élection et code de conduite des observateurs électoraux, Organisation des Nations Unies (ONU) ;

Goodwin-Gill Guy S., Élections libres et régulières, Union interparlementaire, Nouvelle édition augmentée, Genève, 2006, 249 p.

Guide pratique à l'intention des membres de missions d'observation électorale à l'étranger, Le Directeur Général des élections du Québec, doc. PDF, Québec, 2005, 62 p.

Khouma O., « La sincérité du scrutin présidentiel devant les juridictions constitutionnelles africaines (Les exemples du bénin, de la côte d'ivoire, du mali et du Sénégal) », Université Cheikh Anta Diop, Dakar, 2012, 44 p.

Kokoroko D., *Contribution à l'étude de l'observation internationale des élections*, Thèse de Doctorat en droit, *Université de Poitiers, UFR de droit et sciences sociales, École doctorale droit et science politique-Pierre Couvrat*, (dir.), Koffi Ahadzi-Nonou et de Dominique Breillat ; *Poitiers*, 2005, 528 p.

Manuel d'observation électorale de l'Union Européenne (UE), deuxième édition, Suède, février 2008, 274 p.

Manuel pratique, *Prévenir et lutter contre la fraude électorale au Cameroun*, éditions Clé, Yaoundé, 2012,156 p.

Monney Mouandjo S. « Le rôle et la place de la loi dans la conduite des processus électoraux1en Afrique », Communication présentée à l'occasion de la conférence panafricaine sur la problématique des processus électoraux en Afrique Tanger (Maroc) 19-21 mars 2012. 14 p.

Monney Mouandjo S., « Universalisme démocratique et autonomie constitutionnelle à l'épreuve des mutations politiques contemporaines », Conférence sur les « Processus constitutionnels et processus démocratiques : les expériences et les perspectives ; Marrakech mars 2012 ; 20 p.

Mvelle G., « L'Union Africaine dans ses rapports avec les grandes puissances », Revue de la défense nationale, Tribune 108 ; 5 p.

Olinga A. D., « Politique et droit électoral au Cameroun : analyse juridique de la politique électorale », *Polis / R.C.S.P. / C.P.S.R.,* Vol. 6, n° 2, 1998, pp. 31-52.

Organisation pour la Sécurité et la Coopération en Europe (OSCE), *Manuel d'observation des élections*, Varsovie, 2005, publié par le Bureau des Institutions Démocratiques et des Droits de l'Homme (BIDDH) de l'OSCE, 96 p.

Rapport BIDDH/OSCE : L'observation des élections, BIDDH de l'OSCE, une décennie d'observations électorales : acteurs et pratique, publié par le Bureau des institutions démocratiques et des droits de l'homme. OSCE/BIDDH 2006, 44 p.

Rapport d'observation : *Coalition for democratic governance*, Élection législatives et municipales du 30 septembre 2013, Yaoundé, octobre 2013, 101 p.

Rapport de la mission d'observation de l'élection présidentielle du 11 octobre 2004 au Cameroun dépêchée par le secrétaire général de l'organisation internationale de la francophonie (OIF) du 6 au 15 octobre 2004,

Rapport de la mission d'observation de l'élection présidentielle du 11 octobre 2004 au Cameroun dépêchée par le secrétaire général de l'organisation internationale de la francophonie (OIF) du 6 au 15 octobre 2004, 65 p.

Rapport de la mission d'observation de l'union africaine aux élections législatives et municipales, Commission de l'Union Africaine, du 30 septembre 2013 en république du Cameroun ;

RAPPORT DU GROUPE DES SAGES DE L'UA, Les conflits et la violence politique résultant des élections Consolider le rôle de l'Union africaine dans la prévention, la gestion et le règlement des conflits, INTERNATIONAL PEACE, DÉCEMBRE 2012, 101 p. ;

Rapport final, Mission d'observation de l'U.A aux élections sénatoriales du 14 Avril 2013 au Cameroun, Yaoundé avril 2013, 12 p.

Rapport Général, Élections sénatoriales du 14 avril 2013 au Cameroun mission internationale d'observation électorale de l'observatoire eurasien pour la démocratie et les élections #EODE Zone Afrique#, Secrétariat-général EODE-Maagdenstraat 37 - 1000 Bruxelles (Belgique), 74 p.

Vasak K., « Réflexion sur l'observation internationale des élections », symposium international de Bamako 25-27 avril 2000, pp. 299-306.

CHAPITRE 8

La société civile et les élections : vingt ans de participation de la société civile à la consolidation du processus électoral au Cameroun

Hilaire Kamga

Dans toute société humainement organisée, il y a toujours, en général, un dédoublement de cette société. Cela est vrai quel que soit le type de gouvernement ou le type de régime qui existe dans cette société. C'est la raison pour laquelle on trouve d'une part une société militaire, et d'autre part une société civile. Le vocable « Société Civile » est entré dans le discours politique ordinaire au lendemain de la fin de la guerre froide et la réalité qu'il représente est multiforme, plus ancien et difficilement saisissable. Cette réalité et cette difficulté ne se sont pas épuisées avec l'évolution du temps. De l'avis de Célestin MONGA, si « L'expression société civile connait même depuis peu un certain succès dans le microcosme des études africanistes, une des premières difficultés qu'elle pose est sa signification exacte. Car s'il est évident de définir la nature et le champ d'action des partis politiques en Afrique, toute tentative de cerner les forces que l'on regroupe un peu rapidement sous le label 'société civile' semble d'emblée périlleuse, vouée à l'échec. A cause notamment de la diversité des situations politiques observées ici et là et de l'inadéquation inhérente à l'application dans notre univers d'outils d'observation élaborés et expérimentés dans le cadre de l'analyse du fonctionnement des démocraties occidentales. Ceci pose plus généralement l'épineux problème du transfert des concepts sociologiques dans l'espace et dans le temps[1] ».L'on peut toutefois s'essayer à donner une signification, en tenant compte de sa composition, de ses activités, et des valeurs qu'elle défend. Elle pourrait ainsi être considérée comme un réseau de citoyens organisé en associations en dehors du pouvoir gouvernemental et institutionnel de l'État, intéressé à l'amélioration de la qualité de vie de la population, connaissant ses devoirs et obligations, et engagé à défendre ses droits et libertés. Benjamin R. Barber abonde dans le même sens et complète la compréhension en déclarant que la Société Civile, ou l'espace civique, occupe l'intervalle située entre le gouvernement et le secteur privé. Il ne s'agit pas du lieu où l'on vote, ni de celui où l'on achète et vend ; il s'agit de l'endroit où l'on parle à ses voisins de l'agent qui fait traverser la rue aux enfants, où l'on organise la fête de l'école, où l'on étudie les moyens dont l'église ou la synagogue du quartier disposera pour accueillir les sans-abris. En somme, la société civile désigne des associations de tous genres. C'est

---

[1] Monga (C), Anthropologie de la colère, Société civile et démocratie, Pris, l'Harmattan, 1994, pp. 97-98.

pourquoi, « *dans la mesure où il a été utilisé à de multiples fins, le concept de la société civile se prête à de multiples définitions²* ». De plus, l'approche associative est confrontée au problème de la définition des frontières de la société civile. Même en limitant celle-ci au fait associatif, cette approche échoue à répondre à cette simple question : qui fait ou non partie de la société civile ?³ Parmi les résultats d'une récente étude comparative cherchant à dresser un état des lieux des sociétés civiles dans 55 pays (Heinrich & Fioramonti, 2008) on peut y percevoir les difficultés des équipes de recherches locales à inclure et exclure certaines associations de la conception de la société civile. Si la plupart des pays participants acceptent d'inclure dans la définition locale de la société civile les associations communautaires, les organisations féminines, les groupes environnementaux, les organisations de services sans but lucratif, les médias indépendants et les mouvements sociaux, au-delà de ces acteurs, le consensus n'existe plus. Les organisations religieuses sont acceptées au Liban et en Pologne alors que l'Église orthodoxe est exclue en Grèce. En Afrique, le statut des autorités traditionnelles est longuement débattu : elles sont acceptées parmi les acteurs de la société civile au Togo mais exclues au Ghana, par exemple. Quant aux partis politiques, ils sont inclus dans la société civile Nord Irlandaise, exclus en République Tchèque alors que les partis politiques d'opposition en Mongolie quittent la société civile lorsqu'ils obtiennent les rênes du pouvoir⁴. Néanmoins, la définition de la société civile donnée par le CODESRIA a le mérite d'être explicite et large. Pour lui, la société civile représente «l'ensemble d'organisations des forces vives(…) généralement sans but lucratif et poursuivent des objectifs à caractère social, culturel, économique, humanitaire, religieux. Pour qu'il constitue une société civile, cet ensemble doit être organisé, bien représentatif, et jouer un rôle de traduction de la conscience collective, de formation de propositions de solutions alternatives aux problèmes que vivent les populations. Mais aussi de dénonciation, de revendication et de pression sur les autorités politiques ou toute autre organisation et individus pour un mieux-être de ces populations⁵ ».

Ainsi présentée, la société civile évoque plusieurs composantes notamment, les Groupes d'Initiatives Communes (GIC⁶), les sociétés

---

²Dionne JR. E.J., « pourquoi la société civile ? Et pourquoi aujourd'hui ? », Dionne E.J. (sous la Dir.), La vie associative, ça marche ! Renouveau de la société civile au États-Unis, Traduit d l'américain par Monique Berry Nouveaux Horizons, 1998, p. 3.
³ Gautier (P), La notion de société civile dans les politiques et pratiques du développement, Succès et ambiguïtés d'un concept en perpétuelle gestation, Revue de la Régulation, Maison des sciences de l'homme, paris Nord, 1er semestre, Spring 2010.
⁴ Ibid.
⁵Extrait cité dans journée annuelle de l'OSC ; CREDDA, 2004, P62.
⁶Les Groupes d'Initiatives Communes (GIC) sont des associations régies par la loi n° 92/06 du 14 Août 1992 règlementant les sociétés coopératives, et son décret d'application 92/455/PM

coopératives[7], les syndicats[8], les églises, les associations et les organisations non gouvernementales. Seules ces trois dernières composantes nous intéressent dans ce travail. Entre ces deux dernières, il existe une différence de degré. L'association est définie par la loi n° 90/053 du 19 décembre 1990 sur la Liberté d'association comme «une convention par laquelle des personnes mettent en commun leurs connaissances ou leurs activités dans un but autre que de partager les bénéfices.» L'article 1er de la loi du 1er juillet 1901 sur la liberté d'association en France a prévu une définition identique. Il considère aussi l'association comme «une convention par laquelle deux ou plusieurs personnes mettent en commun d'une façon permanente leurs connaissances ou leurs activités dans un but autre que de partager le bénéfice[9]...» L'association est donc un contrat. Elle est peut être nationale ou internationale. D'après l'article 4 (1) de la Loi n°99/014 du 22 décembre 1999 régissant les organisations non gouvernementales, « toute association régulièrement déclarée ou toute association étrangère dûment autorisée justifiant d'une contribution effective de trois (3) ans au moins dans l'un des domaines visés à l'Art. 3 ci-dessus, peut être agréée au statut d'ONG[10]... ».Il n'existe aucune définition universelle d'ONG. Cependant, Celle- ci est considérée par le Dictionnaire de droit international public comme « une association privée qui exerce ses activités à but non lucratif sur le plan interne et international[11] ».Une association est déclarée ou une association étrangère autorisée conformément à la législation en vigueur, et agréée par l'administration est reconnue ONG en vue de participer à l'exécution des missions d'intérêt général. Celles-ci sont définies en fonction des priorités fixées par les pouvoirs publics notamment dans les domaines juridique,

---

du 23 novembre 1992. Les GIC sont des organisations libres d'individus, visant des intérêts économiques communs. Leur but est l'amélioration des conditions sociales de ses membres, d'où le caractère social du GIC. Ils fonctionnent sous le régime de la déclaration.
[7]Les sociétés coopératives fonctionnent sous l'égide de la loi n° 92/006 du 14 Août 1992 et son décret d'application n° 92/455/PM du 23 novembre 1992 ; leur régime c'est celui de la déclaration, leur but est de réaliser des profits commerciaux pour leurs membres. Le principe de base dans les sociétés coopératives, est la solidarité des membres dans la perte comme dans le gain. Cette catégorie d'OSC a aussi une vision assez restreinte, car elles cherchent d'abord à défendre les intérêts de ses membres. Les bénéfices de ces actions sont d'abord pour les membres directs et non pour la collectivité comme dans le cas des ONG et associations. Cependant La collectivité peut en bénéficier de manière indirecte.
[8] Les syndicats sont des associations de personnes exerçant le même métier ou profession. Les textes de base auxquels on se réfère sont la loi de 90 sur la liberté des associations. Mais compte tenu de leur spécificité, les syndicats disposent d'un cadre légal qui leur est propre. Il s'agit de la loi n° 92/007 du 17 Août 1992 portant code du travail.
[9]MescheriakofF Alain-Serge, « Association (liberté d') », Andriantsibazovina Joël, Gaudin Hélène, Margueunaud Jean-Pierre, RIALS Stéphane, SUDRE Frédéric, Dictionnaire des droits de l'homme, Paris, PUF, 2008, pp.76-79.
[10] Organisation non gouvernementale.
[11] Cité par Rubio François, « Organisation Non Gouvernementale », Andriantsibazovina Joël, Gaudin Hélène, Margueunaud Jean-Pierre, RIALS Stéphane, SUDRE Frédéric, Dictionnaire des droits de l'homme, Paris, PUF, 2008, pp. 727-730.

économique, social, culturel, sanitaire, sportif, éducatif, humanitaire, en matière de protection de l'environnement ou de promotion des droits de l'Homme. L'organisation des élections est une composante des droits de l'homme. Et à ce titre, elle mérite une attention particulière.

En effet, apparues, il y a un peu plus deux siècles sous leur forme moderne, les associations ont d'abord investi le champ des droits de l'homme avant d'agir dans de nombreux autres domaines comme le commerce, le maintien de la paix, l'aide au développement et l'aide humanitaire. En Afrique en général et au Cameroun en particulier, cette investigation s'est accrue au début des années 1990[12], plus spécifiquement dans le domaine des élections. Le début des années 1990 voit ainsi émerger dans les pays africains des organisations s'impliquant de plus en plus dans l'organisation et la tenue d'élections. En effet, la vague d'hostilité à l'État camerounais qui a toujours été au centre de l'organisation des élections[13], alimente le débat sur la société civile camerounaise. Elle pousse ainsi à exiger la réduction du rôle de l'État et à se tourner vers le secteur non gouvernemental. Puisque, dans l'arène, les 'politiques' ne semblent pas à mesure de promouvoir un processus qui suscite auprès du plus grand nombre un sentiment d'espoir, nombreux sont les observateurs qui éprouvent la nécessité d'explorer d'autres sources de dynamisme. C'est probablement la raison pour laquelle on a tendance à se retourner vers la société civile[14]. Convaincue que « *loin d'être antinomiques, une politique nationale bien comprise et une société civile forte vont de pair[15]* », la société civile camerounaise, contre vents et marées[16], s'est de plus en plus fortement impliquée dans le processus électoral. L'on ne saurait, ainsi, nier le fait que depuis toujours au Cameroun, la transmission de la demande sociale n'est pas seulement l'affaire des partis politiques (somme toute récents) ; elle est aussi celle d'autres acteurs qui se placent résolument en dehors de tout marquage gouvernemental. Ce point doit être souligné d'autant plus

---

[12] L'année 1990 fut une année assez délicate pour les pays africains en général et le Cameroun en particulier. Elle marque le début de la libéralisation de la vie politique. Voir Abdoulkarimou, La pratique des élections au Cameroun, 1992-200, Regards sur un système électoral en mutation, Yaoundé, éditions CLE, p. 29.
[13] Abdoulkarimou, ibid., p. 54.
[14] Monga (C), Anthropologie de la colère, Société civile et démocratie, Pris, l'Harmattan, 1994, pp. 97-98.
[15] Dionne JR. E.J., « pourquoi la société civile ? Et pourquoi aujourd'hui ? », Dionne E.J. (sous la Dir.), La vie associative, ça marche ! Renouveau de la société civile au États-Unis, op. cit, p. 9.
[16] L'émergence de la société civile camerounaise s'accompagna des revendications fortes : la tenue d'une « Conférence nationale » et la mise sur pied des commissions électorales indépendantes. Cette option a permis à cette société civile, dans certains pays africains, d'influencer profondément les réformes institutionnelles en son temps. Au Cameroun par contre, les premières OSC impliquées dans les questions de dévolution de pouvoir ont d'abord été neutralisées, dissoutes. Il faut attendre 1992 pour voir naître la nouvelle génération de la société civile.

fortement que le processus de démocratisation qui s'est engagé depuis 1990 au Cameroun ne se traduit pas uniquement en terme de changement d'hommes et/ou de pratiques sur la scène politique, mais il s'accompagne aussi d'une plus grande intégration des thèmes des Droits de l'Homme, de la lutte contre la corruption, de la bonne gouvernance, de la transparence électorale, et de leur respect dans les demandes sociales. Cette évolution est le résultat des actions des ONG et autres organisations se proclamant de la société civile, qui sont de plus en plus actives. Un solide réseau associatif nourrit le sens de la représentativité démocratique, accroît l'efficacité politique et fortifie la foi dans le rôle potentiel de la politique. Plus de vingt ans après, il est important d'évaluer la contribution de la société civile camerounaise à l'œuvre électoraliste.

Cette évaluation laisse voir d'un côté une multiplicité des formes de participation de la société civile camerounaise (I). Cette variété de participation dans le domaine électoral, composante de l'espace politique, démontre à suffisance, contrairement à ce que pensent certains observateurs, qu'il n'existe pas de frontière étanche entre la société civile et la société politique du point de vue de leur fonction de canalisation et des aspirations de la population aux changements (II). De l'autre côté, l'on perçoit un ensemble de difficultés de participation de cette société civile (III) dans le processus électoral.

I- La multiplicité des formes de participation de la société civile

Les organisations de la société civile (OSC) camerounaise, depuis deux décennies, jouent un rôle essentiel dans le processus électoral. Avec le temps, celui-ci a évolué. Il convient de distinguer trois temps forts dans la mobilisation de la société civile au Cameroun en matière de démocratisation et d'élection : le premier couvre la période 1990-1992[17] et se caractérise par l'implication vive des associations engagées dans les questions de dévolution de pouvoir et leur neutralisation[18] par ce dernier. Il n'en pouvait être autrement d'autant plus qu' il était avéré que cette problématique était étroitement corrélée à la dé-légitimation de l'autoritarisme politique comme mode de gouvernance, et à la remise en cause quasi-universelle de la

---

[17] L'histoire des mouvements sociaux de grande ampleur au Cameroun se subdivise en deux grandes périodes : les années d'après-guerre (notamment les années 1950) d'une part et les années 1990 (en particulier de 1990 à 1993), d'autre part. Les années 1950 ont vu l'émergence du mouvement nationaliste camerounais dont l'image tutélaire reste celle de Ruben Um Nyobe, syndicaliste et secrétaire général de l'Union des populations du Cameroun (UPC). Les années de contention politique ont tu ces velléités de la société civile camerounaise dont les formes potentielles ont attendu les années 1990 pour connaître une renaissance.
[18] On peut noter l'interdiction des organisations comme « Cap Liberté » au début des années 90.

prééminence absolue de l'État comme régulateur des rapports sociaux, économiques et politiques; le second couvre la période qui va de 1992 à 2000 et consacre l'irruption d'une « nouvelle vague » d'acteurs de la société civile , confrontée néanmoins, comme la génération précédente, aux disparités auxquelles doivent faire face les actions en faveur des citoyens. En conséquence, il n'eût pas de participation véritable. Le troisième temps va de l'année 2000 à nos jours. La société civile se renouvelle avec l'implication de l'église à travers la « Conférence épiscopale » qui s'affirme comme un véritable acteur de terrain. Le gouvernement intègre progressivement la société civile dans le processus de mise sur pied des politiques publiques.

Depuis lors, c'est à travers leurs prises de position que les OSC ont lutté pour dénoncer des situations électorales individuelles ou collectives intolérables et dénoncé qu'il y soit mis fin. Elles ont ainsi progressivement contribué à l'élaboration des normes électorales et à sa surveillance, à la formation et l'encadrement des populations sur les enjeux électoraux. Une attention particulière doit donc être accordée à la dénonciation des situations électorales individuelles ou collectives intolérables (A) d'une part, à la contribution à l'amélioration du système électoral camerounais(B) d'autre part, et à la formation et l'encadrement des populations sur les enjeux réels des élections (C) enfin.

A- La dénonciation des situations électorales individuelles ou collectives intolérables et l'accompagnement des victimes dans leur démarche

Apparues dans les années 1990 sous leur forme plus moderne, les organisations de la société civile camerounaise ont d'abord investi le champ de la dénonciation des situations électorales individuelles ou collectives intolérables, avant d'agir dans de nombreux autres domaines. Il s'agit pour les associations de défense des droits de l'homme d' « un devoir de parole et de dénonciation » qui consiste à interpeller les gouvernants sur les violations graves commises par les agents publics (fonctionnaires, forces de police, gendarmerie...). Leur action dans ce sens s'exerce par le canal des revues ou bulletins et des rapports périodiques qu'elles publient, dans lesquels elles mettent en lumière les atteintes quotidiennes aux droits des citoyens et préconisent des mesures visant à empêcher la répétition des actes incriminés. Depuis le début des années 90, les séminaires, les conférences, les ateliers et même des colloques sont aussi des occasions pour les OSC, d'interpeller les représentants de l'État par des pétitions réclamant des droits électoraux mieux encadrés et mieux respectés ou dénonçant des violations.

En général les OSC réclament :
- Que le cadre juridique interne du pays forme une base solide pour la conduite des élections, et ce en accord avec les normes

internationales, et garantisse les libertés fondamentales et les droits politiques ;
- Que tous les aspects du processus électoral soient couverts par la loi de manière détaillée avant le début de ce processus ;
- La suppression des dispositions légales aboutissant à discriminer, directement ou indirectement, des individus ou des groupes ;
- que le statut de la législation internationale dans le système interne du pays, là où la législation internationale ne peut directement s'appliquer dans les tribunaux locaux, que des mesures ont été prises pour l'incorporer à la législation interne.
- que le cadre juridique des élections donne confiance aux parties prenantes aux élections ;
- que le cadre juridique soit mis en œuvre et suivi d'une manière cohérente et impartiale ;
- une application de la loi d'une manière cohérente et impartiale par les autorités concernées ;
- Que le rôle de la société Civile en tant qu'acteur électoral au sens plein du terme soit reconnu et encadré par la loi.

Souvent, les séminaires et autres ateliers introduisent dans leur acte final des clauses faisant référence aux pétitions déposées. Cette méthode empruntée aux ONG anglo-saxonnes, a beaucoup contribué à la dénonciation des situations électorales individuelles ou collectives intolérables. Elle constitue l'un des aspects les plus positifs de l'action des OSC depuis les lois de 1990 relatives aux libertés d'association.

La publication des rapports par les OSC reste aussi des moments « forts redoutables » par l'État camerounais.

De même, et plus particulièrement, le début du 21e siècle est aussi le moment historique où les associations et ONG féministes s'affirment comme des acteurs majeurs nationaux, et cela dans la dénonciation de la violation des droits électoraux de la femme et la réclamation de ces droits.

Parmi les associations et ONG féminines qui voient le jour, les plus importantes sont : L'ACAFEJ, l'ALVF, la CADEF [19]... auxquelles on ajoutera celles créées dans les années 2000 notamment *Women Voters and Sons* de Me Alice Nkom, *More Women in politics* de Pr Justine Diffo ......

Elles se sont très vite organisées pour développer une action de lobbying au niveau national et réclamer l'amélioration du droit de vote pour les femmes, l'égalité entre l'homme et la femme.

Toutes ces dénonciations et réclamations se font d'une part avant les élections, d'autre part pendant les élections et enfin après la tenue de celui-ci dans le respect des étapes du cycle électoral. Les OSC participent aussi à

---

[19] ACAFEJ (Association camerounaise des Femmes juristes) ; ALVF (Association de lutte Contre les Violence faites aux Femmes) ; CADEF (Comité d'Action pour les droits de la Femmes et de l'Enfant)

l'efficacité des dénonciations et des réclamations devant les juridictions, en accompagnant les victimes dans leurs démarches comme le fait ''Nouveaux Droits de l'Homme'' (NDH), association ayant un statut consultatif auprès de l'ONU.

Tout au long de ces deux dernières décennies, les Organisations de la Société Civile camerounaise vont continuer leur action de dénonciation des violations des droits électoraux, mais aussi contribuer à la construction des normes nouvelles.

B- La contribution à l'amélioration du système électoral camerounais

La société civile peut être qualifiée de force de proposition. Du fait de son expertise, elle doit pouvoir proposer des alternatives à ce qui est fait en termes de politique pour améliorer les décisions publiques. Son rôle le plus déterminant semble être celui de vecteur entre les populations et les centres de décision. Ce rôle lui sied bien du fait de sa proximité avec les populations à la base. Ainsi, depuis le début des années 1990, les OSC ont d'une part, contribué à l'amélioration de l'œuvre normative et à l'amélioration des mesures institutionnelles (1), et d'autre part participé à la surveillance et à l'observation des élections (2).

1. La contribution à l'œuvre normative et à l'amélioration des mesures institutionnelles

L'adoption et la promulgation d'un nouveau code électoral au Cameroun, même si cela reste très critiqué, sont l'aboutissement d'un long travail où les OSC ont joué un rôle essentiel. L'influence normative de ces organisations est considérable. En effet, avant l'avènement de ce code, les mesures d'encadrement ou de règlementation de l'ensemble du processus électoral étaient éparses et insuffisantes. Il n'était donc pas surprenant que les premières revendications de la société civile portèrent sur les textes pouvant garantir l'alternance au pouvoir à tous les niveaux par la voie des urnes. Elles concernaient les formalités liées aux élections notamment tout ce qui entre dans l'ensemble du processus électoral. L'action des OSC a permis l'adoption de la première série des lois sur les élections de 1992 que d'aucuns ont qualifié de « texte de la première génération[20] ». Une deuxième série a été adoptée entre 1997 et 2000 grâce à la clairvoyance des OSC, notamment Nouveaux Droits de l'Homme, les Service National Justice et Paix et Conscience Africaine qui ont mis en exergue certaines insuffisances enregistrées lors de l'implémentation des anciens textes.

---

[20]Abdoulkarimou, La pratique des élections au Cameroun, 1992-200, Regards sur un système électoral en mutation, Yaoundé, éditions CLE, p. 36.

Cependant, malgré cette avancée, ne serait-ce que du point de vue de l'unification de l'arsenal juridique en matière électoral au Cameroun, le cadre juridique électoral camerounais demeurait dispersé et surtout contradictoire à plusieurs niveaux. Or, la société civile était convaincue que des lois électorales dispersées et nombreuses rendent difficile la maîtrise du système électoral camerounais. Par conséquent, pour une préparation efficace du processus électoral, il était souhaitable de regrouper tous ces textes dans un document unique : le code électoral.

Face à la pression exercée par certains membres de la société civile, le gouvernement camerounais adopta la loi N°2012/001 du 19 avril 2012 portant code électoral. , en prenant bien soin de ne pas faire de concession sur les observations formulées par la Société Civile notamment en ce qui concerne les insuffisances de ce texte. A ce propos, le Dr Kamga hilaire[21] publiera tout un ouvrage[22] disséquant de manière détaillée le projet soumis aux Parlementaires. Le texte sera adopté en l'état marquant même une grande hérésie juridique qui a consisté à amender ce texte avant même son début de mise en œuvre.

Toutefois, cette période de l'histoire qui s'ouvrait sur un immense espoir pour les droits de l'homme va se solder par l'un des échecs majeurs de la production législative camerounaise. En effet, ce code, censé être porteur de nombreuses innovations, fait partie des textes les plus contestés au Cameroun à cause de nombreuses insuffisances y contenues. Dans ce contexte, les OSC vont devoir œuvrer à la dénonciation des incohérences juridiques qui jonchent le Code électoral et assister après en spectateurs quasi-muets, et même pourchassés[23], à l'adoption et à la promulgation d'un instrument juridique qui ne fait pas l'unanimité. De même, les OSC participent aussi à l'amélioration des mesures institutionnelles.

Les mesures institutionnelles dont il s'agit s'articulent autour des initiatives tendant à rendre effective les dispositions prises par le gouvernement camerounais pour garantir la sincérité et la transparence des scrutins. Après avoir obtenu du gouvernement la mise sur pied des institutions autonomes pour l'organisation des élections transparentes et sincères, les OSC ont continué à lutter pour l'amélioration de ces institutions. Ainsi, l'action des OSC a permis dans un premier temps la mise sur pied de l'Observatoire National des Élections (ONEL) pour contrôler et superviser le travail du MINAT en matière d'organisation des élections, et dans un deuxième temps l'institutionnalisation *Elections Cameroon*

---

[21] Hilaire Kamga est un expert des questions électorales assurant le Secrétaire permanent de la Plate-Forme de la Société Civile pour la démocratie

[22] Kamga (h) les100 problèmes du Code électoral camerounais....., ed L , Cameroun, 2012

[23] Des leaders de la société civile qui s'opposaient à ce texte ont été arrêtés par la police le jour de son adoption : il s'agit notamment de M. Philippe Nanga de Un Monde Avenir et de Mme Cyrille Bechon de NDH-Cameroun

(ELECAM) pour suppléer l'ONEL et le MINATD. Ce changement s'est inscrit dans la volonté déclarée de mettre en place un système électoral amélioré.

En effet, force est de reconnaître que pendant longtemps l'administration a été le principal acteur de la préparation et de l'organisation des élections. C'est cette administration qui était chargée de superviser et de contrôler tout le processus électoral et référendaire. Les premières élections pluralistes furent l'occasion de constater de nombreux dérapages de la part des autorités administratives[24]. Face à cette faiblesse du système électoral camerounais, certains membres de la société civile sont restés constants dans la revendication d'une commission électorale indépendante.

Dans ce contexte, la loi n° 2000/016 du 19 décembre 2000 a créé l'Observatoire national des élections (ONEL). Elle sera reformée par la loi n° 2003/015 qui vient ainsi modifier et compléter certaines dispositions de la précédente loi.

Les exigences de transparence, d'équité, de liberté n'ont cependant pas quitté les membres de la société civile, qui ne se sont pas laissé tromper par les modifications subséquentes de l'ONEL. Ils ont continué à plaider et à se mobiliser pour un organe indépendant chargé de l'organisation, de la gestion et de la supervision de l'ensemble du processus électoral et référendaire au Cameroun. Cette plaidoirie s'est soldée par l'obtention de la création d'*Elections Cameroon* (ELECAM) par la loi n° 2006/011 du 29 décembre 2006 et des aménagements introduits par la loi n° 2010/005 du 13 avril 2010 modifiant et complétant certaines dispositions de la précédente loi.

On note ainsi, à priori, du moins du point de vue institutionnelle une réelle avancée sur le plan des mesures institutionnelles. Toutefois, les activités menées par cet organisme déclaré indépendant n'ayant pas effacé toutes les tares de l'administration camerounaise, la société civile continue ses revendications pour que l'État camerounais adapte le système électoral camerounais aux impératifs d'efficacité et aux exigences de transparence. Les récriminations de la société civile ont d'ailleurs pris une ampleur considérable dès la nomination des membres du Conseil électoral d'ELECAM où la plupart des membres n'étaient autres que des cadres du Parti au Pouvoir le RDPC, altérant ainsi en partie la posture d'indépendance que ce nouvel organe pouvait naturellement se prévaloir.

Les OSC ont aussi contribué à la mise en place des mesures pratiques d'amélioration du processus électoral. Elles renvoient pour l'essentiel à l'informatisation du système électoral, à la refonte des listes électorales en lieu et place de la révision, et au renforcement des capacités des agents électoraux.

---

[24] Des inscriptions sélectives, la délivrance fantaisiste des cartes d'électeurs, etc...

2. La participation des OSC à l'observation des élections

Sur le plan national, des associations religieuses, des ONG et autres structures de la société civile déploient des observateurs à l'occasion des élections. Cependant, depuis l'interdiction des organisations pionnières comme Cap Liberté au début des années 1990, il est énigmatique de constater le décalage entre le niveau de mobilisation lors des compétitions électorales au Cameroun et la faiblesse de la structuration de la société civile dans ce domaine. La survivance de l'idée de subversion, même après les réformes législatives sur les libertés politiques, continue à définir la trame de l'action politique et comprimer les dynamiques citoyennes. Les débats politiques étant souvent «réservés» à quelques élites politiques ou intellectuelles, seul le terrain de l'observation électorale semble le lieu de mobilisation de quelques acteurs de la société civile. Certes le terrain est très difficile et, les initiatives même les plus vertueuses ne trouvent que peu d'écoute auprès des principaux acteurs. On peut cependant constater que les quelques frémissements observés lors des campagnes ne visent pas à institutionnaliser une structuration de la société civile camerounaise dans le domaine électoral. On constate par exemple les échecs de mise en place des plates-formes ou de coalitions, des réseaux ou d'initiatives concertées, montrant la difficulté d'un réel ancrage de la société camerounaise sur le terrain électoral.

En fait, des ONGs comme, Conscience Africaine[25], Nouveaux Droits de l'Homme/Cameroun ou Service Humanus, Service National Justice et Paix[26] de l'Église catholique sont les rares à surinvestir dans la formation des observateurs électoraux, même si ces derniers n'ont pas tous été accrédités par le gouvernement lors de différentes échéances électorales.

C- La formation et l'encadrement des populations sur les enjeux réels des élections

L'organe en charge des élections a souvent la responsabilité d'assurer une éducation impartiale de l'électorat. Cette responsabilité s'exerce fréquemment en conjonction avec les médias et la société civile.

---

[25] Conscience Africaine est l'une des premières organisations s'étant consacrée exclusivement aux problèmes électoraux au Cameroun dès 1995 avec la formations des premiers observateurs nationaux d'élections (Voir l'Observation domestiques des élections au Cameroun ; Kamga. H, ed Africleadership. 1999)

[26] Le service Justice et paix participa à l'observation des élections de 2002 sous la bannière des « observateurs chrétiens des élections ».Cette organisation de l'église catholique au Cameroun avait déployé, par le biais de la Conférence épiscopale nationale du Cameroun, cinquante observateurs dans les (23) diocèses du pays. Pour plus d'informations, voir, Abdoulkarimou, La pratique des élections au Cameroun, 1992-2000, Regards sur un système électoral en mutation, Yaoundé, éditions CLE, p. 89.

En effet, l'information et l'éducation de l'électorat sont des activités nécessaires afin de s'assurer que tous les électeurs potentiels soient informés de leurs droits politiques, y compris ceux de s'inscrire et de voter. Les initiatives dans le domaine de l'éducation de l'électorat sont particulièrement importantes dans les pays de tradition démocratique limitée comme le Cameroun.

Bien avant le jour du scrutin, tous les électeurs doivent avoir reçu quelques informations essentielles, données de manière impartiale, portant sur différents sujets tels que la date du scrutin, les horaires et les lieux de vote. Les électeurs devraient aussi avoir connaissance de leur droit à participer aux élections, de la signification de l'élection, du type d'élection qui va avoir lieu, de l'identité des candidats et des partis politiques ainsi que de la façon dont ils doivent indiquer leur choix (en particulier lorsqu'il est possible de voter pour plus d'un candidat). Ces mêmes informations devraient être données aux électeurs avant la période d'inscription. L'organe en charge des élections a le devoir de s'assurer que cette information est donnée sans discrimination avant le jour du scrutin. Il doit aussi s'assurer qu'une information adéquate est mise à disposition des électeurs dans le bureau de vote le jour du scrutin. Une éducation civique, portant plus largement sur les questions de démocratie et de gouvernance (1), et plus particulièrement sur les élections (2) est ainsi souvent assurée par les autorités de l'État et des organisations de la société civile.

1. L'éducation de la population à la culture démocratique

L'action des OSC en faveur de l'éducation est assez édifiante. En effet, l'une de leur principale mission est « d'amener les individus et les populations à formuler les problématiques de la vie quotidienne en terme de droits fondamentaux »[27] et de démocratie. L'accomplissement de cette mission passe par la diffusion des textes y relatifs, leur vulgarisation, à travers les conférences, tables rondes, l'organisation des sessions de formation, les colloques ou séminaires, l'assistance juridique aux victimes des violations des droits de l'homme, les supports de publication. C'est par exemple le cas de la publication par l'ONG Nouveaux Droits de l'Homme (NDH), d'un magazine mensuel sur la paix, la démocratie et le développement sous le titre Libertés News, même si la périodicité mensuelle n'est pas toujours respectée ; des calendriers de sensibilisation électorale[28], et surtout des bandes dessinées « les aventures de Fatou » sur l'éducation à la citoyenneté. Cette ONG très spécialisée sur la question électorale a aussi

---

[27] Adoum (S), Mbala (F), « La contribution de la société civile à la promotion des droits de l'homme en Afrique centrale: Essai d'analyse » ; Cahier africain des droits de l'homme n°8, Dynamiques citoyennes et dignité humaine en Afrique centrale, Yaoundé, Presses de l'UCAC, 2002, pp.253 - 261.

[28] Apala Moiffo (C), L'émergence d'une culture des droits de l'homme au Cameroun par, Université de Nantes - Diplôme d'Université de 3è cycle en Droits Fondamentaux, 2005.

organisé des dizaines de sessions de formations sur la démocratie à travers l'ensemble du territoire camerounais.

A cet égard, on peut citer par exemple le cas de l'Association Conscience Africaine qui de 1997 à 2003 a organisé plus de 40 sessions de formations sur les questions électorales notamment à l'attention des responsables d'OSC ; des journalistes, des syndicalistes et même des partis politiques.

En marge de ses activités d'assistance juridique et légale aux personnes victimes de violations diverses, l'Association Camerounaise des Femmes Juristes (ACAFEJ) organise souvent des sessions de formation et d'information à l'intention des femmes sur le droit électoral. Dans ce même sillage il faut mentionner les actions ponctuelles menées ces dernières années par des OSC dont la question électorale n'est pas la spécialité, mais qui y ont jouées un rôle non négligeable : il s'agit entre autre de Transparency International, de Un monde Avenir, du SEP (Service Œcuménique pour la Paix), etc. .

Ces associations laïques côtoient dans leur action les mouvements associatifs religieux qui font également de la cause de l'homme dans la société leur cheval de bataille. Il s'agit particulièrement du Service National Justice et Paix de l'église catholique qui s'illustre depuis 2002 par l'importance de son implication dans l'œuvre d'éducation électorale.

2. L'éducation de la population à la culture électorale

Les OSC éduquent et sensibilisent les populations sur les questions spécifiquement électorales. L'analyse des actions de la société civile à travers les ONG et associations de défense des droits de l'homme fait ressortir des indicateurs permettant d'entrevoir les avancées dans le domaine de l'imprégnation des camerounais à la culture des droits de l'homme. En réalité, l'un des acquis important que les militants des droits de l'homme en général et ont contribué à mettre en place concerne le changement des mentalités. Ainsi, certaines pratiques jusque-là considérées comme normales ont été dénoncées et délégitimées.

Aujourd'hui, aucun représentant de l'État, quelle que soit l'étendue de ses pouvoirs, ne peut se livrer à des actions contraires à l'éthique de la dignité humaine sans soulever de vives protestations de l'opinion nationale et entraîner la réaction (bien que souvent tardive) des autorités publiques en terme de sanctions administratives et de poursuites pénales. C'est d'ailleurs sous la houlette des associations prisonnières[29] comme, le « Parlement estudiantin » Cap Liberté, *Human Rigth Watch* et l'OCDH que les revendications populaires des années 90 ont pu produire une situation sociale

---

[29] Ces organisations créées par Djeukam Tchameni pour Cap liberté, Prof Ambroise Kom pour Humanrigth Watch et Me Charles Tchoungang pour l'OCDH furent dissoutes par le MINATD en Aout 1991

commandant inéluctablement l'aménagement d'un cadre électoral permettant une compétition démocratique en matière de dévolution du pouvoir.

Les éléments précédemment développés montrent que la culture universelle des enjeux réels des élections est de plus en plus une réalité au Cameroun, et ceci, depuis plus de deux décennies. Si les bases de cette émergence sont à mettre à l'actif de la société civile, son rôle reste déterminant pour permettre l'exercice concret des droits de l'homme. En fait, autant les prises de position et l'engagement en faveur du respect de ces droits ne font aucun doute, autant leur mise en pratique fait souvent défaut, aussi bien du côté des gouvernants que de celui des gouvernés.

Dès lors, la consolidation de la garantie pratique des droits de l'homme se pose alors comme une exigence pour une jouissance effective par toutes les composantes de la société.

Si les questions de droit électoral intègrent progressivement les mentalités et les habitudes des populations, et rencontrent l'adhésion des autorités politiques, on ne peut pour autant ne pas dire que la pratique consacre l'effectivité et l'efficacité de tout l'arsenal juridique mis en place. En réalité, cette culture naissante du respect des droits électoraux reste encore à consolider

II- L'absence de frontière étanche entre la société civile camerounaise et la société politique camerounaise

La présence de la société civile sur le terrain politique ne fait pas toujours l'unanimité. Certains observateurs refusent cette présence (A), malgré une intervention salutaire avérée de la société civile (B)

A- Le refus de la présence de la société civile dans le champ politique

Bon nombres d'observateurs dénient encore aux OSC le droit d'intervenir dans le domaine politique. Pour le CODESRIA par exemple, la société civile représente « l'ensemble d'organisations, des forces vives, non incorporées dans l'appareil politique de l'État. Elles sont sans visées politiques ... ». Or, la société civile en tant que directrice des consciences citoyennes investit, à côté de l'espace économique, l'espace politique. Marqué par une prééminence de l'État et des acteurs du jeu politique notamment les partis politiques et les groupes de pressions, l'espace politique donne à la société civile son champ d'action. Ainsi s'explique l'association étroite entre démocratie et liberté d'expression garantie par la présence d'une société civile dynamique. Dans les pays en voie de développement, à l'instar du Cameroun, marqués par des expériences démocratiques encore faibles, on a tenté de concevoir la société civile en dehors de la sphère politique pour garder la toute-puissance de l'État. Les premiers dirigeants ont cherché d'abord à consolider l'État-nation au détriment de l'ouverture démocratique pour ensuite se résoudre sans trop d'enthousiasme à susciter une concession de certaines prérogatives de l'état à une société civile sous contrôle

B- L'intervention de la société civile dans le champ politique

La société civile porte les demandes et les revendications des citoyens et interpelle les décideurs publics. La frontière entre la société civile et la société politique (composée des pouvoirs institutionnels liés à l'État les acteurs politiques en compétition pour le contrôle de celui-ci) n'est pas étanche ; elle est poreuse et il y a par moments osmose entre les deux réalités surtout quand les acteurs deviennent interchangeables ou présentent le même profil et se réfèrent ou aspirent aux mêmes idéaux de base.

En investissant l'espace politique, elle cherche à être plus influente auprès des pouvoirs politiques tout en évitant d'être instrumentalisée par les partis d'opposition. Courtisée par la classe politique qui cherche à l'instrumentaliser du fait de la force sociale potentielle qu'elle peut représenter, la société civile par prise de conscience de cela et du fait qu'elle est source réelle de production d'une opinion publique qui peut être forte sur des problèmes et situations revêtant un intérêt pour le citoyen pour la nation, pour l'État, va chercher à se réapproprier (elle-même) cette force politiquement.

L'intervention de la société dans l'espace politique se mesure dans ses prises de position tranchées les problèmes sociaux ou d'intérêt national revêtant un caractère politique certain, ce qui va contribuer à la fonder comme un pôle aux yeux de la société politique.

Il est d'ailleurs sémantiquement difficile de postuler l'étanchéité de cette frontière dès lors que, même du point de vue juridique, il sera fastidieux pour les OSC œuvrant par exemple dans le domaine des Droits de l'Homme, au regard des dispositions de l'Article 21 du Pacte international des Nations Unies pour les Droits Civils et politiques[30].

---

[30] **Article 25 :** Tout citoyen a le droit et la possibilité, sans aucune des discriminations visées à l'article 2 et sans restrictions déraisonnables: a) De prendre part à la direction des affaires publiques, soit directement, soit par l'intermédiaire de représentants librement choisis; b) De voter et d'être élu, au cours d'élections périodiques, honnêtes, au suffrage universel et égal et au scrutin secret, assurant l'expression libre de la volonté des électeurs; c) D'accéder, dans des conditions générales d'égalité, aux fonctions publiques de son pays.

III- Les difficultés de participation de la société civile

En dépit de l'importante contribution des OSC à l'amélioration du système électoral camerounais, celles-ci rencontrent un certain nombre de difficultés. Elles sont perceptibles au sein des organisations de la société civile, et même lorsque celles-ci entrent en relation avec d'autres institutions.

A- Au sein des organisations de la société civile

Les organisations de la société civile rencontrent des difficultés sur le plan de l'organisation (1), sur le plan managérial (2) et sur le plan des financements (3).

1. Sur le plan de l'organisation

Sur le plan de l'organisation, l'on perçoit entre les OSC une bataille de positionnement, qui très souvent entraine inéluctablement leur fragilisation. En effet, les OSC sont loin de s'entendre entre elles à cause entre autre de la jeunesse du mouvement associatif au Cameroun d'une part, et de manœuvres de dilution de certaines forces politico-administratives d'autre part. Cette dilution se manifeste par l'apparition d'organisations faîtières différentes œuvrant pourtant dans le même sens, et dont la durée de vie est très limitée dans le temps.

Dans un autre ordre d'idée, la mauvaise diffusion des informations entre les OSC les empêche d'opérer des synergies. Les informations ne circulant pas bien entre la structure faîtière et les organisations à la base, ceci aboutit à des incohérences dans les actions. En effet, ces OSC se livrent à des batailles de positionnement, pour faire partie de tel ou tel autre comité. Elles vont donc ainsi en rangs dispersés au-devant de l'État, ce qui entraîne leur fragilisation.

C'est pourquoi, s'il est une observation qui doit être faite à propos du Cameroun, c'est bien celle du décalage existant entre le niveau de mobilisation lors des compétitions électorales et la faiblesse de structuration de la société civile en ce domaine. De fait, les rapports des ONG relatives au processus électoral de l'année 2002 montrent les difficultés rencontrés par la société civile pour s'imposer comme un interlocuteur crédible (aux yeux des pouvoirs publics) dans la promotion de la transparence électorale au Cameroun. En effet, En matière d'observation, l'on remarque comme une stratégie du pouvoir pro-RDPC de relativiser la portée des vrais rapports d'observation électorale menées par des OSC crédibles, en suscitant l'entrée en jeu dans le même domaine, d'OSC quasi-fictives dont l'unique mission est de produire aussi des rapports d'observation qui viendront contredire les rapports des vraies OSC en légitimant des processus électoraux foireux.

Une meilleure capacité d'intervention en ce domaine, comme en celui de défense des Droits de l'Homme, passe incontestablement par la constitution de réseaux d'ONG ouverts et démocratiques, ainsi que par une meilleure formation des observateurs. L'examen du comportement des OSC au Cameroun permet de réaliser qu'il y a chez celles-ci une volonté de coordination de leurs actions. Cependant cette coordination est ambiguë. En effet, si la coordination est recherchée, elle s'avère aussi imparfaitement mis en œuvre.

Malgré les difficultés auxquelles font face les OSC, on observe cependant de timides regroupements au sein même des OSC. Par ailleurs, des propositions commencent à émerger dans le sens de la coordination des actions au sein de la société civile.

Ainsi, au-delà des activités de certaines organisations d'envergure qui contribuent efficacement à la consolidation du processus démocratique, certaines ONG et associations de protection des droits de l'homme se sont illustrées par de nombreuses activités relevant du domaine électoral, créant ainsi des conditions favorables à l'émergence des réseaux de protection des droits spécifiques. C'est l'exemple des femmes qui ont œuvré pour la protection de leurs droits avec une démarche novatrice au cours de l'année 2007. Les domaines de leur action en réseau concerne notamment la lutte contre la discrimination, la protection de l'intégrité physique par la lutte contre la violence faite aux femmes, le droit à l'éducation de la jeune fille, et la participation politique des femmes. L'ACAFEJ s'est particulièrement illustrée dans la volonté de construire des réseaux des droits de la femme par l'organisation d'un atelier de formation du 09 au 12 octobre 2007, avec l'appui du Fonds Genre et Décentralisation du Bureau d'Appui à la Coopération Canadienne. Dix (10) organisations y étaient représentées dans cet atelier destiné aux responsables de certaines organisations féminines qui portaient principalement sur la vulgarisation les droits fondamentaux des femmes.

A l'issue de cet atelier, ces organisations se sont constituées en un réseau dont le but est d'assurer une meilleure protection des femmes victimes de violation de leurs droits, d'assurer un suivi de l'application effective des instruments juridiques internationaux relatifs aux droits fondamentaux et de renforcer les capacités individuelles et collectives des femmes.

D'autres réseaux ont vu le jour longtemps avant 2007. L'on peut citer entre autres ''L'alliance pour l'observation des élections créée par le service Humanus de Feu le Pasteur Norbert KENNE, et GERDESS Cameroun de Fabien Eboussi BOULAGA en 1997 ; la plate-forme de la société civile pour la Démocratie créée en 2002 par Hilaire KAMGA, Titi NWELL, François Xavier BOUYOUM et autres ; le ROAD (Réseau des Organisations d'Appui à la Démocratie) par NDH et autres ; le RELEC (Réseau pour les élections au Cameroun) mené par Horizons Femmes. Mais cette volonté de réseautage est imparfaitement mise en œuvre.

En effet, malgré le nombre et la diversité qui la caractérise et la volonté de se regrouper, le constat d'une société civile encore dans le processus de structuration a encore été relevé. Les causes de cette carence de la société civile sont nombreuses notamment, l'absence de structures adéquates de coordination tant au plan national que régional, qui pourraient permettre une meilleure coordination, l'échange des informations, la détermination des objectifs, la gestion de l'aide octroyée par les bailleurs de fonds et par les autres partenaires au développement.

2. Sur le plan managérial

Sur le plan managérial, on note une faiblesse de capacité opérationnelle (a). La conséquence immédiate est que cela entraine une difficulté de déploiement de réelles capacités de réflexion et d'expertise électorale (b).

a) *Faiblesse de capacité opérationnelle* : formation pas suffisante et faiblesse au niveau des capacités managériales

Les OSC Camerounaises sont pour la plupart caractérisées par une faiblesse de capacités opérationnelles et organisationnelles. En effet, certains acteurs des OSC ont souvent des formations pas suffisantes et présentent des faiblesses au niveau des capacités managériales. Ceci se traduit par la fermeture de certaine OSC à la fin des financements extérieurs obtenus pour des projets spécifiques.

b) *Conséquence* : difficulté de déploiement de réelles capacités de réflexion et d'expertise électorale

Le manque de moyens humains empêche par conséquent certains OSC de déployer de réelles capacités de réflexion et d'expertise électorale. Toutefois, il faut noter qu'en près de 20 ans d'action dans le domaine, celles des OSC qui se sont illustrées par une spécialisation quasi-effective, se distinguent aujourd'hui par une expertise et une expérience avérées. Malheureusement cet échantillon est de taille très réduite et a peu d'impact sur l'observation générale à formuler sur l'expertise des OSC en matière électorale.

3. Sur le plan des financements

La plupart des OSC restent très dépendantes des financements étrangers où elles sont parfois en concurrence avec l'État. En effet, contrairement à certains pays soucieux d'une démocratie effectivement participative, les OSC camerounaises n'ont pas suffisamment de moyens pour mener à terme leurs projets. Même si ceux-ci sont menés à terme, cette dépendance excessive ne permet pas de garantir la pérennité de la vie associative à l'expiration des projets dont la durabilité est ainsi mise à l'épreuve. Elles bénéficient, le plus souvent, de la philanthropie internationale, des bailleurs de fonds et même des populations.

Bien plus, la loi de 1990 relative à la liberté d'Association, soumet le fonctionnement de celle-ci à un régime restrictif de financement[31]. L'Art. 11 dispose que : « Hormis les associations reconnues d'utilité publique, aucune association déclarée ne peut recevoir ni subventions des personnes publiques, ni dons et legs des personnes privées. » Selon cet article, les associations qui ne sont pas reconnues d'utilité publique ne peuvent recevoir des financements étrangers ou même simplement des dons ou subventions de quelques origines ou nature que ce soit. L'article 17 Loi n°99/014 du 22 décembre 1999 régissant les Organisations non gouvernementales est venu entérinée cette restriction en donnant l'exclusivité des financements des ONG aux personnes morales de droit public. En fin de compte, les OSC camerounaises ne peuvent financer légalement leurs activités qu'à travers les seules sources légales autorisées que constituent les cotisations et les droits d'adhésion. La paupérisation des populations aidant, cette hypothétique source s'avère très souvent inefficace pour financer les projets que les OSC veulent déployer sur le terrain. Il s'en suit donc une progressive installation des organisations de la société civile dans une situation délicate dans une situation de tolérance administrative qui réduit considérablement la sérénité des associations qui, à tout moment peuvent être interdites pour cause de violation de la loi .

B- Les difficultés rencontrées par les OSC en relation avec d'autres institutions : une stratégie de contrôle et d'embastillement

L'autre inquiétude est située au niveau des relations très fortes entre État et société civile (1) et entre société civile et communauté internationale (2).

1. L'intrusion critiquable des autorités dans la sphère opérationnelle de la société civile

Le rôle trouble du Gouvernement deviendra dès lors qu'une caisse de résonnance du gouvernement sans force de proposition véritable. Les OSC camerounaises n'ont pas toujours la liberté d'action, car elles peuvent être dissoutes à tout moment comme nous l'avons démontré plus haut. Elles ont donc des comptes à rendre à l'État. Ces principales inquiétudes sont des toiles de fond des problèmes auxquelles est confrontée l'existence des OSC crédibles au Cameroun. Pourtant, le gouvernement camerounais n'a de cesse de proclamer qu'il «facilite la création et l'intervention des ONG et

---

[31] Keuctha Tchapnga (C), *Le régime juridique des associations en droit public camerounais*, Paris, l'Harmattan, mars 2013, 202.

associations nationales dans certains domaines jadis considérés comme régaliens[32] ».

Par ailleurs, différentes dispositions la loi de décembre 1999 réformant le contexte juridique relatif aux ONG et associations vont dans le sens de la rationalisation du contrôle étatique sur le secteur associatif. Une modalité, assez paradoxale en apparence, réfère au «besoin d'État» de la société civile camerounaise, soit la tendance de bon nombre d'ONG et d'associations à tisser des liens de partenariat plus ou moins étroits avec les pouvoirs publics, au point d'apparaître parfois comme des organes parapublics. La Fondation Paul Ango Ela en est un exemple type[33].

Quoi qu'on en pense, l'État pèse, fût-ce en creux, sur la société civile et celle-ci se définit par rapport à lui, fût-ce pour s'en affranchir ou marquer son autonomie à son égard[34], si l'on y ajoute les structures associatives dont l'unique but est de servir de vecteur d'enrichissement ou de constitution de clientèles électorales à des politiciens en mal d'appuis et de légitimité, voire même celle d'impulser directement par certains gouvernants en place pour se fabriquer des sociétés civiles« sur mesure ».

2. Les manœuvres de certains acteurs de la communauté internationale

L'insertion dans des réseaux internationaux de partenariat est une modalité privilégiée d'institutionnalisation des organisations constitutives de la société civile, dans la mesure où elle est porteuse de légitimation. D'ailleurs, la lutte pour la transparence dans le processus électoral est au cœur des programmes de la communauté internationale. Dans ce contexte, la convocation de la société civile s'inscrit au cœur des stratégies cette lutte, mais pour quelle efficacité ? En effet, cette lutte passe encore de façon privilégiée sinon exclusive par un nombre très limité d'ONG ayant une bonne visibilité des programmes de la Communauté Internationale au Cameroun, et une expérience en matière de réalisation de projets en partenariat avec celle-ci. D'où une participation restrictive, sélective et indirecte de la société civile, alors même que l'intention affichée est que l'aide internationale arrive directement aux bénéficiaires : il y a là une contradiction qui demande réflexion.

Conclusion

En somme, les leçons à tirer de la participation de la société civile sont de plusieurs ordres. En effet, il est remarquable que la société civile a

---

[32] Rapport du Ministère de la Justice sur l'état des droits de l'homme au Cameroun, 2007.
[33] René Otayek (R) coord. par, Les sociétés civiles du Sud, Un état des lieux dans trois pays de la ZSP, Cameroun, Ghana, Maroc, Centre d'étude d'Afrique noire, Institut d'Études Politiques de Bordeaux, Ministère des Affaires étrangères, 2004, p.6.
[34] Ibid, p.6.

largement contribué à l'évolution des mentalités dans le domaine des élections de par sa mobilisation et surtout son action de veille et de suivi du processus électoral. Mais ces louables actions ont eu un effet altéré liés à la conjugaison des facteurs endogènes (insuffisance de coordination, faible réseautage, et leadership négatif très visible….) et exogène (propension à une mainmise permanente des acteurs étatiques, stratégies souvent peu orthodoxes de certains acteurs de la Communauté Internationale…). De nouvelles frontières sociales se tracent, des réseaux de solidarité se tissent, de nouvelles mentalités s'ébauchent, des valeurs que l'on croyait perdues réapparaissent et remplacent les idéologies qui ont montré leurs limites en trente ans de monopartisme. Les acteurs sociaux se diversifient, les groupes de pression se créent dans l'ombre, des lobbies agissent au grand jour, sans que l'on sache réellement quel est le profil des principaux acteurs, ni quelles sont leurs ambitions et amplitude d'action. Cette mobilisation sociale est importante, car elle permet non seulement la validation constante du régime démocratique au-delà du moment électoral mais également parce qu'elle introduit une relation verticale entre les OSC et l'État. Aujourd'hui, avec plus d'une dizaine d'instruments relatifs aux élections, le défi pour la société civile est peut-être plus à mieux s'organiser et à rendre effectifs les textes qui existent et les améliorer, qu'à susciter la création de normes nouvelles d'une part et à s'organiser en terme de réseau pour mieux impacter le processus électoral. Dans la même lancée, afin de rassurer quant à sa volonté de conduire un processus électoral plus crédible au Cameroun, le Gouvernement se doit de consacrer par la loi, et ce de manière non ambigüe, le rôle de la Société Civile en tant qu'acteur électoral à part entière et non facultatif comme c'est le cas actuellement au regard du Code électoral en vigueur. C'est à ce prix simplement que l'on observera une société civile impactant de manière considérable sur le processus électoral. Mais la nature du Système politique en cette phase déterminant où la problématique de l'Alternance au sommet de l'État s'impose de plus en plus à l'analyse, peut elle favoriser une telle situation d'implication légale et organique de la société civile ?

Bibliographie

Abdoulkarimou, La pratique des élections au Cameroun, 1992-2007, Regards sur un système électoral en mutation, Yaoundé, éditions CLE.

Adoum S., Mbala F., « La contribution de la société civile à la promotion des droits de l'homme en Afrique centrale: Essai d'analyse » ; *Cahier africain des droits de l'homme n°8, Dynamiques citoyennes et dignité humaine en Afrique centrale*, Yaoundé, Presses de l'UCAC, 2002.

Apala Moiffo C., L'émergence d'une culture des Droits de l'Homme au Cameroun par, Université de Nantes - Diplôme d'Université de 3è cycle en Droits Fondamentaux, 2005.

Dionne E.J. (sous la Dir.), La vie associative, ça marche ! Renouveau de la société civile au Etats-Unis, Traduit d l'américain par Monique BERRY Nouveaux Horizons, 1998.

Dionne Jr. E.J., « pourquoi la société civile ? Et pourquoi aujourd'hui ? », Dionne E.J. (sous la Dir.), La vie associative, ça marche ! Renouveau de la société civile au Etats-Unis, Traduit de l'américain par Monique Berry Nouveaux Horizons, 1998.

Kamga H., Raid sur la démocratie : les 100 problèmes du Code électoral Camerounais, Yaoundé, éditions AL, 2012

La loi du 1er juillet 1901 sur la liberté d'association en France ;

La loi n° 2003/015 modifiant et complétant certaines dispositions de la loi n° 2000/016 du 19 décembre 2000 portant création de l'Observatoire national des élections ;

La loi n° 2006/011 du 29 décembre 2006 portant création d'Élections Cameroon ;

La loi n° 2010/005 du 13 avril 2010 modifiant et complétant certaines dispositions de La loi n° 2006/011 du 29 décembre 2006 ;

La loi n° 90/053 du 19 décembre 1990 sur la Liberté d'association ;

La loi n° 92/007 du 17 Août 1992 portant code du travail ;

La loi n° 92/06 du 14 Août 1992 règlementant les sociétés coopératives, et son décret ; d'application 92/455/PM du 23 novembre 1992 ;

loi n° 2000/016 du 19 décembre 2000 portant création de l'Observatoire national des élections (ONEL) ;

loi n°99/014 du 22 décembre 1999 régissant les organisations non gouvernementales.

Mescheriakoff Alain-Serge, « Association (liberté d') », Andriantsibazovina Joël, Gaudin Hélène, Marguenaud Jean-Pierre, Rials Stéphane, Sudre Frédéric, Dictionnaire des droits de l'homme, Paris, PUF, 2008.

Monga C., Anthropologie de la colère, Société civile et démocratie, Pris, l'Harmattan, 1994.

Rapport du Ministère de la Justice sur l'état des droits de l'homme au Cameroun, 2007.

René Otayek R. coord. par, Les sociétés civiles du Sud, Un état des lieux dans trois pays de la ZSP, Cameroun, Ghana, Maroc, Centre d'étude d'Afrique noire, Institut d'études politiques de Bordeaux, Ministère des Affaires étrangères, 2004..

Rubio François, « Organisation Non Gouvernementale », AndriantsibazovinA Joël, Gaudin H., Marguenaud JP., Rials S., Sudre F., Dictionnaire des droits de l'homme, Paris, PUF, 2008.

Table des matières

Préface 7

Introduction générale
Démocratisation au pas de caméléon en Afrique subsaharienne
Alawadi Zelao 15

PREMIERE PARTIE
Partis politiques et construction d'un champ politique (semi) ouvert 29

CHAPITRE 1
Le sens du multipartisme en contexte de démocratisation
en Afrique subsaharienne : illustrations camerounaises
Alawadi Zelao 31

CHAPITRE 2
Environnement social et partis politiques au Cameroun
depuis 1990
Erick Sourna Loumtouang 67

CHAPITRE 3
La trajectoire incertaine de la démocratisation dans le jeu de pouvoir
entre la majorité et l'opposition au Cameroun
ASSANA 83

CHAPITRE 4
« Transhumance politique », alliance de stabilité
hégémonique et démocratie de rentes au Cameroun
Alawadi Zelao 103

SECONDE PARTIE
Normes électorales et configuration du jeu politique 127

CHAPITRE 5
La réception des normes internationales relatives
aux élections dans l'ordre juridique camerounais
Nouazi Kemkeng Carole Valérie 129

CHAPITRE 6
Les organes en charge des élections au Cameroun
Serge François SOBZE 153

CHAPITRE 7
La communauté internationale et les élections: réflexion
sur la portée de la dynamique d'observation des élections
dans la promotion de la démocratie au Cameroun
Ibrahimou HAMIDOU 183

CHAPITRE 8
La société civile et les élections : vingt ans de participation de la société
civile à la consolidation du processus électoral au Cameroun
Hilaire Kamga... 201

Le Cameroun aux éditions L'Harmattan

Dernières parutions

DÉFAITISME (LE) DES JEUNES CAMEROUNAIS
Ngayou Tchoupe Gaël
Le défaitisme et l'inertie qui caractérisent depuis peu la jeunesse camerounaise sont les principaux défauts que l'auteur reproche à ses jeunes compatriotes. Mais eux qui ne trouvent plus de gêne à tout mettre sur la tête du gouvernement et à se définir comme les victimes sont aussi les principaux acteurs du changement qui fera de leur pays une nation comme ils en rêvent. Pour l'auteur, les jeunes doivent être auteurs d'une révolution qui leur permettra de prendre en main la gestion de la cité.
(Coll. Harmattan Cameroun, 27.00 euros, 268 p.)
ISBN : 978-2-343-04848-2, ISBN EBOOK : 978-2-336-36745-3

CAMEROUN, LES ORPHELINS DE LA RÉPUBLIQUE
ou la trahison des héritiers
Ngono Antoine Marie
Ce livre est une diatribe contre les élites dirigeantes du Cameroun, dont l'action égoïste a conduit, non pas à l'émergence d'un pays auquel la nature a tout donné, mais à celle d'une classe sans cesse croissante de laissés-pour-compte, les orphelins de la République, qu'il faut considérer comme une véritable bombe à retardement.
(Coll. Émergences africaines, 33.00 euros, 318 p.)
ISBN : 978-2-343-04468-2, ISBN EBOOK : 978-2-336-36803-0

GÉOPOLITIQUE (LA) DE L'EAU AU CAMEROUN
Ebogo Frank - Préface de Joseph Vincent Ntuda Ebode
La problématique actuelle des changements climatiques a précipité l'insertion et l'inscription de l'eau dans l'agenda politique national et international des États. En tant que deuxième province hydrologique et aquifère du continent africain, le Cameroun est au cœur des batailles de positionnement entre les différents acteurs intervenant dans son champ hydropolitique. Il est question dans ce livre de déconstruire les modèles figés qui ont été faits sur l'eau pour parvenir à une reconstruction des différents modes de gestion de l'eau.
(Coll. Émergences africaines, 46.00 euros, 466 p.)
ISBN : 978-2-343-04783-6, ISBN EBOOK : 978-2-336-36777-4

FESTIVALS DE DANSE TRADITIONNELLE AFRICAINE ET DÉVELOPPEMENT
Kamga Sofo Dominique
Préface de Pierre Fonkoua
L'Afrique est le continent par excellence des danses ancestrales. On remarque aujourd'hui dans le paysage culturel camerounais une effervescence et un déploiement extraordinaire des festivals de danse patrimoniale en son sein. N'y a-t-il pas, au-delà de cette mobilisation des foules, de sérieux mobiles qui sous-tendent l'agglutination humaine ainsi observée autour des festivals ? Si oui, de quelle nature sont-ils ? Peuvent-ils être d'ordre politique, économique ou tout simplement culturel ?
(Coll. Études africaines, 14.00 euros, 128 p.)
ISBN : 978-2-343-03843-8, ISBN EBOOK : 978-2-336-36605-0

COLLECTIVITÉS (LES) TERRITORIALES DÉCENTRALISÉES (CTD) AU CAMEROUN
Pour un développement de convergence rapide et efficace
Babagnak Gabin
Préface de Désiré Avom

Cet ouvrage indique l'ultime prix à payer pour un développement endogène, rapide, efficace et durable au Cameroun. Il s'attaque aux causes fondamentales de son sous-développement et apporte des solutions étayées par un ensemble de prédispositions et de valeurs éthiques et morales telles que le culte du travail, la méritocratie, la spécialisation, la division du travail, la mutualisation, la coopération, le partage des efforts, des risques et des bénéfices engendrés.
(Coll. Harmattan Cameroun, 14.50 euros, 138 p.)
ISBN : 978-2-343-04144-5, ISBN EBOOK : 978-2-336-36717-0

LEXIQUE DE 30 000 MOTS DUALA-FRANÇAIS
Ekotele ya 30 000 la biala ba duala frensi
Ebele Ekuala
Préface d'E. Ewombè Moundo

La langue duala est principalement parlée par les Sawa, qui constituent la communauté ethnique autochtone de la plaine côtière du Cameroun. D'après certains patriarches, tout Camerounais dont l'ancêtre patrilinéaire résidait sur le territoire allant de Campo à Mamfé, avant la signature du traité de 1884, peut se prévaloir Sawa. Ces communautés tribales revêtiraient aujourd'hui près de 6 millions d'âmes.
(Coll. Harmattan Cameroun, 25.00 euros, 236 p.)
ISBN : 978-2-343-03496-6, ISBN EBOOK : 978-2-336-36724-8

PROVERBES BÀSÀA DU CAMEROUN
Màngèn ma bàsàa ba Kamèrûn
Prix Kadima 2013 - Livre entièrement en bàsàa
Association pour les cultures vivantes et la précieuse nature - CUVIPREN Préface de Henri Marcel Bot ba Njock

Les proverbes bàsàa présentés dans ce livre exaltent des valeurs, mais peuvent aussi servir à l'éclosion et à l'élaboration d'idées généreuses dans les domaines les plus divers, en même temps qu'ils modèlent le comportement de l'individu. La langue maternelle, premier réceptacle de la culture, doit être l'objet de la plus grande attention de la part des populations africaines dont les identités culturelles sont insidieusement et gravement menacées.
(Coédition OIF, 12.00 euros, 96 p.)
ISBN : 978-2-343-05410-0, ISBN EBOOK : 978-2-336-36802-3

THEATRE PRODUCTION AND ARISTIC DIRECTING : LESSONS FROM BUBBLES THEATRE TROUPE
Tanyi-Tang Anne

«Tested on Bubbles Theatre Troupe in theatre practice and theory, this book vividly portrays Anne Tanyi-Tang's invaluable insight into the responsabilities of a theatre producer and artistic director. It will serve as a reference book on theatre production processes». Patrick Tata
(Coll. Harmattan Cameroun, 15.50 euros, 152 p.)
ISBN : 978-2-343-04315-9, ISBN EBOOK : 978-2-336-36496-4

CONTRÔLE (LE) DE GESTION DES SOCIÉTÉS D'ASSURANCE
Le cas de la CIMA
Fotso Jean-Marie - Préface de Roger Jean-Raoul Dossou-Yovo

À travers cet ouvrage, l'objectif de l'auteur est de participer au débat sur l'amélioration du management des entreprises, dans le cadre de la mondialisation des services en cours depuis la fin du XXe siècle. Il s'intéresse particulièrement aux entreprises d'assurance qui évoluent dans un secteur d'activité très réglementé, du fait de leur sensibilité sur les plans économique et social.
(Coll. Harmattan Cameroun, 39.00 euros, 396 p.)
ISBN : 978-2-343-04838-3, ISBN EBOOK : 978-2-336-36403-2

ESPACE (L') D'UNE VIE
Entre la naissance et la mort, les contingences de la trajectoire humaine
Ndjitoyap Ndam Elie Claude
Cet ouvrage aborde les fondements spirituels et temporels du vécu. L'auteur y énonce des idées provenant d'une quête inlassable des «profondeurs» de l'homme et aborde des questions essentielles qui ont vocation à régir les idées et le comportement social. Il fait «reliance» entre la vie et la mort par une appropriation pensée du temps, s'intéresse aux enjeux de la création et de la procréation ou encore à la problématique de l'euthanasie.
(Coll. Harmattan Cameroun, 16.00 euros, 156 p.)
ISBN : 978-2-343-04785-0, ISBN EBOOK : 978-2-336-36363-9

BAMILÉKÉ (LES) DE L'OUEST-CAMEROUN
Vaillance et dynamisme
Tiani François Kéou - Préface de Paul-Gérard Pougoue
Les Bamiléké sont un peuple qui vit à l'ouest du Cameroun, connus pour leur dynamisme. Ce livre présente un point de vue nouveau sur leur dynamisme, objet de nombreuses controverses ; pour cela, il s'efforce de le relire sous l'angle d'un contexte d'insécurité, à partir de la «Préférence sociale pour la vaillance» (PSV). Il se veut être un instrument de développement durable de cette société, ainsi que de la promotion du tourisme culturel à l'ouest du Cameroun.
(Coll. Harmattan Cameroun, 18.00 euros, 172 p.)
ISBN : 978-2-343-04563-4, ISBN EBOOK : 978-2-336-36139-0

SUCRERIES DE CANNE EN AFRIQUE SUBSAHARIENNE
Procédés et métiers
Kapseu César, Ahmed Ali, Mingo Ghogomu Paul, Mbofung Carl, Ndong Essengue Guy Martial
Préface de Louis Yinda ; Postface de Paul Heni Amvam Zollo
Cet ouvrage dresse un état complet des connaissances sur la sucrerie de canne et ses métiers, un processus qui permet de produire du sucre à partir de la canne mais également de produire de l'énergie sous forme de cogénération à partir de la bagasse. Il traite de tous les aspects fondamentaux des opérations unitaires, technologiques et des métiers. Une large place y est consacrée au génie des procédés.
(Coll. Harmattan Cameroun, 27.00 euros, 264 p.)
ISBN : 978-2-343-04564-1, ISBN EBOOK : 978-2-336-36080-5

MÉDECINE (LA) CHEZ LES PEULS DU CAMEROUN SEPTENTRIONAL
1754-2013
Mengue Me Ndongo Jean Paulin
Préface de Hamadou Adama
Voici mis au jour plusieurs aspects de la société peule d'hier et d'aujourd'hui. Cette société jouissant d'un grand équilibre ne peut être réduite aux activités pastorales. Elle regorge de connaissances endogènes autant dans ce domaine que dans ceux de la pharmacopée et de la médecine traditionnelle ou historique.
(Coll. Harmattan Cameroun, 47.00 euros, 480 p.)
ISBN : 978-2-343-02680-0, ISBN EBOOK : 978-2-336-35735-5

ESSAIS (LES) DE MONGO BETI : DÉVELOPPEMENT ET INDÉPENDANCE VÉRITABLE DE L'AFRIQUE NOIRE FRANCOPHONE
Esquisse d'analyse de contenu
Owono-Kouma Auguste - Préface de Lucien Ayissi
Cette étude s'intéresse à la principale condition du développement en Afrique noire francophone selon Mongo Beti : bouter la France dehors, mais aussi à ses propositions en vue de la sortie du sous-continent francophone de l'impasse dans laquelle l'a installé l'ancienne puissance coloniale. Le rapport de la tutelle française au sous-développement durable en Afrique noire francophone est, en effet, l'un des thèmes dominants des essais de Mongo Beti.
(Coll. Harmattan Cameroun, 22.00 euros, 212 p.)
ISBN : 978-2-343-03876-6, ISBN EBOOK : 978-2-336-35779-9

BREVET (LE) D'INVENTION AU CAMEROUN
Les tares du contentieux civil
Tankeu Mathieu
L'annexe I de l'ABR (Accord de Bangui Révisé) a créé un contentieux civil du brevet d'invention qui, tout en étant régi par une procédure spéciale, relève paradoxalement de la compétence des juridictions civiles de droit commun. Alors, se pose le problème de la loi de procédure applicable par une juridiction ordinaire saisie d'un litige relatif au brevet d'invention. L'auteur propose des pistes de solutions pour mettre un terme à cette insécurité juridique avérée.
(Coll. Harmattan Cameroun, 14.00 euros, 128 p.)
ISBN : 978-2-343-03943-5, ISBN EBOOK : 978-2-336-35755-3

CLERGÉ (LE) CAMEROUNAIS
Naissance, évolution et promotion 1935-1982
Kana Bella Madeleine-Gertrude
Préface de Mgr Léopold Bayemi Matjei
Postface du professeur Daniel Abwa
L'auteur dresse une fresque historique qui aide à comprendre le contexte dans lequel la question de la formation du clergé autochtone a été abordée et réalisée au Cameroun, à partir d'une documentation riche et variée. Le livre apporte des éclairages sur ce que certains observateurs appellent le «miracle camerounais», faisant allusion aux progrès rapides de l'évangélisation du Cameroun.
(Coll. Églises d'Afrique, 38.00 euros, 364 p.)
ISBN : 978-2-343-00381-8, ISBN EBOOK : 978-2-336-35939-7

DIDÁCTICA DE LENGUAS EXTRANJERAS
Orientaciones teóricas en español
Manga André-Marie - Prólogo de Justo Bolekia Boleká
¿Quién aprende, qué aprende, cómo y dónde se desarrollan dichas actividades ? Éstas son algunas cuestiones fundamentales que preocupan a los que se dedican a la enseñanza/aprendizaje de una lengua extranjera. El propósito de esta reflexión es poner al alcance de los docentes y los alumnos unos aspectos de suma trascendencia en el proceso didáctico de una lengua extranjera.
(Coll. Emergences africaines, 17.50 euros, 164 p.)
ISBN : 978-2-343-04263-3, ISBN EBOOK : 978-2-336-35724-9

CAMEROUN (LE) À L'ÉPOQUE DES ALLEMANDS (1884-1916)
Temgoua Albert Pascal
Si la présence allemande au Cameroun date de 1851, c'est en 1884 que se déclencha véritablement un processus d'exploitation systématique du pays à partir des ambitions de l'Allemagne. L'annexion sur le papier fut suivie par la conquête et l'occupation, et, en l'espace de trois décennies, les sociétés du Cameroun vécurent l'intrusion de nouvelles conduites politiques, de nouvelles forces économiques, d'une nouvelle religion et d'une nouvelle langue. Voici un éclairage sur cette période mal connue, tant dans ses méthodes que dans ses résultats.
(Coll. Harmattan Cameroun, 30.00 euros, 302 p.)
ISBN : 978-2-343-01398-5, ISBN EBOOK : 978-2-336-35665-5

LION'S (LE) SPIRIT
Et si les Lions Indomptables nous avaient révélé le genre de peuple que nous sommes ? Devenons profondément nous-mêmes
Tchaha Serge, Degaule Christophe
Le Cameroun est une jeune mais grande nation. Non seulement parce que ce pays se voit comme «l'Afrique en miniature», mais aussi car il a su démontrer à moult reprises «qu'impossible n'est pas camerounais». Ce sont les lions indomptables du football qui ont donné chair à cette «vérité». Cependant un examen approfondi de ce peuple laisse entrevoir, au-delà des seuls footballeurs, d'autres Lions Indomptables Éternels. Qui sont-ils ? Qu'est-ce qui les rassemble ? Le Lion's Spirit...
(Coll. Points de vue, 25.00 euros, 238 p.)
ISBN : 978-2-343-02831-6, ISBN EBOOK : 978-2-336-35630-3

L'Harmattan Italia
Via Degli Artisti 15; 10124 Torino
harmattan.italia@gmail.com

L'Harmattan Hongrie
Könyvesbolt ; Kossuth L. u. 14-16
1053 Budapest

L'Harmattan Kinshasa
185, avenue Nyangwe
Commune de Lingwala
Kinshasa, R.D. Congo
(00243) 998697603 ou (00243) 999229662

L'Harmattan Congo
67, av. E. P. Lumumba
Bât. – Congo Pharmacie (Bib. Nat.)
BP2874 Brazzaville
harmattan.congo@yahoo.fr

L'Harmattan Guinée
Almamya Rue KA 028, en face
du restaurant Le Cèdre
OKB agency BP 3470 Conakry
(00224) 657 20 85 08 / 664 28 91 96
harmattanguinee@yahoo.fr

L'Harmattan Mali
Rue 73, Porte 536, Niamakoro,
Cité Unicef, Bamako
Tél. 00 (223) 20205724 / +(223) 76378082
poudiougopaul@yahoo.fr
pp.harmattan@gmail.com

L'Harmattan Cameroun
BP 11486
Face à la SNI, immeuble Don Bosco
Yaoundé
(00237) 99 76 61 66
harmattancam@yahoo.fr

L'Harmattan Côte d'Ivoire
Résidence Karl / cité des arts
Abidjan-Cocody 03 BP 1588 Abidjan 03
(00225) 05 77 87 31
etien_nda@yahoo.fr

L'Harmattan Burkina
Penou Achille Some
Ouagadougou
(+226) 70 26 88 27

L'Harmattan Sénégal
10 VDN en face Mermoz, après le pont de Fann
BP 45034 Dakar Fann
33 825 98 58 / 33 860 9858
senharmattan@gmail.com / senlibraire@gmail.com
www.harmattansenegal.com

L'Harmattan Bénin
ISOR-BENIN
01 BP 359 COTONOU-RP
Quartier Gbèdjromèdé,
Rue Agbélenco, Lot 1247 I
Tél : 00 229 21 32 53 79
christian_dablaka123@yahoo.fr

Achevé d'imprimer par Corlet Numérique - 14110 Condé-sur-Noireau
N° d'Imprimeur : 126908 - Dépôt légal : mars 2016 - *Imprimé en France*